Die Couch. Vom Denken im Liegen

Lydia Marinelli (Hg.)

Sigmund Freud Privatstiftung Wien

PRESTEL
München • Berlin • London • New York

INHALT

VORWORT >>>>>>>>>>>>>>>>>>>>>>>>>>>>>>>>>>>>

<<<<<<<<<<<<<<<<<<<<<<<<<<<<<<<<<<<<<<<<<<<<<<<<

Die Sigmund Freud Privatstiftung nimmt den 150. Geburtstag des Begründers der Psychoanalyse zum Anlass, sich dem Werk und der Tätigkeit Sigmund Freuds unter einem ungewöhnlichen Aspekt anzunähern: Mit „Die Couch. Vom Denken im Liegen" wird eine Ausstellung präsentiert, die die Vorgeschichte der psychoanalytischen Behandlung erhellt und eine Standortbestimmung dieses Möbels in der Kulturgeschichte des 20. Jahrhunderts vornimmt. Das Projekt folgt den Spuren, die dieses Objekt der Fantasien und Projektionen in der Ikonografie von Kunst, Design und Alltag bis heute hinterlassen hat. >>>>>>>>>>>>>>>>>>>>>>>>>>

<<<<<< Damit führt die Sigmund Freud Privatstiftung ihre Programmatik fort, eine interdisziplinäre Schnittstelle zwischen Wissenschaft, Geschichte, Kultur und Kunst darzustellen, was sie bereits in den letzten Jahren mit den Ausstellungen „The Sigmund Freud Museum Contemporary Art Collection" (1997), „‚Meine ... alten und dreckigen Götter'. Aus Sigmund Freuds Sammlung" (1997), „Sigmund Freud: Konflikt und Kultur, eine Ausstellung in Kooperation mit der Library of Congress und dem Freud Museum London" (1999/2000 in Wien) und „Freuds verschwundene Nachbarn" (2003) unter Beweis gestellt hat. >>>>>>>>>>>>>>>>>>>>>>>>>>

<<<<<< Neben dem Sigmund Freud Museum verfügt die Sigmund Freud Privatstiftung im Haus Berggasse 19 über die größte Studienbibliothek zur Psychoanalyse in Europa, veranstaltet ein interdisziplinäres Tagungsprogramm und lädt jährlich einen amerikanischen Wissenschaftler im Rahmen des Freud-Fulbright-Abkommens zu Forschungs- und Lehrzwekken nach Wien ein. >>>>>>>>>>>>>>>>>>>>>>>>>>>>>>>>>>>>

<<<<<< Der vorliegende Katalog dokumentiert mehr als nur eine Ausstellung. Er greift die schon so oft für tot erklärte Debatte um die Theorien Freuds und deren gelebte Praxis unter einem neuen Gesichtspunkt auf, nämlich dem ihrer unbekannten Voraussetzungen und ihres unterschwelligen Einflusses auf die Kultur des 21. Jahrhunderts.

Inge Scholz-Strasser, Vorstandsvorsitzende
Wien, im April 2006

1 Teppich aus Smyrna (heute Izmir), der auf Freuds Couch liegt
Freud Museum London

VORSTELLUNGEN EINES MÖBELS

LYDIA MARINELLI

Wer an die Psychoanalyse denkt, hat sofort eine Couch vor Augen. Wie keine andere Denkschule oder therapeutische Richtung ist sie mit einem Möbel verschmolzen. Obwohl psychoanalytische Theorie und Praxis seit Freud zahlreiche Veränderungen durchlaufen haben, wirkt das Möbel auch noch nach hundert Jahren wie ein eindeutiger Berufsausweis. Der Signalwirkung, die ihm aufgrund seines Bezuges zu Freud zukommt, verdankt die Populärkultur eine unüberschaubare Flut von Bildern, die den Diwan nicht nur zum Inbegriff der Psychoanalyse, sondern oft genug zum Emblem der Psychotherapie als solcher gemacht haben. Unterschwellig drängt sich der Verdacht auf, dass die Psychoanalyse ihrerseits von den ikonischen Qualitäten der Couch, die in populären Bildern verfestigt wurden, zehrt. Würde sie nicht über ein simples und eindeutiges Darstellungsmittel verfügen, wäre sie wohl kaum derart breitenwirksam ins Bewusstsein gerückt und in einem solchen Ausmaß in das Bildgedächtnis der Gegenwart getreten. So unterhaltsam und erhellend ein Blick in die populäre Bilderwelt auch ausfallen mag, hier soll der weniger nahe liegende Versuch unternommen werden, das Möbel selbst ins Zentrum der Überlegungen zu stellen.

Die Kontinuität zwischen dem Interieur eines Arztes der Jahrhundertwende und dem eines heutigen psychoanalytischen Behandlungsraumes ist erstaunlich und kann nicht allein mit einer der Psychoanalyse innewohnenden Rückorientierung auf Freud erklärt werden. Eine grundlegende Frage lautet daher: Warum hat sich ein Kernstück des Wohnzimmers als erfolgreiches therapeutisches Instrument bewährt? Und damit in Zusammenhang stehend, warum wird der horizontalen Körperposition, welcher der Diwan Vorschub leistet, ein erkenntnisförderndes Potenzial zuerkannt? Denn wer dieses Möbel mit dem Denken in Verbindung bringt, muss zunächst mit Skepsis rechnen. „Entspannt wird auf dem Diwan vorgeführt“, wie sich das Denken ins „Gequatsche der Schwiegermutter“[1] verwandelt, heißt es sarkastisch bei Theodor W. Adorno, der in der Couch des Psychoanalytikers eine Entthronung der Philosophie durch deren Verschmelzung mit den schwatzhaften Gesprächen im Wohnzimmer wittert. >>>>>>>>>>>>>>>>>>>>>>>>>>>>>>>>>>>>>>

<<<<<< Als Möbel stellt die Couch in der Tat eine Reihe paradigmatischer Verbindungen zwischen dem bürgerlichen Interieur, den dort im Tratsch kolportierten familiären Geheimnissen und den Zugängen zur seelischen Innenwelt her. Bereits vor der Entstehung der Psychoanalyse bietet sie den gepolsterten Untergrund für ein ganzes Register mehr oder weniger wirksamer Methoden, seelische Erkrankungen zu behandeln. Freud bediente sich zu Beginn seiner Tätigkeit als Nervenarzt fast des gesamten therapeutischen Arsenals, das die Medizin seiner Zeit aufzubieten hatte. Seine Patienten behandelte er mit einer damals geläufigen Palette therapeutischer Verfahren, die von der Hydro- und Elektrotherapie über Massagen und Medikamente bis hin zur Verhaltensanweisung und hypnotischen Suggestionstherapie reichten.[2] Bestimmte Methoden wie die Hydrotherapie benötigten den weitläufigen Raum der Gesundheitsbäder und Sanatorien, der vor allem Angehörigen der Oberschicht die Heilung fast aller Gebrechen in Aussicht stellte. Andere, wie die Elektrotherapie oder die Hypnose, konnten auch im Wohnzimmer auf dem Diwan durchgeführt werden. Zwei Zugänge dominierten das therapeutische Arsenal zur Behandlung von Nervenkrankheiten, zu denen ein breites Spektrum von Phänomenen wie nervöse Schwächezustände, Zwangsgedanken, Ängste und hypochondrische Verrücktheiten gezählt wurde. In dem einen und gängigsten Fall funktioniert der Körper als zentrale Relaisstelle zu psychischen Prozessen. Durch die unterschiedlichsten Einwirkungen auf den Körper werden Effekte auf die seelische Verfassung des Patienten erhofft. Daneben hatte sich als zweite Form eine auf psychischen Mitteln basierende Therapie herausgebildet, die durch Zureden, Suggestionen und in der Hypnose erteilte Befehle die Kranken zu beeinflussen suchte.[3] Der Körper wird dabei nicht als Ursache des psychischen Leidens begriffen, sondern erhält Abbild- und Ausdrucksqualitäten, die physische Störungen als Resultat seelischer Vorgänge lesen lassen. >>>>>>>>>>>>>>>>>>>>>>>>>>>>>>

<<<<<< Die Patientinnen, die Freud gegen Ende des Jahrhunderts behandelt, zeigen schwere körperliche Reaktionen, unerklärliche Schmerzen und dramatische Lähmungen. Die Beschwerden sind in vielen Fällen so stark, dass der Aktionsradius der Patientinnen sich auf die häusliche

Sphäre beschränkt und sie damit an den innersten Kreis der Familie gebunden bleiben. Diese scheinbar vom Körper erzwungene Beschränkung auf die familiäre Umgebung verstrickt die Kranken immer weiter in ein von den Wohnungswänden abgeschirmtes, unheilvolles Wechselspiel mit Vätern, Müttern, Gatten und Kindern. Der Salon mit seinem überbordenden Dekor aus historisierenden Schnitzereien, voluminösen Stoffdrapierungen und teppichverhangenen Polstermöbeln gerät in dieser auf wenige Zimmer zusammengeschrumpften Welt schlussendlich zu einem bedrohlichen Szenario, das der Traum in ein Bestiarium verwandelt. Für die an Sprachstörungen und Schmerzen im ganzen Körper leidende Emmy v. N. aus den „Studien über Hysterie" transformiert sich das Zimmer, in dem sie auf Genesung hofft, in ein Schreckbild, das die Möbel als bizarre, animalische Wesen erscheinen lässt. In hypnotischen Schlaf versetzt, berichtet sie von einem Traum, in dem sich Stuhlbeine und Sessellehnen als Schlangen und monströse Ungeheuer entpuppen und sie bis zum Erwachen malträtieren.[4] Der Diwan selbst erweist sich in diesen von peinigenden Fantasien beherrschten Innenräumen zuallererst als Ort des Zusammenbruchs. Bei einem seiner ersten Besuche fand Freud Emmy v. N. zusammengesunken auf einem Polstermöbel vor. Überwältigt von übermächtigen Gedanken, mit verzerrten Zügen und „in unaufhörlicher Unruhe des ganzen Körpers, die Hände immer wieder gegen die Stirne gepresst" rief sie „wie sehnsüchtig und ratlos den Namen ‚Emmy', der ihr eigener wie der ihrer Tochter war".[5] Diesen Zustand auswegloser Verstrickung in die eigene Innenwelt, wo alle Gewissheiten zu verschwinden drohen, bezeichnete sie als „Sturm im Kopf". Der passiven Körperhaltung auf der Couch entspricht die Erfahrung völliger Machtlosigkeit, der Emmy von N. in einem Gewirr aus Erinnerungen unterliegt. Auf solchen in Wohn- und Schlafzimmern aufgestellten Ruhemöbeln wurden die Patientinnen von ins Haus kommenden Ärzten einmal mit Massagen, dann wieder mit elektrischen Strömen oder Hypnose behandelt, um dem „Sturm im Kopf" beizukommen. >>>>>>>>>>>>>>>>>>>>>>>>>>>>>>>>>>>>>>>

<<<<<< Freuds Couch, die heute im Freud Museum London steht, vereint auf exemplarische Weise die unterschiedlichen Funktionen, die diesen Einrichtungsgegenstand zu Beginn des 20. Jahrhunderts auszeichneten (Abb. 2). Obwohl es sich vom Stil her um kein besonders wertvolles Möbel

handelte und der Transport wohl mehr kostete als ein vergleichbares neues, nahm Freud es mit ins Exil. Marie Bonaparte, die ihm bei der Flucht vor den Nazis beistand, bat kurz vor der Abreise Martha Freud um Auskunft über die Liege in Freuds Praxis, deren Transport sie organisierte. „Mme. Freud teilt mir mit“, notierte sie, „dass der analytische Diwan (den Freud nach London mitnehmen wird) ihnen von einer dankbaren Patientin, Mme. Benvenisti, um 1890 geschenkt worden ist, als sie noch im Hause Berggasse 19 die untere Etage und die darüber liegende bewohnten. Erst später haben sie sich in der gegenwärtigen Wohnung des Professors eingerichtet und belegen seither das gesamte Stockwerk.“ [6] >>>>>>>>>>

<<<<<< Die knapp gehaltene Auskunft lässt im Unklaren, ob das Sofa ausschließlich als ärztliches Möbel benutzt wurde oder nicht zeitweilig doch zum Familieninterieur zählte. Damit sind die Funktionen benannt, die dem Diwan zukommen – er zählte sowohl zur Standardeinrichtung eines Arztes wie auch zur bürgerlichen Wohnkultur. Ein Katalog, der die verschiedensten Instrumente für Mediziner auflistet, bietet um 1910 ein ganzes Sprechzimmer für angehende Ärzte an (Abb. 3). Eine Abbildung dieses Modellzimmers zeigt mitten im Raum ein Sofa, das von einem orientalischen Teppich bedeckt wird. Die der Abbildung beigefügte Bestellliste, die alle Gegenstände im Raum benennt, führt dieses Stück, das Freuds Couch zum Verwechseln ähnlich sieht, als „Universal-Untersuchungsdivan“ an. Um diese Zeit musste dem staubfängerischen Arrangement einer solchen Raumausstattung bereits etwas Anachronistisches anhaften, wie die anderen, im selben Katalog offerierten, glänzend weißen Ordinationsräume mit ihren leicht zu reinigenden Stahlmöbeln zeigen, die den neuen Hygienegeboten besser entsprachen. Aseptische Ausstattung und Technisierung der Möbel verdeutlichten augenfällig die Richtung, in die sich die Medizin weiterentwickeln und die Atmosphäre des gründerzeitlichen Wohnzimmers endgültig hinter sich lassen wird. Die Konvention, den Diwan mit einem mehr oder weniger kostbaren Orientteppich zu verhüllen, die sich gegen Ende des 19. Jahrhunderts in den Wohnzimmern durchgesetzt hatte, bot zunächst auch den technisierten Möbeln Zuflucht zur Camouflage (Abb. 1, vgl. auch Abb. S. 209). Sofas und Liegen verloren im medizinischen Bereich angesichts ihrer multiplen diagnostischen und therapeutischen Zwecke ihre starre Form und verwandelten sich in mecha-

2 Sigmund Freuds Couch im Freud Museum London, 2006

3 Einrichtungsvorschlag für ein Sprechzimmer
Aus: Medicinisches Waarenhaus, Haupt-Katalog Nr. 33, Berlin, um 1910

Medicinisches Waarenhaus Actien-Gesellschaft, Berlin NW. 299

Universal-Untersuchungsdivan, Modell M.W., verbesserte Neukonstruktion, ca. 400 Exemplare im Gebrauch. Verstellbar für jede Untersuchung und eventl. Operationslage. Verwendbar als Divan, Flachtisch, gynäkologischer Untersuchungsstuhl usw. Zweckmäßigstes Ausstattungsstück für das ärztliche Sprechzimmer.

Alle mechanischen Teile sind verdeckt angeordnet, wodurch der Divan in Ruhestellung einem gewöhnlichen Zimmermöbel in Form und Ausstattung gleicht. Eine wesentliche Neuerung und Konstruktionsverbesserung besteht bei diesem Modell in der sich automatisch fixierenden Stelleinrichtung der drei verstellbaren Lagerteile; kein Klemmen, kein Versagen, kein zufälliges Zurückfallen. Die Lagerfläche des Divans ist mit einer guten Polsterung ausgestattet u. mit einem abwaschbaren Bezug aus schwerem Ledertuch versehen.

16541.

Der Untersuchungsdivan läßt sich in ca. 20 verschiedenen Höhenlagen ohne besondere Fixierung verstellen und besitzt für gynäkologische Untersuchungen eine besondere verstellbare Rückenlehne mit verstellbarer Gesäßplatte. Vorgesehen sind Kniestützen und in Länge verstellbare Fußstützen mit einer automatischen Fixierung der Spreizung, sämtlich in fein polierter und vernickelter Ausstattung. Vernickeltes Spülbecken ist vorgesehen.

*16541 Preis mit allem Zubehör, vernickelter Stützengarnitur, vernickeltem Spülbecken usw. M. 155,—

Keinerlei Extraberechnung einzelner Zubehörteile!

*16542 **Eiserner Untersuchungs- und Operationstisch** nach Dr. Hagedorn. Modell M.W. Extra starke Konstruktion. Rücklehne zu erhöhen und auf Laufschiene verstellbar. Sitz mit Kurbelmechanik. Fußlagerplatten abnehmbar und getrennt hochzustellen. Die Lagerfläche des Tisches ist geteilt und mit ausziehbarer durchlaufender Abflußrinne versehen. Abnehmbare Kissenpolsterung mit Ledertuchbezug. Mit weisser Emaillefarbe lackiert und lackierten Knie- und Fußstützen M. 130,—

*16543 Wenn Knie- u. Fußstützen vernickelt, mehr . . . . M. 15,—

16542/43.

Eiserner Untersuchungs- und Operationsstuhl für das ärztliche Sprechzimmer nach Sims. Modell M.W. Verbesserte Neukonstruktion. D. R. G. M.

Abbildung *a* zeigt den Stuhl für Untersuchungszwecke mit durch Kurbelung erhöhter Gesäßplatte, verstellbaren Beinhaltern und Kniestützen.

Abbildung *b* zeigt denselben Stuhl in Flachlage eingestellt als Untersuchungs- bzw. Operationstisch. Die Eigenart dieses Modells ermöglicht eine Unterbringung desselben auch bei beschränkten Raumverhältnissen und durch die verschiedenen Stellvorrichtungen eine ausgiebige Verwendung. Sowohl die Rückenlehne als die Gesäßpartie und das Beinlager ist in jeder Winkelstellung zu fixieren. Die Rückenlehne erhält im Gegensatz zu vielen billigen Imitationen durch eine eigenartige Gleit- und Stellvorrichtung einen absolut sicheren Stützpunkt in allen Zwischenlagen.

16544 (Abbildung *a*).

16544 (Abbildung *b*).

Der Stuhl wird in normaler Ausführung mit 4facher weißer Emaillelackierung versehen (harter Ofenbrand).

*16544 Preis . . . . M. 125,—

Eigene Fabrikation.	*Siehe auch Operations-Möbel auf Seite 47, 107, 133 bis 139, 207 bis 209, 255, 247 bis 249.*	*Eigene Fabrikation.*

4 Untersuchungsliegen
Aus: Medicinisches Waarenhaus, Haupt-Katalog Nr. 33, Berlin, um 1910

nisierte Sitz- und Liegemaschinen, die den Körper in alle erdenklichen Positionen zwingen konnten. Der Teppich verstellte jedoch die Aussicht auf die zu erwartenden unangenehmen Eingriffe in den menschlichen Körper mit gnädigem orientalischem Flor. Die bewegliche Liege und der vertraute Teppich teilen sich die zwei Sphären, in die der Kranke eingerückt wurde, nämlich in eine physiologische, die sich in einer technisierten Welt entfaltet, und eine psychologische, die auf die Requisiten des häuslichen Wohnzimmers zurückgriff, um die Angst vor der ersteren zu bändigen. >>

<<<<<< Die beruhigende Wirkung, die von einem Wohnzimmermöbel ausging, konnte auch der Untersuchungsdiwan selbst verströmen, indem er seine Funktion in der harmlos anmutenden Sofakontur verbarg. Als „zweckmäßigstes Ausstattungsstück für das ärztliche Sprechzimmer" wird in diesem Instrumentenkatalog ein Ruhemöbel vorgestellt, das „alle mechanischen Teile [...] verdeckt angeordnet [hat], wodurch der Divan in Ruhestellung einem gewöhnlichen Zimmermöbel in Form und Ausstattung gleicht"[7] (Abb. 4). Ein solches Sprechzimmer „wollte dem Besucher nicht zum Bewusstsein kommen lassen, dass ihn unangenehme oder schmerzhafte Eingriffe erwarten, dass er als ‚Patient' komme, und deshalb wurde der private Charakter des Raumes überbetont".[8] >>>>>>>>>>>>>>

<<<<<< Der Teppich mochte seine Funktion als Angsthemmer erfüllen, die Anmutung eines häuslichen Möbels verwies jedoch auf andere Gefahren, die mit dem Diwan verbunden sind. Freud ließ seine Patienten, wie zumindest an den Fotos von Edmund Engelman ersichtlich ist, gestützt durch Kissen eine dem Sitzen angenäherte Position einnehmen, die auch einem Leser auf einem Diwan entsprechen könnte. Die halb liegende, halb sitzende Position, die die verschiedenen Typen des Sofas begünstigte, hatte als einstmals aristokratische Pose gegen Ende des 19. Jahrhunderts ihre Stellung als gesellschaftlich taugliche, repräsentative Haltung weitgehend verloren, während ihre intime Seite, die Nähe zum Schlaf und zur Sexualität, in den Vordergrund getreten war. Obwohl der Diwan um 1900 ein modisches und weitverbreitetes Möbel darstellte, haftet ihm wie keinem anderen Einrichtungsgegenstand ein gewisses Verunsicherungspotenzial an. Möbel haben nicht nur funktionale und stilistische Dimensionen, sondern spielen auch in Hinblick auf die Kommunikation eine

wichtige Rolle. Die Platzierung von Sitzmöbeln im Raum bestimmt Distanzen zwischen den Gesprächsteilnehmern, schafft einen Entfaltungsradius, macht Konversationsangebote oder verhindert solche. Schreibt ein Arrangement aus Bänken und Sesseln den Teilnehmern eines Gespräches eine gleichförmige und steife Körperhaltung vor, die nur geringe Veränderungen zulässt, so stellen die vielen gepolsterten Varianten des Sofas, die in der zweiten Hälfte des 19. Jahrhunderts auftauchen, diese förmliche Körperhaltung infrage. >>>>>>>>>>>>>>>>>>>>>>>>>>>>>>>>>>>

<<<<<< Ob pseudotürkisches Sofa, überdimensionierte Kissenhocker oder Ottomane, sie alle geben keine eindeutige Sitzhaltung mehr vor, sondern lockern die Grenzen zwischen Sitzen und Liegen und laden zu einer individuell gewählten Pose ein. Wie kein anderes Möbel waren die Abarten des gepolsterten Stückes aus diesem Grund einer fortdauernden Kritik ausgesetzt, die seine mangelnde moralische Integrität beklagen. Der Vorwurf, der Schlaffheit und der mangelnden Haltung, die es verursache, lässt sich auch als misstrauische Reaktion auf den Versuch interpretieren, orientalische Elemente in die westliche Wohnkultur einzufügen. Im Namen „Diwan“, wie das Sofa anfänglich in der Psychoanalyse heißt, hallt das Echo seiner orientalischen Herkunft und seiner sozialen Funktion nach. Meyers Konversations-Lexikon von 1897 führt unter dem aus dem Persischen stammenden Wort „Diwan“ an, dass im Orient darunter sowohl eine „Versammlung, Gesellschaft und Audienz“ wie auch ein „Ruhebett mit einer mit mehr oder minder einfachem Stoff überzogenen Matratze und mehreren Kissen“ zu verstehen sei.[9] Als Versammlungsort, auf dem Gäste empfangen und Körper platziert werden, wirft der Diwan im Westen Probleme auf. >>>>>>>>>>>>>>>>>>>>>>>>>>>>>>>>>>>>>>>

<<<<<< Die Lockerung des vom Stuhl ausgeübten rigiden Regimes bringt die Sofas in unmittelbare Nachbarschaft zu sexuellen Aktivitäten. Diese Sexualisierung der Couch schlägt sich darin nieder, dass sie unter die Observanz eines besonders prüden Genres, der Anstandsliteratur, gerät. Die Instabilität zwischen liegender und sitzender Haltung, in die der gepolsterte Untergrund die Benutzer offensichtlich brachte, wurde austariert durch ein Regelwerk aus Instruktionen. All jene Zweifelsfälle regulierend, in die das im Salon aufgestellte Möbel die Benutzer brachte, versuchen Autoren, die sich dem guten Ton verpflichtet fühlten, die Körper

5 Yvette Guilbert, 1896
Sigmund Freud
Privatstiftung

6 Ausziehbare Bettcouch, 1872
7 G. Wilson, Eiserner Klappsessel, 1871
Patentmodelle aus dem Besitz
von Sigfried Giedion
Institut für Geschichte und Theorie
der Architektur, ETH Zürich

unverdächtig auf dem Polstermöbel zu positionieren. Ratgeber verdeutlichen die soziale Gebrauchsweise des Möbelstücks und geben Aufschluss darüber, welche Erfahrungen mit den Dingen im Wohnraum gemacht oder verhindert werden sollten. Das Sofa erscheint darin als riskanter Ort, der dazu verleitete, Rocksäume ungebührlich rutschen zu lassen und unerwartete Berührungen von einsinkenden Körpern zu provozieren. Der unterschwellig sexuellen Bedeutung des Sofas wird in dieser Literatur durch Geschlechtertrennung entgegengearbeitet und gleichzeitig in die Hände gespielt. So finden sich in zahlreichen Anstandslehren unter den der Gastlichkeit gewidmeten Rubriken Stellen wie die in dem auflagenstarken Handbuch des guten Tones von Konstanze von Franken, die davor warnt, „Besuche im Ruhebett liegend zu empfangen“, und dazu rät, auf dem Sofa, wenn möglich, ausschließlich ältere Damen zu platzieren.[10] Männer mussten dagegen im Salon mit Stühlen vorlieb nehmen, „ein Herr nimmt überhaupt nie auf dem Sofa Platz; denn das ist unpassend und geschmacklos“[11], heißt es in einem Ratgeber für den Verkehr in Familie und Gesellschaft. Wird der Diwan in Freuds frühen Krankengeschichten zum Refugium der aus dem seelischen Gleichgewicht gebrachten, zusammengebrochenen Kranken, so destabilisiert er im bürgerlichen Wohnzimmer unterschwellig die moralische Ordnung. Vom Verstoß gegen diese der Sittsamkeit geschuldete aufrechte Positur profitieren Porträts von Divas, die sich wie Yvette Guilbert, eine Sängerin und Freundin Freuds, hingestreckt auf einem Sofa ablichten lassen und den Betrachter seinen mehrdeutigen Fantasien überantworten (Abb. 5). >>>>>>>>>>>>>>>

<<<<<< Nicht nur die mehrdeutige Pose macht das Einrichtungsstück zum unsicheren Untergrund für die bürgerliche Moral, die Polsterung selbst hat eine Karriere als „unmoralisches“ Element. Die Vorstellung, dass es sich bei Polstermöbeln um komfortable Einrichtungsstücke handle, bleibt dem 19. Jahrhundert lange fremd. Komfort wurde vor allem als mentaler Zustand der Mittelklasse gedacht, als Gleichgewicht zwischen inneren und äußeren Bedingungen. Demzufolge vereint die Definition des Komforts moralische, psychologische und körperliche Aspekte. Diese Harmonie zwischen Körper und Innenwelt störte ein gepolstertes Möbel, gegen das sich die „härteste Eichenbank komfortabel ausnimmt“[12], da sein textiler Überzug aufgrund seiner Vergänglichkeit und Pflegebedürftigkeit

als unehrlich empfunden wurde. Die moralische Verunsicherung resultiert aufseiten dieser „Sofakritik“ auch aus einer sozialen Verunsicherung, weil Möbel als billig produzierte Ware keine eindeutigen Statussignale mehr abgeben können. Die Vorstellung, wonach bei Komfort und Bequemlichkeit materielle und mentale Komponenten wohltuend zusammenwirken, wird von Konstrukteuren aufgegriffen, die zahlreiche Möbel erfinden, die der Entspannung dienen. Vom Liegestuhl bis zum ausgeklügelten Ruhe- und Lesemöbel werden Erfindungen gemacht, die durch Anpassung ihrer Form an den menschlichen Körper der „psychischen Unruhe“ entgegenwirken. Getragen wird dieser Zugang zum Komfort von zwei Elementen: einer passiven Vorstellung von Komfort und einer Kritik an der beschleunigten Welt. >>>>>>>>>>>>>>>>>>>>>>>>>>>>>>>>>

<<<<<< Während der Orient das Kissen als amorphen Untergrund versteht, auf dem der Benutzer durch eine von ihm selbst bestimmte Position aktiv Komfort erzeugt, versucht der Westen durch Anpassung der Möbel an den Körper diesen in seinen Funktionen zu unterstützen. Mechanische Stellvorrichtungen bringen den Menschen in eine Positur, die ihn von aller Aktivität entlasten und Entspannung ermöglichen soll. Auf die psychische Unruhe antwortet die Mechanisierung der Sitz- und Liegemöbel mit einem beweglichen Interieur. Für Sigfried Giedion beruht die paradigmatische Körperhaltung des 19. Jahrhunderts auf einer passiven „Entspannung“, die neue, dem Körper angepasste Möbelformen hervorgebracht hat.[13] Giedion besaß selbst eine kleine Sammlung von beweglichen Sofas und Liegestühlen aus den Beständen des amerikanischen Patentamts, die die menschliche Ruhelage zu optimieren versuchten (Abb. 6, 7). Diese neue Bedeutung der Ruhe weist enge Bezüge zum Aufkommen moderner industrialisierter Produktionstechniken auf, in denen rastlose Maschinen den Takt vorgeben. Unruhe gerät in diesem Zeitraum schließlich zum Kennzeichen der modernen Existenz als solcher. Urbanistische Studien stellten Zusammenhänge zwischen steigender Nervosität, Reizüberflutung und Geschwindigkeitssteigerung in modernen Städten her. Krankheitsdiagnosen wie die „Neurasthenie“ versammelten eine Vielzahl von psychischen und körperlichen Erschöpfungszuständen, die mit mangelnder Ruhe, mit mentaler und körperlicher Überreizung in einer technisierten Welt in Verbindung gebracht wurden.[14] >>>>>>>>>>>>>>>>>>>

Die Vorstellung, dass über bestimmte Körperlagen Wirkungen auf psychische Zustände erzielt werden können, taucht mehrfach in den Diskussionen über die Behandlung von nervösen Erkrankungen auf. Ein Strang dieses Ansatzes führt zu dem amerikanischen Arzt Silas Weir Mitchell. Eine gängige Behandlungsmethode der Psychotherapie bestand gegen Ende des 19. Jahrhunderts in der nach ihm benannten Liegekur. Er empfahl für die durch seelische und körperliche Rastlosigkeit gekennzeichneten Nervenkrankheiten absolute Bettruhe in einer Umgebung, die möglichst jede äußerliche Erregung ausschloss. Durch Isolation von der Familie und ein Regime der Bewegungslosigkeit erhoffte er sich eine Erholung des Nervensystems und damit einhergehend eine mentale Ruhigstellung mit therapeutischer Wirkung auf den geistigen und moralischen Zustand der Patienten. Das Sofa behielt er den leichteren Fällen, das Bett den schwereren vor.[15] >>>>>>>>>>>>>>>>>>>>>>>>>>>>>>>>>>>>>

<<<<<< Der Versuch, durch körperliche Ruhigstellung eine mentale zu erwirken, schlägt sich auch in der neuen Ausstattung der Krankenanstalten nieder, die ein breites Spektrum von psychischen Erkrankungen mit der Bettkur behandelten. Zu den therapeutischen Reformen, die viele psychiatrische Krankenhäuser und Sanatorien gegen Ende des Jahrhunderts durchführten, gehört auch die Einrichtung von der Bettruhe-Behandlung gewidmeten Gebäudetrakten. Die neben dem Allgemeinen Krankenhaus gelegene, 1853 gegründete Wiener Irrenanstalt rühmte sich in der zweiten Hälfte des 19. Jahrhunderts, „der systematischen Bettbehandlung Eingang verschafft zu haben".[16] Diese Kur wurde um die Jahrhundertwende um neue Bewegungselemente erweitert, indem lange Ruhezeiten mit wohl dosierten mechanischen Bewegungs- und Beschäftigungstherapien kombiniert wurden (Abb. 8, 10). Die Ruhe erhält als Vorbotin des Schlafs ein hohes therapeutisches Potenzial in der psychischen Behandlung von Nervenkrankheiten. Hypnotiseure experimentierten mit der beruhigenden Wirkung des künstlich herbeigeführten Schlafes, indem sie Kranke systematisch und über einen längeren Zeitraum in einen schlafähnlichen Zustand brachten. Durch ausgedehnte Schlafkuren wurde eine psychische Beruhigung bei manchen Fällen von Hysterie und Alkoholismus erzielt.[17] Die Liegestatt entwickelt sich in diesen auf psychischer Einwirkung basierenden Formen der Psychotherapie zum wichtigsten Kurmittel. >>>>>>>>

8 Liegehalle des Wiener Cottage-Sanatoriums
Buchillustration nach einem Aquarell von Erwin Pendl
Aus: Wiener Cottage-Sanatorium. Wien, um 1910
In dieser Heilanstalt, in der u.a. Nervenkrankheiten behandelt wurden, begann der „Wolfsmann“ seine Analyse bei Freud.

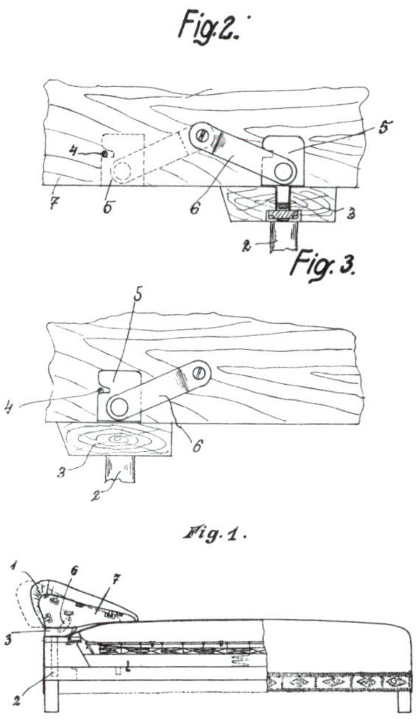

9 Verlängerbare Ottomane
Aus: Patentschrift, 1924
Österreichisches Patentamt

10 Mechanotherapie, um 1908
Niederösterreichische Landes-Heil- und Pflegeanstalten für Geistes- und Nervenkranke „am Steinhof“ (Kurhaus)

11 „Schutzbett"
Aus: F. K. Walter, Über ein „Schutzbett" für erregte Geisteskranke. In: Psychiatrisch-Neurologische Wochenschrift, 29, 1908, S. 237

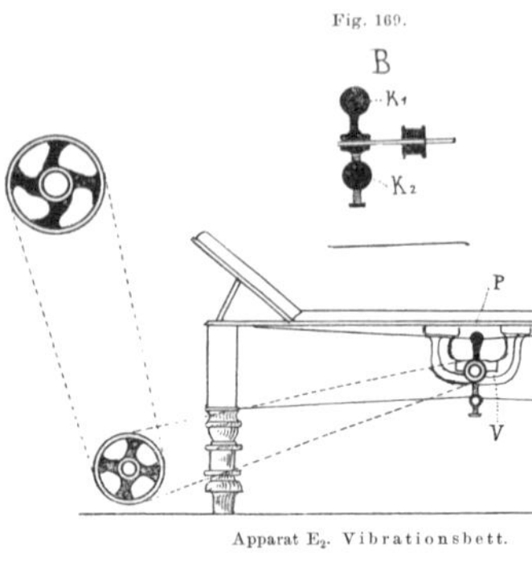

12 Skizze eines Vibrationsbettes
Aus: Max Herz, Lehrbuch der Heilgymnastik. Berlin, Wien 1903, S. 311

Der Übergang zur zwangsweisen Ruhigstellung war in der Bettkur fließend. Das Krankenbett konnte sich bei Bedarf in ein käfigartiges Gitter- oder Netzbett verwandeln, womit sich das Ruhebett umstandslos in eine auf eine Matratze beschränkte Isolationszelle verengte. Die Liegestatt des Kranken wurde sowohl als psychisches Beruhigungsmittel wie auch als mechanisches Zwangsmittel eingesetzt. Die Psychiatrie der Jahrhundertwende konstruiert „Irrenbetten", welche zum einen die erzwungene Ruhelage als Schutzlage ermöglichen, zum anderen aber den Charakter eines Beschränkungs- und Disziplinierungsmittels nicht abstreifen können. Dem vergitterten „Schutzbett" wurde neben dem isolierenden ein pädagogischer Nutzen unterstellt, wie einem Bericht über eine psychiatrische Klinik zu entnehmen ist (Abb. 11). Darin fragt sich ein Arzt, ob „ein hemmendes Mittel [wie ein Gitterbett] vom Kranken als Zwangsmittel empfunden wird, ob dieselbe vom Kranken gewollte Bewegung nur mechanisch unterdrückt, oder ob es den Kranken veranlasst, von sich aus auf die Bewegung zu verzichten".[18] Die Antwort fällt zwiespältig aus: Was bei den einen beruhigend auf Erregungszustände wirkt, führt bei den anderen zu einer durch den Zwang gesteigerten Rage. Die horizontale Lage nimmt eine Mittelstellung zwischen Entspannung und gewaltförmiger Unterwerfung ein und oszilliert zwischen den Polen der friedlichen Ruhe und der zwangsmäßigen Niederstreckung als therapeutische Maßnahme.

<<<<<< Das penible Regime aus Isolation, Ruhe und Bewegung bildete neben medikamentösen, diätetischen und physiotherapeutischen Maßnahmen einen der Eckpfeiler bei der Therapie psychischer Störungen. Die Reizkontrolle konnte sich überdies auf die Bettlektüre ausdehnen, indem einzelne Sanatorien Lektüreverbote und -empfehlungen ausgaben bzw. eigene Bibliotheken für Kranke einrichteten. Auch Freud machte von der Liegekur Gebrauch und kombinierte sie mit der von Breuer entwickelten „kathartischen" Methode. Die verordnete Ruhelage in einer vom Arzt kontrollierten Umgebung sollte das Hereinbrechen neuer Eindrücke verhindern und dadurch die Kranken körperlich stärken. Bett und Sofa funktionieren hier als Refugium vor den als schädlich gedachten Einflüssen der Umgebung. Zugrunde liegt diesen Vorkehrungen die Vorstellung, dass nervöse Erkrankungen in einem direkten ursächlichen Zusammenhang mit dem Lebensstil und der Umgebung der Patienten zu sehen sind. >>>>>>>

Die therapeutische Verwendung von Liegemöbeln begnügte sich nicht nur mit der Erschließung der Potenziale der Ruhelage, sie unterwarf die Liege selbst neuen konstruktiven Anstrengungen. Die physiologische Grundlage, auf die bestimmte Neurosen gestellt wurden, leistete einer maschinistischen Therapeutik Vorschub. Max Herz, ein Arzt, der auch im Sanatorium Purkersdorf arbeitete, entwickelte in den späten 1890er-Jahren das Vibrationsbett – eine therapeutische Liege, die zur Beruhigung der Nerven dienen sollte.[19] Auf den in die Horizontale gebrachten Patienten wirken von diesem Rüttelbett erzeugte Erschütterungen ein, ähnlich jenen in einem fahrenden Eisenbahnwaggon (Abb. 12). Die Konstruktion basiert auf der in der medizinischen Literatur kursierenden Beobachtung, dass Schlafstörungen durch die rüttelnden Bewegungen während einer Zugreise gelindert werden können. Max Herz brachte zwar der kathartischen Methode, wie sie Breuer ausübte, Sympathie entgegen, verzichtete jedoch auf die Assoziationen der Kranken. Stattdessen behandelte er psychisch verursachte Leiden wie Schlaf- und Essstörungen sowie andere nervöse Erkrankungen, indem er die Kranken am Schreibtisch sitzend nach alter Manier durch moralische Appelle von der Harmlosigkeit ihres Leidens zu überzeugen versuchte, oder eben mit den Mitteln der „Mechanotherapie“ wie etwa dem Vibrationsbett. Die Anwender einer solcherart mechanisierten Liege beschränken sich auf Versuche, durch aktive und passive körperliche Bewegungen die Psyche der Kranken zu stärken. Die auf den Körper bezogene Liege funktioniert wie ein Stützkorsett für seelische Prozesse, die ihrerseits unreflektiert bleiben. Den Weg zu den Vorstellungen, Gedanken und Empfindungen der Kranken versperrt die Euphorie über die technisch reproduzierbaren holpernden Bewegungen einer Eisenbahnliege. >>>>>>>>>>>>>>>>>>>>>>>>>>>>>>>>>>>>>

<<<<<< Die Vorstellungen, die auf und mit dem Diwan entstehen, machen sich sowohl in den Wohnzimmern wie auch in der Therapie als Störfaktoren bemerkbar. So wie für die Sofakritiker die Couch sexuelle Verdachtsmomente birgt, geraten die Gedanken, die im Liegen entstehen, zunächst als Gefahrenquelle ins Zentrum der entstehenden Psychoanalyse. Freud bemerkt, dass eine der negativen Nebenwirkungen der Liegekur darin bestehe, dass die so behandelten Kranken in „schädliches Träumen“[20] geraten und sich dadurch immer weiter in ihr Unglück

verstricken. Hat die Isolation von der häuslichen Umgebung den Vorteil, die familiären Verklammerungen bis zu einem gewissen Ausmaß zu lösen, so läuft sie auf der anderen Seite Gefahr, durch den Verlust der Außenwelt eine übersteigerte Form der Innerlichkeit zu erzeugen. Was zunächst als schädlicher Effekt der ruhenden Haltung beschrieben wurde, als Kontrollverlust über das Bewusstsein, entwickelt sich aber für Freud in der Folge zu einem Motor der psychoanalytischen Kur. >>>>>>>>>>>>>>

<<<<<< Von Beginn an steht die Couch in den Zimmern der Psychoanalytiker. Seit 1886 besitzt Freud eine Ottomane, ein Ruhemöbel ohne Lehne, die er für die eingangs erwähnten Therapiemethoden nutzte.[21] In Trancezustände versetzt, sollten auf ihm die Patienten ihr Gedächtnis erweitern und die dem Bewusstsein entzogenen Vorstellungen erinnern, die als Ursache der Erkrankung betrachtet wurden. Doch bei vielen Patienten scheiterte diese Vorgangsweise bzw. führte sie zu keinen dauerhaften Ergebnissen, was Freud dazu brachte, seine Theorie zu verändern und auf die hypnotische Beeinflussung zu verzichten. Er forderte nunmehr die Patienten auf, die Augen zu schließen, „um sich zu ‚konzentrieren'".[22] Während seiner Zusammenarbeit mit Josef Breuer entwickelte Freud die „Druckmethode", die darin bestand, den Patienten die Hand auf die Stirn zu legen, um mithilfe des ausgeübten Drucks die Patientinnen zu den Vorstellungen vorzudringen zu lassen, die als Ursache der Erkrankung galten. Unter dem Druck seiner Hand auf den Kopf des Patienten tauchten immer neue Bilder und Einfälle auf, die Freud in Beziehung zu den Symptomen der Patienten brachte. Die ruhende Lagerung des Körpers, die Freud aus der Hypnose übernimmt[23], leistet einer Gedächtniserforschung Vorschub, die nach Vorstellungen sucht, die in sitzender, kontrollierter Haltung ausgeblendet bleiben. Die Couch verwandelt sich zur Konzentrationsmaschine, die Aufmerksamkeit auf Abschweifungen, auf unbedeutend erscheinende Nebengedanken und auf spontane Assoziationen lenkt. Das Vokabular, mit dem Freud das Vordringen ins Gedächtnis beschreibt, ist getragen von Wendungen wie „eingeklemmten" Affekten, „weggedrängten" Eindrücken und „eingezwängten Gedanken", die der Arzt hervorholt. Ein ganzes Register von unangenehmen Körpergefühlen wird aufgerufen, das in krassem Gegensatz zur bequemen Lagerung auf der Couch steht. So komfortabel die Position auch sein mag, so unbequem

können die Gedanken wirken, die auf der Konzentrationsmaschine ins Bewusstsein befördert werden. Der Diwan offenbart hier eine weitaus größere Nähe zum chirurgischen Patentbett als zur geruhsamen Liegestatt im Wohnzimmer. >>>>>>>>>>>>>>>>>>>>>>>>>>>>>>>>>>>

<<<<<< Mit Blick darauf, dass die Form und Aufstellung von Möbeln bestimmte kommunikative Funktionen übernehmen, lassen sich zwei Stationen in der folgenden Entwicklung der psychoanalytischen Theorie und Praxis herausstellen: Zum einen wird die Couch zum Vehikel einer Selbstkommunikation, die sich am Modell des Traumes orientiert, zum anderen erhält sie die Funktion, das Verhältnis zwischen Analytiker und Patient auf bestimmte Weise zu strukturieren. Die passive Haltung auf der Couch, die körperliche Regungen weitgehend ausschaltet und damit den psychischen Raum erweitert, weist auf die psychoanalytische Auffassung des Traums hin. Passivität gehört zu den zentralen Merkmalen des Traumes. Der Träumer erlebt sich als passiver Protagonist eines unkontrollierbaren Traumgeschehens, als Spielball nächtlicher Halluzinationen. Diese stellen für Freud ein wichtiges Verständigungsmittel mit dem Unbewussten dar, da er den Traum in einer Zwischenstellung zwischen einem unzugänglichen Unbewussten und dem Bewussten verortet. Die schlafähnliche Haltung auf dem Diwan entfaltet halluzinatorische Potenziale und erleichtert damit, ähnlich dem Traum, die Kommunikation mit den unbewussten Anteilen. >>>>>>>>>>>>>>>>>>>>>>>>>>

<<<<<< Nicht vom Fleck zu kommen, wiederkehrenden Zwängen zu gehorchen oder eine rückwärts gerichtete Bewegung zu machen, die bis zum jähen Rückfall reichen kann, gehören laut Freud zu den Kennzeichen seelischer Vorgänge. Psychische Prozesse sind demnach nicht einfach als Bewegung auf ein Ziel hin, als stetige Entwicklung zu betrachten, sondern unterliegen zeitlichen und formalen Rückorientierungen. Eine solche Regression durchläuft etwa der Träumer, dessen Vorstellungen in visuelle Bilder rückverwandelt werden. Im Schlaf werden Gedanken, die mit unbewussten Erinnerungen und Fantasien verbunden sind, in unverständliche Szenen übersetzt. Zwischen der Körperposition und der Freud'schen Theorie der Psyche besteht ein funktionaler Zusammenhang: In die bewegungslose Rückenlage gebracht, sollen die regressiven Dimensionen eines Denkens und seine Fixierungspunkte aufgesucht werden. >>>>>>>>>>>>>

Der Diwan ist aber nicht nur der Ort der am Traum geschulten Selbstkommunikation, sondern auch das passende Möbelstück, um in eine ungewöhnliche Form der Kommunikation mit einem anderen zu treten. Nach Erprobung einer Reihe von verschiedenen Aufstellungen der Liege- und Sitzmöbel für Patienten und Psychoanalytiker, die zunächst wie im Wohnzimmer vis-à-vis aufgestellt sein oder an Schreibtischsituationen erinnern konnten, werden von Freud Regeln für das Interieur ausgegeben. In seinem 1913 veröffentlichten Text „Zur Einleitung der Behandlung" beschreibt er Aufstellung und Funktion der Möbel im Behandlungszimmer: „Noch ein Wort über ein gewisses Zeremoniell der Situation, in welcher die Kur ausgeführt wird. Ich halte an dem Rate fest, den Kranken auf einem Ruhebett lagern zu lassen, während man hinter ihm, von ihm ungesehen, Platz nimmt. Diese Veranstaltung hat einen historischen Sinn, sie ist der Rest der hypnotischen Behandlung, aus welcher sich die Psychoanalyse entwickelt hat. Sie verdient aber aus mehrfachen Gründen festgehalten zu werden. Zunächst wegen eines persönlichen Motivs, das aber andere mit mir teilen mögen. Ich vertrage es nicht, acht Stunden täglich (oder länger) von anderen angestarrt zu werden. Da ich mich während des Zuhörens selbst dem Ablauf meiner unbewussten Gedanken überlasse, will ich nicht, dass meine Mienen dem Patienten Stoff zu Deutungen geben oder ihn in seinen Mitteilungen beeinflussen. Der Patient fasst die ihm aufgezwungene Situation gewöhnlich als Entbehrung auf und sträubt sich gegen sie, besonders wenn der Schautrieb (das Voyeurtum) in seiner Neurose eine bedeutende Rolle spielt. Ich beharre aber auf dieser Maßregel, welche die Absicht und den Erfolg hat, die unmerkliche Vermengung der Übertragung mit den Einfällen des Patienten zu verhüten, die Übertragung zu isolieren und sie zur Zeit als Widerstand scharf umschrieben hervortreten zu lassen."[24] >>>>>>>>>>>>>>>>>>>>>>>>>>>>

<<<<<< Die Anordnung der Möbel im psychoanalytischen Setting weicht hier grundlegend von „normalen" Gesprächssituationen ab (Abb. 13). Vom Analytiker visuell getrennt, richtet der ruhende Patient seine Konzentration auf alle inneren Regungen, Gedanken und Bilder, die ihm vor Augen treten, während auf der anderen Seite ein unsichtbar gewordener Analytiker das Vorgebrachte ohne bewusste Auswahl aufnimmt. Der weitgehenden Ausschaltung körperlicher, ablenkender Reize auf der einen Seite

13 Sigmund Freud neben einer Couch, vielleicht in seinem Sommerhaus
Sigmund Freud Privatstiftung

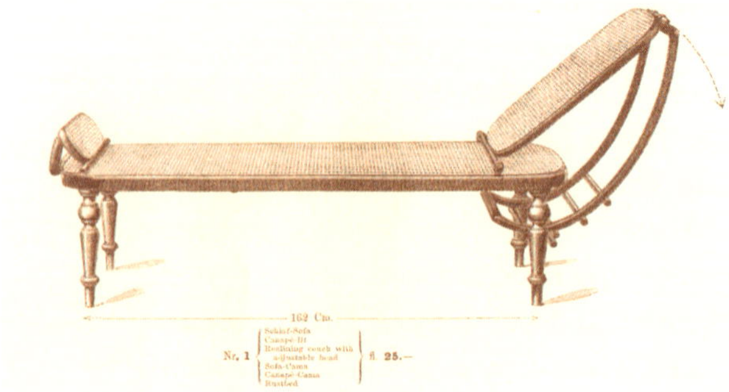

14 Schlafsofa Nr. 1
Das 1884 von der Firma Thonet entwickelte Möbel wurde später als Modell für Psychoanalytiker beworben.

15 „Freud“
Couch von Todd Bracher, produziert von Zanotta, Italien

entspricht ein geradezu interesseloses Hören auf der anderen Seite, hinter der Couch, das „gleichschwebend“ alle Äußerungen aufnimmt, ohne sich auf eine Richtung festzulegen. Als Vorbild dient hier nicht die Kommunikationssituation in einer Couchecke, auf der Intimitäten ausgetauscht werden, sondern ein in horizontaler Haltung geführtes Telefongespräch. „Wie der Receiver des Telephons“ [25] habe sich das Unbewusste des Arztes auf dasjenige des Patienten einzustellen. Da der liegenden Haltung regressive, die Kontrolle herabsetzende Tendenzen zuerkannt werden, fördert sie die Übertragung von Vorstellungen, die in „normalen“ Gesprächen nicht zugelassen werden, auf die unsichtbar gewordene Person des Arztes. Entspannte Haltung, die Nähe zum Schlaf und sexuelle Konnotationen gehen auf der Couch eine Allianz ein, die der psychoanalytischen Theorie unablässig in die Hände spielt. >>>>>>>>>>>>>>>>>>>>>>>>>

<<<<<< Die Psychoanalyse hat neben und nach Freud viele neue therapeutische Situationen erprobt. So beobachtete sie das Spiel von Kindern oder möblierte den Praxisraum mit neuartig arrangierten Sitzmöbeln, um neue Krankheiten zu behandeln oder der Kritik, der das klassische Setting ausgesetzt blieb, zu entgegnen. Kritiker innerhalb und außerhalb der Psychoanalyse stellten an dem Kontrollverlust, der die liegende Haltung charakterisiert, vor allem die Aspekte der Disziplinierung und Unterwerfung heraus. Der Ersatz des Diwans durch einen Sessel sollte die Hierarchie zwischen Therapeuten und Klienten und damit die Bedrohungsmomente der horizontalen Position auflösen. Dass trotz des vielen Möbelrückens in den therapeutischen Räumen die Couch nach wie vor einen festen Platz in der Psychoanalyse hat, ist wohl nicht nur Freud oder einem unverbesserlichen Hang zur Sentimentalität zu verdanken. Ihr kurierender Nutzen, den sie vor und in der Psychoanalyse erwiesen hat, ihr Potenzial, den Blick nach innen zu lenken und sich zum Aggregat unerhörter Gedanken und Vorstellungen, von Ab- und möglichen Ausschweifungen zu machen, konnte von keinem anderen Einrichtungsstück erreicht werden.

1 Theodor W. Adorno, Minima Moralia. Reflexionen aus dem beschädigten Leben. Frankfurt am Main: Suhrkamp 2001, S. 118.
2 Albert Hirschmüller geht anhand einer Patientin, die Breuer 1891 an Freud überwies, detaillierter dessen Behandlungsmethoden nach. Vgl. Albrecht Hirschmüller, Eine bisher unbekannte Krankengeschichte Sigmund Freuds und Josef Breuers aus der Entstehungszeit der „Studien über Hysterie". In: Jahrbuch der Psychoanalyse, 10, 1978, S. 144f.
3 Vgl. zu den gängigen Therapiemethoden Leopold Löwenfeld, Die moderne Behandlung der Nervenschwäche (Neurasthenie), der Hysterie und verwandter Leiden. Wiesbaden: Verlag von J. F. Bergmann (4. Aufl.) 1904.
4 Vgl. Sigmund Freud, Studien über Hysterie. In: Gesammelte Werke, Bd. 1. Frankfurt am Main: S. Fischer Verlag 1972, S. 115.
5 Ebd., S. 134.
6 Notiz von Marie Bonaparte, April 1938, Übersetzung aus dem Französischen, Freud Museum London, Box 33.
7 Medicinisches Waarenhaus, Haupt-Katalog Nr. 33, Berlin [ca. 1910]. Reprint: Hannover: Schäfer 1987, S. 299.
8 Das Sprechzimmer des Arztes. Ciba Zeitschrift, 32, 1936, S. 1107.
9 Meyers Konversations-Lexikon. Ein Nachschlagwerk des allgemeinen Wissens. Bd. 15. Leipzig, Wien: Bibliographisches Institut (5. veränd. Aufl.) 1897, S. 51.
10 Konstanze von Franken, Handbuch des guten Tones und der feinen Sitte. Berlin: Max Hesses Verlag (58. Aufl.) 1922, S. 76.
11 H. Schramm, Der gute Ton oder Das richtige Benehmen. Ein Ratgeber für den Verkehr in der Familie, bei Tische, in der Gesellschaft und im öffentlichen Leben. Ein Führer, in dem man Belehrung findet, was sich schickt und sich nicht schickt, wie man sich in diesem oder jenem Falle zu benehmen hat. Berlin: August Schulze Verlag (18. Aufl.) 1919, S. 135.
12 Katherine C. Grier, Culture and Comfort. Parlor Making and Middle-Class Identity, 1850–1930. Washington, London: Smithsonian Institution Press 1997, S. 112.
13 Vgl. Sigfried Giedion, Die Herrschaft der Mechanisierung. Ein Beitrag zur anonymen Geschichte. Frankfurt am Main: Athenäum 1987, S. 437.
14 Die vielfältigen Definitionen der Neurasthenie untersucht Volker Roelcke, Electrified Nerves, Degenerated Bodies: Medical Discourses on Neurasthenia in Germany, circa 1880–1914. In: Marijke Gijsijt-Hofstra, Roy Porter (Hg.), Cultures of Neurasthenia. From Beard to the First World War. Amsterdam, New York: Rodopi 2001, S. 177–198.
15 Vgl. Silas Weir Mitchell, Lectures on Diseases of the Nervous System, Especially in Women. London: J. & A. Churchill 1881, S. 225f.
16 Josef Berze, Bauliche Beschreibung und Geschichte der alten Anstalt. In: Die niederösterreichischen Landes-Heil- und Pflege-Anstalten für Geistes- und Nervenkranke „am Steinhof" in Wien. Festnummer der Psychiatrisch-Neurologischen Wochenschrift aus Anlass der Eröffnung obiger Anstalten am 8. Oktober 1907, Redaktion Dr. Joh. Bresler. Halle an der Saale: Carl Marhold Verlagsbuchhandlung, S. 11.
17 Vgl. Löwenfeld, Behandlung der Nervenschwäche, a.a.O., S. 133ff.
18 F. K. Walter, Über ein „Schutzbett" für erregte Geisteskranke. In: Psychiatrisch-Neurologische Wochenschrift, 29, 1908, S. 237.
19 Max Herz, Lehrbuch der Heilgymnastik. Berlin, Wien: Urban & Schwarzenberg 1903, S. 313.
20 Vgl. Freud, Studien über Hysterie, a.a.O., S. 266.
21 Die Bezeichnung Couch verweist auf den angloamerikanische Raum, über den die Psychoanalyse nach dem Zweiten Weltkrieg wieder zurück in den deutschsprachigen kam. Zur Etymologie des Wortes Couch gehört auch „to couch" im Sinne von „to put into words", was der Verbindung mit der Psychoanalyse entgegenkommt (vgl. Online Etymology Dictionary, www.etymonline.com).
22 Ebd., S. 268.
23 Dass Freud im Gegensatz zu Jean-Martin Charcot Hypnosen vorwiegend in liegender Ruhelage und nicht im Sitzen unternommen hat, geht aus seinen späteren Beschreibungen seiner Hypnosetechnik hervor, vgl. Sigmund Freud, „Selbstdarstellung". In: Gesammelte Werke, Bd. 13. Frankfurt am Main: S. Fischer Verlag,

S. 53. Für eine detaillierte Studie zur Rolle des Hypnotismus vgl. Andreas Mayer, Mikroskopie der Psyche. Die Anfänge der Psychoanalyse im Hypnose-Labor. Göttingen: Wallstein 2002.

24 Freud, Zur Einleitung der Behandlung. In: Gesammelte Werke, Bd. 8, a.a.O., S. 467.

25 Freud, Ratschläge für den Arzt bei der psychoanalytischen Behandlung. In: Gesammelte Werke, Bd. 8, a.a.O., S. 381.

Blick in die Ausstellungsräume
digital bearbeitete Fotografie
zur Simulation des angehobenen
weißen Fußbodens

DIE COUCH IM RAUM GEDACHT >>>>>>>>>>>>>>>>
ANMERKUNGEN ZUR AUSSTELLUNG <<<<<<<<<<<<<

>>>

<<<<<<<<<<<<<<<<<<<<<<<<<<<<<<<<< ABBOTT MILLER

>>>

Die Gestaltung der Ausstellung „Die Couch. Vom Denken im Liegen“ ist von den einzigartigen Umständen ihres Ortes ausgegangen. Das Wiener Sigmund Freud Museum befindet sich in der Wohnung, in der Freud mit seiner Familie lebte, bis sie zur Emigration nach London gezwungen wurden. Es umfasst einen Bereich für Wechselausstellungen und einen Kernbereich mit Texten, Fotografien, Möbeln und einigen der berühmten Antiken aus Freuds Behandlungszimmer. Was die Besucher nicht – oder nur auf Fotografien – zu sehen bekommen, ist die berühmte Couch, die wie der Großteil des Familienbesitzes 1938 nach London gebracht wurde. Die häufig wiederkehrende Frage der Besucher nach der Couch bildete eine der Anregungen zur laufenden Ausstellung zum „Denken im Liegen“. Es war weder möglich, die Couch für die Ausstellung von London nach Wien zu bringen noch durch Originalobjekte das kulturelle Milieu der Psychoanalyse im Wien der Jahrhundertwende zu evozieren. Diese Herausforderungen galt es zu bewältigen, als die Gestalter und Kuratoren Geschichten rund um Ideen und Artefakte entwarfen. >>>>>>>>>>>>>>>>>>>>>>>

<<<<<< Außerdem wird für diese Ausstellung erstmals die Wohnung über dem Museum genutzt, wodurch sich die Fläche, auf der die Geschichte der Couch erzählt werden kann, verdoppelt. Die frühere Mieterin hatte die Wohnung in den vierzig Jahren, die sie dort verbrachte, sehr wenig verändert. Die blassgelbe, mit der Walze aufgetragene Wandmalerei scheint Teil der ursprünglichen Ausstattung zu sein, zumindest ist sie ziemlich alt. Die Flecken, Risse und verwaisten Bilderhaken sind Zeichen eines häuslichen Lebens, das vor unseren Augen in die Erinnerung entschwand. Als wir die Wohnung betraten, war die Kontinuität mit der Zeit spürbar, in der die Freuds im Gebäude lebten; sie erzeugte – weit stärker als das Sigmund Freud Museum selbst – einen Eindruck vom Wien der 30er Jahre. >>>>

<<<<<< Anstatt die Räume zu renovieren, beschlossen wir, die Wohnung so zu belassen, da wir keinen anregenderen Schauplatz für eine Ausstellung über die Couch hätten finden können. Freuds immer wiederkehrende

archäologische Schichtenmetapher fand ihre Entsprechung in den historischen Sedimentschichten der Wohnung. Beim Durchschreiten der Räume übertrugen wir die Landkarte unserer Erzählung von künstlerischer Produktivität, von analytischen und therapeutischen Techniken auf den Wohnungsgrundriss und entdeckten eine ungewöhnliche Übereinstimmung: Im Wohnzimmer empfangen wir den Gast (Freud), im Speisezimmer inszenieren wir Gespräche (mit Analytikern), auf der Veranda behandeln wir die Lichttherapie, im Badezimmer sondieren wir die Hydrotherapie und in den vielleicht dunkelsten und klaustrophobischsten Räumen der Wohnung zeigen wir die in den psychiatrischen Anstalten praktizierten Zwangsmaßnahmen und Techniken körperlicher Überwachung – die Kehrseite der *talking cure.* Der Weg führt von bürgerlicher Förmlichkeit über die entspannte Pose zu Reflexion und Träumerei, aber auch zu unmittelbarer körperlicher Kontrolle. >>>>>>>>>>>>>>>>>>>>>>>>>>>

<<<<<< Die Ausstellung grenzt die „eingefügte“ Ausstattung klar vom bestehenden Umfeld der Wohnung ab. Diese Grenzlinie wird durch einen Zwischenboden verdeutlicht, der sich über den gesamten Bereich erstreckt. Diese saubere weiße Fläche signalisiert den Besuchern, dass die Wohnung ebenso zum „Inhalt“ der Ausstellung gehört wie die gezeigten Objekte. Ein durchgängiges Lichtband am Rand des Zwischenbodens dient ebenso der Beleuchtung, wie es den Berührungspunkt der Ausstellungsgestaltung mit dem Raum selbst anzeigt. Wo Gegenstände präsentiert werden, ist der weiße Zwischenboden ausgeschnitten, sodass manche Objekte direkt auf dem ursprünglichen Parkett stehen, eine Umkehrung der üblichen Lage von Ausstellungsobjekten auf einem Sockel. Sofern erhöhte Schauflächen erforderlich sind, werden sie durch „hochgehobene“ Bodenabschnitte geschaffen, die so zu Tischen und Vitrinen werden. In einen rechteckigen Einschnitt in den Boden werden Freuds Teppiche als virtuelle Gegenstände projiziert. Indem Klang und Glanz der Fläche des Zwischenbodens betont werden, intensiviert sich die Erfahrung des Gehens durch die Wohnung sowie der Kontrast zwischen unserem senkrecht aufgerichteten, wachen Leben und dem horizontalen Traumzustand des Denkens im Liegen. >>

<<<<<< Ein ehemaliges, straßenseitiges Geschäftslokal des Hauses Berggasse 19 wurde in den letzten Jahren von mehreren Künstlern als Ausstellungs-

raum genutzt, der von der Möglichkeit profitierte, Passanten mit einzubeziehen. Ich entschied mich, dort ein beiläufiges Detail aus der Korrespondenz zwischen Sigmund Freud und seiner späteren Frau Martha Bernays in den Mittelpunkt zu rücken. Während ihrer Verlobungszeit gab Martha ein Briefpapier in Auftrag. Es zeigt ein Monogramm, das aus einem mit einem M verschränkten B besteht. Seine Form ist mit einer geradezu stolzen Geste eindeutig vertikal orientiert. Freud reagierte auf das Monogramm seiner Verlobten in seinem Brief vom 28.1.1884 mit folgender Bemerkung: „An dem Briefpapier ist mir eigentlich das B zu anspruchsvoll und das M zu bescheiden. Du weißt, ich halte mich nur an's M." Zum einen manifestiert sich darin die Angst, dass er niemals die Mittel besitzen würde, Martha zu heiraten und ihr damit seinen Namen zu geben. Zum anderen lässt sich Freuds „verbessertes" Monogramm, das einen augenfällig horizontalen Eindruck erzeugt, auch so verstehen, dass sich in diesen kleinen Hieroglyphen bürgerlicher Identität ein Kampf zwischen Anspruch und Bescheidenheit, zwischen Aufstiegswunsch und Schicklichkeit abspielt. Ihr Dialog – über und durch das Monogramm – verortet Marthas „Design"-Entwurf am Kreuzungspunkt von persönlichen und sozialen Ängsten. Im Schaufenster des Sigmund Freud Museums wird ein Licht auf diesen Konflikt der Zeichen geworfen. >>>>>>>>>>>>>>>>>>>>

<<<<<< Die Gestaltung der Publikation gab Gelegenheit, die Beziehung zwischen Couch und Buch zu erkunden. Die Verwendung eines Buchformats, dessen Proportionen auf denen jenes Teppichs basieren, der heute auf Freuds Couch liegt, akzentuiert die Beziehung von Text und Textilem. Indem der Text durch eckige Anführungszeichen, ein aus der Linguistik und der Typografie entlehntes Element, an Dichte gewinnt, spielt er auf die dichte Musterbildung des Teppichs an. Der Textblock wird als eine gewebte Konstruktion gestaltet, als typografische Parallele zum textilen Untergrund, auf dem die *talking cure* entwickelt wurde. Das Cover des Buches bildet einen Kommentar zum ungewissen Vermächtnis der Couch. In ein weißes Tuch gehüllt, bekommt sie etwas Gespenstisches – ein Möbelstück, das auf eine lange Überwinterung vorbereitet wird, auf einen Umzug wartet oder vielleicht nie mehr verwendet werden wird.

Aus dem Englischen von Werner Rappl

Rachel Whiteread
Untitled (Amber Bed), 1991
Gummi
Carré d'Art – Musée d'Art
Contemporain, Nîmes

EINE COUCH FÜR PROKRUSTES

MICHEL TORT

DIE PROKRUSTESCOUCH

„Jeder kennt Prokrustes. Einer griechischen Legende zufolge war er ein Räuber, der verirrten Wanderern seine Gastfreundschaft anbot. Er ließ sie auf einem eisernen Bett schlafen, und wenn sie länger als das Bett waren, schnitt er ab, was über das Bett hinausragte. Wenn sie kürzer waren, streckte er sie mit Gewalt. Er war sozusagen ein *Normierer.* Machen wir ihn zum Patron all derer, die Tests durchführen oder die auf Umerziehung zählen. Das Ziel der Psychoanalyse ist jedoch ein anderes, es geht ihr nicht darum, dass die Analysanden der Norm entsprechen, sondern dass sie zu sich selbst finden.“[1] Dieser Verweis Octave Mannonis auf Prokrustes bringt ein Normierungsinstrument ins Spiel, das auf eine räumliche Anordnung ausgerichtet ist, eben das berühmte Prokrustesbett (oder die Prokrustesbetten, wenn wir der von Robert von Ranke-Graves festgehaltenen Version folgen: ein großes zur Streckung der Kleinen und ein kleines, um die Großen zurechtzusägen).[2] Man kann über den Umstand staunen, dass die suggestive Etymologie von Prokrustes – „hämmern, um zu strecken“ – nicht mehr an Neugierde geweckt hat, denn diese „Streckung mit Hammerschlägen“ könnte eine ironische Version der Frage darstellen, ob der Analysand verpflichtet ist, auf der Couch zu liegen. Die Frage nach der Couch, nach dem Dispositiv Couch-Fauteuil, wirft also die Frage nach der „Normierung“ auf, falls es denn eine ist (sie wäre noch zu definieren), vor allem aber die nach den „psychoanalytischen Normen“ (was nicht das Gleiche ist), und zwar auf weit subtilere und komplexere Art und Weise als das eingangs beschriebene Bild. Nur in Anfällen von Verfolgungswahn durch die Psychoanalyse, die in schöner Regelmäßigkeit auftreten, kann Prokrustes als Schutzpatron derselben erscheinen.[3] Die technische, metapsychologische Frage nach den Arten von Dispositiven, nach den „Mustern“ der Psychoanalyse, im Sinne der Schnittmuster der Schneider, bleibt jedoch bestehen.

Hier ist an die übrigen Teile der Prokrusteslegende zu erinnern. Die Ausschaltung des Prokrustes ist nämlich die letzte der Taten des Theseus, als er die Straße von Troizen nach Athen von Räubern befreit. Die Legende erwähnt die von Theseus durchgeführte Schocktherapie: „Theseus behandelte Prokrustes, wie dieser seine Opfer behandelt hatte.“[4] Was interessiert uns hier? Es ist der Umstand, dass die Originalität der Psychoanalyse, weit davon entfernt, ein Prokrustesbett zu sein, darin liegt, dass sie sich um den Fall des Räubers Prokrustes auf andere Art als Theseus kümmern und zum Beispiel mit all ihrer Einfallskraft eine „Couch für Prokrustes“[5] erfinden kann. Die Frage, die uns in der Folge beschäftigen wird, lautet also: Was geht von der Couch auf die diversen Dispositive der Psychoanalyse über? Was übernehmen Letztere von der Couch? Was verraten sie davon, in der doppelten Bedeutung des Verzichtens auf Erfordernisse und des Zulassens von Denkmöglichkeiten? >>>>>>>>>>>>>>>>>>>>>>>>>

<<<<<< Man wird sich zweifellos darauf einigen können, dass die Anfänge der Psychoanalyse durch das Dispositiv Couch-Fauteuil symbolisiert werden. Psychoanalyse ist demnach das, was sich in diesem Dispositiv vollzieht, der Rest ist Psychotherapie. Die für die liegende Position angeführten Vorteile beruhen auf der Schaffung eines Zustandes, von dem man annimmt, dass er die Regression zu ursprünglichen psychischen Formationen und die Empfänglichkeit für eine innere Welt von Empfindungen begünstigt. Deren Erfahrung bliebe bei motorischer Aktivität oder bei gewöhnlicher Sitzhaltung bis zu einem gewissen Grad verschlossen.[6] Ausgehend von diesem Dispositiv wird nun entschieden, „wer analysiert werden kann und wer nicht, was Analyse ist und was nicht“[7]. Aus dieser ersten Perspektive folgt eine beträchtliche Einschränkung der Indikationen der Psychoanalyse und eine unvermeidliche Abwertung der Psychotherapie, wobei jene mit Gold und diese mit Blei gleichgesetzt wird. Die Geschichte dieses Modells und seiner Transformationen bleibt großteils noch zu schreiben. Hier soll nur herausgearbeitet werden, worum es in der Debatte geht, die seit etwa zwanzig Jahren einen Paradigmenwechsel anzeigt.[8]

<<<<<< Mit der seit dem Zweiten Weltkrieg de facto erfolgten Ausweitung auf Situationen, die bis dahin für die Anwendung der – nur im Dispositiv Couch-Fauteuil eingesetzten – Psychoanalyse als ungünstig erachtet wurden, vollzieht sich eine beträchtliche Transformation des psychoanalytischen Paradigmas. Diese Ausweitung führt zu einer grundlegenden Veränderung der Ausgangsproblematik: Psychodrama, Face-to-Face-Psycho-

Theseus und Prokrustes auf einem attischen rotfigurigen Krater, 425 v. Chr. Ashmolean Museum der Universität Oxford

therapien, diverse Arten psychoanalytischer Beratung, die entwickelt wurden, um unterschiedlichsten Situationen – von der Behandlung frühkindlicher Probleme bis zur Arbeit in Strafanstalten – gerecht zu werden. Es geht hier nicht mehr darum, das Wesen der Psychoanalyse zu definieren und zu schützen, sondern darum, „die Metapsychologie der psychoanalytischen Sitzungen zu bestimmen, die nicht im Dispositiv Couch-Fauteuil ablaufen“[9]. Das bedeutet, die Konsequenzen aus dem Umstand zu ziehen, dass es Psychoanalytiker sind, die Face-to-Face-Behandlungen durchführen, ohne darauf zu verzichten, unter den neuen Rahmenbedingungen die Grundanforderungen des psychoanalytischen Prozesses geltend zu machen. Eine Konsequenz dieser neuen Perspektive ist die Kritik daran, dass Psychotherapien nur als defizitäre Abweichungen von der Reinheit der Standardbehandlung verstanden werden. Wollte man die diversen Aspekte dieser Veränderung der Beziehungen zwischen Psychoanalyse und Psychotherapie global charakterisieren, so ließen sich folgende Bewegungen unterscheiden. Zum einen wird argumentiert, dass die Face-to-Face-Situation der psychoanalytischen Praxis entsprechen kann und dass die Konfrontation mit der Dimension der Subjektivierung selbst zu einer Adaptierung des Rahmens und der Technik zwingt. Zum anderen zeigt sich, dass umgekehrt die psychoanalytischen Psychotherapien positiv auf die Couch-Fauteuil-Situation bezogen und von ihr beherrscht bleiben, ja dass die Psychotherapien im Allgemeinen nur schwer außerhalb des Bezugs auf die Psychoanalyse zu begreifen sind. >>>>>>>>>>>>>>>

<<<<<<<<<<<<<<<<<<<<<<<<<<<<<<<<<<<<<<<<<<<<<<<

DIE GLEICHE ARBEIT IN MEHREREN DISPOSITIVEN >>>>>>>>>

Am Ausgangspunkt stand die Überzeugung von der Überlegenheit der klassischen Behandlungssituation; Face-to-Face-Setting und Psychotherapie stellten hingegen weniger zufriedenstellende Abkömmlinge dar. Im ursprünglichen Schema ist es das räumliche Dispositiv selbst, das das Analytische zu definieren scheint. In der Folge hat sich jedoch das Epizentrum der Definition dessen verlagert, was in der Psychoanalyse wesentlich ist. Die Änderung dieses Schemas kann auf unterschiedliche Weisen formuliert werden, die im Übrigen nicht gleichwertig sind: Verschiebung in der Art des Zuhörens und der Aufmerksamkeit des Analytikers[10] oder Wandel der Vorstellung von der psychoanalytischen Arbeit.[11] Die entscheidende

Veränderung besteht darin, dass diese psychoanalytische Arbeit „die Möglichkeit eröffnet, zu erwägen, welches Dispositiv erforderlich ist, um der Analyse dieses bestimmten Subjekts in seiner Singularität nach Maßgabe seiner Bedürfnisse einen entsprechenden Rahmen zu bieten“.[12] So ist das ursprüngliche Dispositiv nicht nur der analytischen Arbeit untergeordnet, sondern es wird durch eine Vielzahl von Dispositiven ersetzt, die als ebenso psychoanalytisch gelten. Der Archetypus wird zum Sonderfall.
<<<<<<<<<<<<<<<<<<<<<<<<<<<<<<<<<<<<<<<<<<<<<

DIE INNERE DISPOSITION >>>>>>>>>>>>>>>>>>>>>>>>>>>

Was bedeutet es für die psychoanalytische Arbeit, wenn sie so in den Vordergrund gerückt wird? Es kommt zu einer weiteren Verschiebung, nämlich vom äußeren Dispositiv Couch-Fauteuil zur „inneren Disposition“: „Gleichgültig, in welchem Dispositiv ich arbeite – Standardbehandlung, also Couch-Fauteuil mit mindestens drei Sitzungen pro Woche oder Face-to-Face bzw. Seite-an-Seite mit einer oder mehreren Sitzungen –, ich versuche mich immer in die gleiche innere Verfassung des Zuhörens und der Arbeit zu versetzen.“[13] Diese Änderung verschiebt das Verständnis der Psychoanalyse in eine Richtung, die die Einzigartigkeit betont (man kümmert sich um Subjekte, nicht um „Standardfälle“ auf „Indikation“) und die auch zu einer Anpassung des Analytikers an eine Begegnung führt, die nach Bedingungen organisiert ist, in denen die (im Übrigen problematische) Idee der Subjektivierung eine zentrale Rolle spielt. Raymond Cahn betont, dass die liegende Position, auch wenn sie sich „für die Durchführung eines analytischen Prozesses besonders nützlich erweist, doch nicht die absolute Bedingung dafür darstellt – im Unterschied zu den anderen Elementen des Dispositivs wie dem Rahmen, der Regelmäßigkeit des Rhythmus und der Dauer der Sitzungen, der Zahlungsmodalitäten und vor allem der Grundhaltung des Analytikers hinsichtlich seiner persönlichen Involviertheit, seines Verzichts auf jeden Versuch aktiver Einflussnahme, seiner Zurückgezogenheit mit gleichzeitiger unantastbarer Verfügbarkeit etc.“[14] Diese zuletzt genannte Bedingung bedeutet die Unerreichbarkeit des Übertragungsobjekts und die Unmöglichkeit, den Analytiker zur Befriedigung der eigenen Wünsche zu verwenden oder den Wünschen des Objekts zu entsprechen. >>>>>>>>>>>>>>>>>>>>>>>>>
<<<<<<<<<<<<<<<<<<<<<<<<<<<<<<<<<<<<<<<<<<<<<<<<<<

Auch René Roussillon bezeichnet diese Anforderung als Invariante der psychoanalytischen Arbeit und ortet sie „auf der Seite der Arbeit an der Optimierung der Fähigkeiten zur Symbolisierung und zur subjektiven Aneignung des Analysanden.“[15] In Bezug auf diese Grundanforderung der psychoanalytischen Arbeit wird also die Situation der Couch neu untersucht. Daraus folgt die Verschiebung der Trennlinie, die nicht mehr zwischen „mit Couch“ und „ohne Couch“ verläuft, sondern zwischen psychoanalytischen Unternehmungen, in denen ein durch den Einsatz von Übertragung/Gegenübertragung bestimmter analytischer Prozess stattfindet, und anderen Arten von Unternehmungen (den zahlreichen Spielarten nicht-psychoanalytischer Psychotherapien).[16] >>>>>>>>>>>>>
<<<<<<<<<<<<<<<<<<<<<<<<<<<<<<<<<<<<<<<<<<<

EIN WIRKLICH PSYCHOANALYTISCHES FACE-TO-FACE >>>>>>>>

Zweifellos mussten zunächst die Sackgassen und Misserfolge der Couch festgestellt werden, bevor die Tauglichkeit einer Face-to-Face-Situation für die Psychoanalyse erwogen werden konnte. Betonte man anfangs die Vorteile der Couch – verbunden mit den Beschränkungen ihres Einsatzes –, so versuchte man später bei einer Reihe von Indikationen die Überlegenheit des Face-to-Face-Dispositivs zu belegen. >>>>>>>>>>>>>>>

<<<<<< Erstens wird der Vorteil der Face-to-Face-Situation für schwierige Patienten hervorgehoben, bei denen es die spezifische Form dieses Settings ermöglicht, die Probleme zu überwinden, die der Analytiker in der Standardbehandlung darstellt, sofern er als nicht ausreichend aufmerksam oder zu wenig präsent oder zu intrusiv etc. erlebt wird. Der Unterschied zur klassischen Behandlung besteht darin, dass man sich auf das Material stützt, in dem die Konflikte zutage treten. Die Freiheit der Technik wäre hier größer, Nähe und Distanz würden kombiniert, was in jedem Moment eine Intervention „lebendigerer Art“[17] ermöglichte. Das zweite Argument gehört zum Feld der „Couchanalysen“: Es ist bekannt, dass sie auf ein Schweigen hinauslaufen können. Die Wiederaufnahme im Face-to-Face kann den Prozess wieder in Gang bringen und nicht ausgeschöpfte Register eröffnen. So sehr die Couch auch die Regression und den Zugang zum Fantasma begünstigt, so kann sie doch den Nachteil aufweisen, zum „Sich-Festbeißen“ und zur „Entdifferenzierung der Unbewussten“ zu führen, was für das Scheitern mancher Behandlungen verantwortlich ist. Es

kommt also zu einer Umkehrung, die bewirkt, dass die bekanntesten Nachteile des Face-to-Face durch richtige analytische Arbeit in Vorteile verwandelt werden können.[18] Und schließlich besteht drittens das Ziel bei Patienten an der Grenze der Analysierbarkeit „weniger darin, psychoanalytische Arbeit zu verrichten, als eventuell die Verrichtung psychoanalytischer Arbeit zu ermöglichen“.[19] Denn die Fähigkeit, die Äußerlichkeit des Objekts zu erkennen, ist die Bedingung der Möglichkeit eines analytischen Prozesses zwischen sich und dem anderen; und dieses vorab zu erreichende Ziel kann auf dem Wege des Face-to-Face erreicht werden. >>>>>

<<<<<< Diese Modifikation der Problematik ist mit einer Vertiefung der Theorie des Rahmens und der psychoanalytischen Situation verbunden. Dafür ist das Aufkommen der Begriffe des „analytischen Ortes“ [site analytique] und der „analysierenden Situation“ [situation analysante][20] charakteristisch, aber auch der Aufstieg des Begriffs der Subjektivierung. Von einer Konzeption der analytischen Methode, der zufolge diese von einer gewissen Arbeitsteilung bestimmt ist, in der dem Analysanden die Aufgabe zufällt, das „Material“ zu liefern, das der Analytiker zu deuten hat, geht man zu einem ganz anderen Verständnis des analytischen Prozesses über. Dieser erscheint dann als „eine von zwei Protagonisten geleitete Untersuchung, die das, was sie entdeckt, verwandelt und gleichzeitig auch durch diese Entdeckung verwandelt wird“.[21] Die Einführung der Problematik der Subjektivierung postuliert, dass es nicht genügt, wenn eine Deutung introjiziert wird, sie muss auch „subjektiviert“[22] werden. Daraus ergibt sich eine Verschiebung der Trennungslinie der psychoanalytischen Unternehmungen, die nicht mehr durch die Leitlinie Couch-Fauteuil gegeben ist, sondern davon bestimmt ist, ob Subjektivierung vorliegt oder nicht.[23] >>>>>>>>>>>>>>>>>>>>>>>>>>>>>>>>>>>>>
<<<<<<<<<<<<<<<<<<<<<<<<<<<<<<<<<<<<<<<<<<<<<<<

DIE „LATENZ DER COUCH“ >>>>>>>>>>>>>>>>>>>>>>>>>>>

Man könnte den Eindruck gewinnen, diese gesamte Entwicklung laufe schließlich darauf hinaus, die Couch mehr oder weniger höflich aus der Behandlung zu verdrängen – und wäre es auch nur durch die Intensivierung der Arbeiten über das Face-to-Face-Setting und über Psychotherapien sowie durch Tendenzen außerhalb der Psychoanalyse, den Einsatz der Couch als „nostalgisch“ darzustellen und Psychotherapien für sitzende, ja sogar stehende Subjekte anzupreisen. In Wirklichkeit erweist sich die Lage als weit nuancierter. >>>>>>>>>>>>>>>>>>>>>>>>>>>>>>>

<<<<<< Ein Aspekt der Neuordnung der Beziehungen zwischen der Couch und den psychotherapeutischen Dispositiven ist in der von Roussillon sogenannten „Latenz der Couch" zu finden. Damit wird ihre Präsenz auch in den Behandlungen bezeichnet, die sie nicht einsetzen. Roussillon unterscheidet zwei Arten einer solchen Latenz. Die erste besteht darin, dass der Analytiker, der seine eigene Lehranalyse im Couch-Fauteuil-Setting erlebt hat, dieses Schema, das einen Hauptbestandteil seiner Gegenübertragung darstellt, in die analysierende Situation importiert: „Die Couch und das, was sie symbolisiert – die liegende Position, die Einladung zur Passivität und zur Verwundbarkeit auf Grund der Lockerung der Abwehr, der dem Blick entzogene und für die visuelle Wahrnehmung abwesende Analytiker – all diese Elemente des psychoanalytischen Dispositivs sind ‚präsent' und symbolisch untrennbar mit dem verbunden, was die Analyse für ihn ist."[24] Hier wird ein in den Überlegungen zur Couch selten erwähntes Element sichtbar, nämlich ihre Verbindung mit der Weitergabe der Psychoanalyse und mit der Generationenkette der Psychoanalytiker: Die Couch ist der symbolische Ort dafür (wie aus der Bezugnahme auf die „Couch des Soundso" deutlich wird). Obwohl sich in Theorie und Praxis die Vorstellung entwickelt hat, die Neuaufnahme bestimmter Analysen in einer Face-to-Face-Situation sei zweckmäßig, bleibt die Weitergabe der Psychoanalyse in der Ausbildung stark an der Standardbehandlung ausgerichtet – sowohl auf der Ebene der Analyse des Analytikers als auch auf der der Behandlungen mit Supervision, die im Dispositiv Couch-Fauteuil ablaufen müssen. >>>

<<<<<< Außerdem übt das Vorhandensein der Couch in der Ordination, abgesehen von der Couch, die der Psychoanalytiker notwendigerweise im Kopf hat, seine Wirkungen auf den Analysanden aus: „Auch wenn sie stumm ist, bleibt die Couch organisatorisch bestimmend. Die Analytiker empfangen ihre Patienten nicht hinter einem Schreibtisch, sondern in Anwesenheit einer Couch, die daneben steht."[25] An dieser Formulierung kann man erkennen, dass die Couch durch diese aktive „Anwesenheit" einen eigenartigen Status genießt. Diese Anwesenheit ist nicht die eines beliebigen Gegenstandes, sondern vielmehr die eines symbolischen Ap-

parats, eines Symbolbildungsapparates. „Sie symbolisiert die Symbolisierung, sogar für die Analysanden, die sie niemals verwendet haben.“[26] Daher wirkt die Anwesenheit der Couch und das, was durch sie freigesetzt wird, auch auf den Analysanden. Roussillon verweist auf all die Blickmanöver, auf die so gängigen Gesten, die die Couch in der Gestik der Sitzung gefügig machen und sie zu einer Art Übergangselement zwischen dem Analysanden und dem Analytiker werden lassen. >>>>>>>>>>>>>>>>>>>

<<<<<< So ist die Face-to-Face-Situation, ungeachtet der Vorteile, die zu ihren Gunsten vorgebracht wurden, implizit stets auf die Couch bezogen, die das Referenzdispositiv bleibt. Davon ausgehend eröffnet sich auch eine neue Fragestellung: Es geht weniger um einen Vergleich der jeweiligen Vorzüge der Couch und des Face-to-Face als vielmehr darum, zunächst eine gleichsam unterirdische Kontinuität zwischen Couch und Face-to-Face zu definieren, die durch die „Latenz der Couch“ im Face-to-Face sichergestellt wird. Diese Kontinuität ist umso frappierender, als es der explizite Wunsch mancher Analysanden ist, eine sitzende Haltung einzunehmen, wobei sie dann aber ihre analytische Arbeit fortsetzen, ohne sich auf den Blick zu stützen. Hier sieht man die Wirkungen des „Funktionierens der Couch“ auch in einer analysierenden Situation, in der auf ihren Einsatz verzichtet wird.[27] >>>>>>>>>>>>>>>>>>>>

<<<<<<<<<<<<<<<<<<<<<<<<<<<<<<<<<<<<<<<<<<<<<<<<<

ÄQUIVALENZ DER DISPOSITIVE ODER ANALYTISCHES PRIMAT DER COUCH? >>>>>>>>>>>>>>>>>>>>>>>>>>>>>>>>>>>>>>

Die Art der Gegenüberstellung von Face-to-Face und Couch-Fauteuil-Situation hat sich also stark verändert, da die Hauptaufgabe nun die feine metapsychologische Unterscheidung der Differenzen ist sowie die Bestimmung der Art, in der die verschiedenen Parameter der analysierenden Situation (das räumliche Dispositiv, die Häufigkeit der Sitzungen etc.) in beiden Fällen aktiviert werden. Es ist dieses Hin und Her, das fruchtbar zu sein scheint. Wenn man also festhält, dass im Couch-Fauteuil-Dispositiv „ein Großteil der Arbeit im und durch den Rahmen selbst passiert, der durch die räumliche Situation des Ortes [site] gegeben ist“[28], so genügt es nicht mehr wie zuvor, die unerreichbaren Vorzüge der Couch zu feiern. Es wird notwendig, sie zu erläutern und zu zeigen, wie sie aus der Räumlichkeit hervorgehen. Somit erfordert die nichtklassische Situation des Face-to-Face eine erneute Analyse des klassischen Dispositivs, das bis dahin in sich selbst ruhte. In gleicher Weise wird die unterschiedliche Funktionsweise der freien Assoziation oder der frei schwebenden Aufmerksamkeit in der Face-to-Face-Situation nicht mehr so sehr als eine Schwäche des Face-to-Face betrachtet, sondern vielmehr als ein Umstand gesehen, der auf Grund der visuellen Präsenz eine besondere Übung erfordert. Die Frage verschiebt sich also zu der einer besonderen Ausbildung im „Zuhören unter Blickkontakt".[29] >>>>>>>>>>>>>>>>>>>>>>>>>>>>>>>>

<<<<<< Man konnte jedoch den Eindruck gewinnen, dass durch diese Neuverteilung der jeweiligen Möglichkeiten der Couch und der anderen Dispositive, deren psychoanalytischer Charakter nunmehr anerkannt wurde, die Gefahr besteht, dass der zwischen den beiden Ansätzen verbleibende Unterschied verwischt wird. Ihn hervorzuheben war das Anliegen von Jean-Luc Donnet, als er in einem früheren Text über die „wohltemperierte Couch"[30] die Implikationen der Begriffe „analytischer Ort" [site analytique] und „analysierende Situation" [situation analysante] darlegte. >>>>>>>

<<<<<< In einem neueren Text greift Donnet das Thema der *situation analysante*[31] wieder auf und hebt vor allem die Verbindung der beiden Fragestellungen hervor: Was ist psychoanalytisch? Und was ist der Unterschied zwischen der Kur im engeren Sinn und der psychoanalytischen Psychotherapie? Die Schwierigkeit im Herzen der Diskussion ist die Frage, ob die Psychoanalyse eine Psychotherapie ist und welche Beziehung sie mit ihr unterhält. Donnet behandelt diese Fragen ausgehend von der ihm zufolge die analytische Methode charakterisierenden Verknüpfung von freier Assoziation und klinischem Denken.[32] Jene stellt die Einheit des Prinzips der psychoanalytischen Praxis sicher und dieses die Anpassung an unterschiedliche Bedingungen. Die Zunahme „klinischen Denkens" in den Psychotherapien, die das assoziative Denken (nach wie vor das Kernelement der psychoanalytischen Methode) nicht begünstigt, führt Donnet zu einer weit zurückhaltenderen Bewertung der Rolle, die der „psychoanalytischen Arbeit" zufällt. Er befürchtet nämlich, dass die Bezugnahme auf eine analytische Arbeit, die unterschiedlichen Dispositiven gemeinsam sei, zu einer „Nivellierung der Arbeitsanforderungen auf Kosten der anspruchsvollsten [der analytischen] Behandlung"[33] führt. Die Begriffe „analytischer Ort" [site analytique] und „Logik des Ortes" [logique du site]

scheinen ihm weit präzisere Werkzeuge zu sein, um die verschiedenen psychoanalytischen Behandlungen zu beschreiben. Vor allem sind sie ausdrücklich der Vorstellung entgegengesetzt, die in zahlreichen Arbeiten über die psychoanalytischen Psychotherapien vertreten wurde, der zufolge es Aufgabe des Analytikers sei, „den Prozess für jeden Patienten zu optimieren"[34]. Anders gesagt, die Vorstellung einer „Logik des Ortes" [logique du site] bringt ein äußeres Bewertungselement ins Spiel, sie „tritt als objektives Phänomen auf, das den Protagonisten in gewisser Weise äußerlich ist". Das Auftreten dieser Werkzeuge wird im Hinblick auf das Licht untersucht, das es auf das Face-to-Face-Setting wirft.[35] >>>>>>>>>>>>

<<<<<< Die Inhalte und unterschiedlichen Betrachtungsweisen werden konkret anhand eines Kommentars deutlich, den Donnet zu einem von Cahn vorgebrachten klinischen Beispiel abgab. Dieses sollte die psychoanalytischen Möglichkeiten des Face-to-Face illustrieren.[36] Es würde natürlich zu weit führen, hier auch die von Cahn gewählte klinische Sequenz[37] und die Kommentare von Donnet wiederzugeben. Ein einziger kurzer Moment sei daher festgehalten. Es handelt sich um eine Patientin, die ihre Prokrastination, also den krankhaften Drang, Aufgaben und Erledigungen unangemessen aufzuschieben, beklagte, indem sie von den Herausforderungen berichtete, denen sie sich stellt, indem sie Risiken auf sich nimmt – eine Funktionsweise, deren anale Natur der Analytiker (Cahn) kommentiert. „Es sieht ganz so aus, sage ich ihr dann, als würde es Ihnen nicht gelingen, sorgsam mit sich selbst umzugehen." Kommentar von Donnet: „Die Erzählung des Beginns der Sitzung wird von einem Kommentar begleitet, der das Niveau des Zuhörens des Analytikers gut zum Ausdruck bringt (phallische Herausforderung, anale Bewältigung in einem komplexen Bezug zur Zeitlichkeit). Die Intervention, die den sorgsamen Umgang mit sich selbst ins Spiel bringt, hat den Inhalt, die Verbindung zwischen den identifikatorischen Positionen der Patientin und den an die Vergangenheit gebundenen, verinnerlichten Objektbeziehungen sichtbar werden zu lassen. Es ist wahrscheinlich, dass die Intervention in einer Couch-Fauteuil-Situation nicht die einigermaßen banale Form annehmen hätte müssen, die sie hier hat."[38] >>>>>>>>>>>>>>>>>>>>>>>>>>>>>>>>>>

<<<<<< Zweiter Moment in der Erzählung von Cahn: „In einer für sie wie auch für mich überraschenden Form fällt ihr dann eine Szene mit ihrem

Vater ein, als sie acht Jahre alt ist und er sorgfältig sein Auto wäscht ‚nur zum Spaß, damit es schön ist', auch wenn es bei der darauf folgenden Ausfahrt wieder schmutzig wird. Sie kann nicht fortfahren. Ihr Denken stockt: ‚Es bremst, es steckt in der Scheiße.' Ich mache sie darauf aufmerksam, dass sie in dem Moment, in dem sie ihren Vater erwähnt, nicht mehr mit mir sprechen kann. Daraufhin bricht sie in Schluchzen aus und entdeckt das Gefühl der Verlassenheit und Eifersucht, das sie in dieser Szene erfüllte, gegenüber diesem Vater, der sein Auto so aufmerksam pflegt, während er offensichtlich so wenig Freude und Interesse hat, sie an den Wochenenden aufzunehmen."[39] >>>>>>>>>>>>>>>>>>>>>>>>>>>>>

<<<<<< Kommentar von Donnet: „Die Erinnerung an den Vater und sein Auto erhält den Wert einer Deckerinnerung: In ihr zusammengezogen findet sich ein Liebesanspruch an einen Vater, der sich nicht um sie kümmert, und ein ödipales sexuelles Register; das ‚In-der-Scheiße-stecken' bezieht sich auf das Thema des Waschens und appelliert auch an den Strahl des Analytikers. Dieser hebt den Übertragungswiderstand hervor, indem er sich darauf beschränkt, die Blockierung der an ihn gerichteten Rede – Aktualisierung der Übertragung – mit der Erwähnung ihres Vaters zu verbinden. Er entspricht damit ganz dem Schema Freuds, dem zufolge diese Verknüpfung alleine genügt, damit der Widerstand zu sprechen aufgehoben wird. Es scheint mir jedoch, dass man hier den Unterschied zu einer analytischen Situation feststellen kann, deren auf die Erforschung der Übertragung ausgerichtete Logik bedeutet hätte, die Triebdimension des Signifikanten ‚Es steckt in der Scheiße' in die Übertragung aufzunehmen. Ist es also nicht die Logik des wöchentlichen Face-to-Face, die vorzugsweise nach einer sauberen Intervention verlangt?"[40] >>>>>>>>>>>>>

<<<<<< Donnet betont in seiner Schlussbetrachtung die Wirkungen der Zeitlichkeit der wöchentlichen Face-to-Face-Sitzung auf die Möglichkeiten der Regression und der „Entfaltung aller Facetten der Übertragung". Letztlich besteht die Kontroverse also darin, dass die miteinander verglichenen Möglichkeiten der Übertragungsanalyse, des neuen Königswegs zur Erforschung des Unbewussten,[41] verschieden bewertet werden.

<<<<<< Es ist ziemlich bemerkenswert, dass in dieser ganzen Diskussion – über die Dispositive und deren Beziehung zu den inneren Dispositionen der Psychoanalytiker in Abhängigkeit vom Rahmen – die Dispositionen

der Analysanden marginal bleiben. In gewisser Hinsicht folgt dies daraus, dass diese Dispositionen dazu tendieren, sich in der „Übertragungsneurose“ den vom Psychoanalytiker gehandhabten Dispositiven anzupassen. Will man die soziale, historische Realität nicht völlig verleugnen, bleibt es jedoch unerlässlich, sich für die neuen Dispositionen der Analysanden zu interessieren. So hebt René Roussillon Analysanden eines bestimmten Typus hervor, die „bedeutenden sozialen Aufstieg mit ebenso deutlicher Zurückweisung weniger der Passivität als der Abhängigkeit“ [42] verbinden und die sich trotz offensichtlicher Befähigung dafür nicht „auf eine Analyse einlassen wollen. Sie wollen eine Face-to-Face-Analyse in Form eines Gesprächs über ihre Schwierigkeiten und/oder die wesentlichen Dinge des Lebens“. [43] Sie fordern also prinzipiell einen Verstoß gegen die Grundregel der freien Assoziation und schließen den Einsatz der Couch in einer Art aus, der keinerlei „Gegenindikation“ seitens des Analytikers entspricht. Wenn man sich auch nur ein wenig mit diesen geänderten Anforderungen auseinander setzt, wird rasch klar, dass sie sich aus der prekären, durch die liberale Ökonomie hervorgerufenen Wirtschaftslage ergeben und dass sie von deren Idealen sofortiger Rentabilität auch in der Sorge um sich geprägt sind. [44] >>>>>>>>>>>>>>>>>>>>>>>>>>>>>>>>>
<<<<<<<<<<<<<<<<<<<<<<<<<<<<<<<<<<<<<<<<<

VON DER NORMIERENDEN COUCH ZUR NORMIERTEN COUCH >>

So entspinnt sich seit den 1980er-Jahren eine fruchtbare Debatte innerhalb der Psychoanalyse über die miteinander verglichenen Vorzüge der klassischen Behandlungssituation (Couch-Fauteuil) und der psychoanalytischen Face-to-Face-Psychotherapie. Ich habe versucht, die metapsychologischen Aspekte hinsichtlich der Theorie der Technik zusammenfassend hervorzuheben. Aber diese Debatte hat noch andere Implikationen. Sie ist nämlich mehr oder weniger an eine „geografische“ Trennung geknüpft, die dazu tendiert, die Lage der Psychoanalyse in den Vereinigten Staaten und in Frankreich einander gegenüberzustellen. Diese transatlantische Teilung stellt ein Kennzeichen der französischen Debatte dar, das weit über die psychoanalytische Fragestellung hinausreicht. [45] Auch wenn sich diese Teilung als imaginär erweisen sollte, müsste man weiter nach der Bedeutung des transatlantischen Fantasmas fragen. Andererseits ist diese Debatte innerhalb der Psychoanalyse mit einer anderen verbunden, die

die Psychoanalyse den nicht psychoanalytischen Psychotherapien gegenüberstellt. Diese zweite Debatte erfuhr in letzter Zeit in Frankreich eine Zuspitzung durch die Polemiken bezüglich der Reglementierung der Psychotherapien und der Psychoanalyse[46] und durch die vermehrt aufgetretenen radikalen Angriffe gegen die Psychoanalyse. Eine verschwommene Überschneidung der beiden Debatten (die eine psychoanalytisch, die andere ideologisch und politisch) ergab in den Medien die Fragestellung „Ende der Couch?“ (was gleichbedeutend ist mit „Ende der Psychoanalyse!“). Die Schlagzeile „Ende der Couch“ kann, auch wenn sie mit einem Fragezeichen versehen ist, leicht zu Missverständnissen Anlass geben. Es könnte etwa der Eindruck entstehen, dass die Entwicklung, die in der Psychoanalyse zunehmend das Face-to-Face-Setting und die Psychotherapie im Vergleich zu der als rückschrittlich erachteten Couch-Fauteuil-Behandlung bevorzugt, einen Versuch der Psychoanalyse darstellt, sich an die Vorherrschaft der Psychotherapien anzupassen – an eine Vorherrschaft, die selbst mit dem als unvermeidlich angenommenen Niedergang der Psychoanalyse gleichgesetzt wird. Man würde beginnen, hinsichtlich der Couch-Fauteuil-Behandlung nachzugeben, um sich auf die psychoanalytische Psychiatrie zu konzentrieren, bis diese vom unaufhaltsamen Aufstieg der kognitiven Verhaltenstherapien liquidiert würde.[47] >>>>>

<<<<<< Die gleiche Position findet ihren Ausdruck in sehr unterschiedlichen Strategien. Einerseits wird das Abgleiten der „amerikanischen Psychoanalytiker“, vor allem das abnehmende Interesse für die Psychosexualität (die keinesfalls aufzugeben sich die französische Psychoanalyse rühmen würde), infrage gestellt. Man bedauert auch, dass die Psychoanalyse zu einem narrativen Akt wird und das Material der Behandlung nur noch die Wirklichkeit einer Erzählung besitzt,[48] was zu einem theoretisch-praktischen Relativismus führt sowie zu einer erneuten Infragestellung der Ziele der Analyse unter soziokulturellem und sozioökonomischem Druck. Auf der anderen Seite wird in der Debatte über den Status der Psychoanalyse und der Psychotherapien von einem Teil der Analytiker – den Lacanianern – heftige Kritik an jeder Reglementierung der Psychoanalyse und an der Problematik der „Evaluierung“ der Psychotherapien geübt, der vorgeworfen wird, die Psychoanalyse tendenziell in den Dienst einer Medizin zu stellen, die selbst in Abhängigkeit vom plattesten Neoliberalismus

steht.[49] Der überwiegende Teil der Kritikpunkte ist durchaus begründet. Nichtsdestoweniger ist es offensichtlich paradox, dass die eifrigsten Verfechter „der Psychoanalyse“, zumindest ihren eigenen Aussagen zufolge, dann diejenigen wären, deren Praxis durch ihren willkürlichen Umgang mit dem Rahmen und vor allem mit der Dauer der Sitzungen „der Psychoanalyse“ den klassischen Rahmen seit langem verlassen hat.[50] Kurz gesagt, die entschlossenste Kritik an den Unterwerfungsunternehmen der Psychoanalyse unter die neoliberale Medizin erfolgt nicht durch die geschwätzige und zynische Forderung nach einer absoluten Anarchie der Praktiken der Psychoanalyse, sondern durch die Wahrung der Anforderungen, von denen die untersuchte Debatte eine gewisse Ahnung zu geben versucht hat. >>>>>>>>>>>>>>>>>>>>>>>>>>>>>>>>>>>>>>

<<<<<< Ein Teil der Verwirrung der aktuellen Debatten über die Psychoanalyse im öffentlichen Raum ist auf die Überschneidung der verschiedenen erörterten Aspekte zurückzuführen: einander radikal entgegengesetzte Konzeptionen „der Psychoanalyse“ und der Psychotherapien sowie ihrer Beziehungen untereinander, unterschiedliche Strategien im Hinblick auf die Reglementierung der Psychotherapien und der Psychoanalyse. Vielleicht ist es besser, zwei Debatten sorgsam zu unterscheiden. Die eine (Couch-Fauteuil-Behandlung/Psychoanalyse im Face-to-Face oder Seite an Seite etc.) ist eine psychoanalytische Fragestellung, die die Psychoanalyse voranbrachte und sie zwang, die beträchtliche und wenig umstrittene Erweiterung ihres Feldes psychoanalytisch zu denken. Die andere ist eine ideologische und ökonomische Debatte darüber, ob es möglich sein wird, die Psychoanalyse vom Markt der psychischen Behandlungen zu verdrängen.

Aus dem Französischen von Werner Rappl

1 Octave Mannoni, Le divan de Procuste. Paris: Denoël 1987, S. 17.
2 Vgl. Robert von Ranke-Graves, Griechische Mythologie. Reinbek: Rowohlt 1960, S. 299.
3 Vgl. die „Freud Wars" in den USA oder das jüngst in Frankreich erschienene Schwarzbuch der Psychoanalyse (Catherine Meyer et al. (Hg.), Le livre noir de la psychanalyse: Vivre, penser et aller mieux sans Freud. Paris: Les Arènes 2005), in dem Verhaltenstherapeuten ihren Anteil am Markt der Psychotherapien verteidigen, indem sie Freud diskreditieren.
4 Graves, Griechische Mythologie, a.a.O., S. 299 (Übersetzung verändert, W. R.).
5 Vgl. zum Beispiel die Arbeiten von Claude Balier, La violence en abîme. Paris: PUF 2005.
6 Man müsste, was den Rahmen des vorliegenden Textes überschreitet, die liegende Haltung auf der Couch als Verlängerung des „Traumdenkens" untersuchen, in dem Sinn, in dem Maurice Dayan dies scharfsinnig in folgendem Buch tut: Le rêve nous pense-t-il? Paris: PUF 2004.
7 René Roussillon, La „conversation" psychanalytique: un divan en latence. In: Revue Française de Psychanalyse, 69, 2005, S. 365.
8 Obwohl diese Debatte die Grenzen der Psychoanalyse in Frankreich weit überschreitet, werde ich sie in der Form behandeln, in der sie in der französischen Debatte entwickelt wurde, ohne im Übrigen den Anspruch zu erheben, auch nur in diesem Rahmen all ihre Aspekte zu berücksichtigen.
9 René Roussillon, Quelques remarques métapsychologiques à propos du travail psychanalytique en face à face. In: J. Schaeffer, G. Diatkine (Hg.), Psychothérapies psychanalytiques. Paris: PUF 1998, S. 70.
10 Vgl. Raymond Cahn, La fin du divan? Paris: Jacob 2002, S. 98 f.
11 Vgl. Roussillon, La „conversation", a.a.O., S. 365.
12 Ebd., S. 366.
13 Ebd.
14 Cahn, La fin du divan?, a.a.O., S. 123.
15 Roussillon, La „conversation", a.a.O., S. 367.
16 Vgl. Cahn, La fin du divan?, a.a.O., S. 154.
17 Ebd.
18 Vgl. ebd., S. 117f.
19 Ebd., S. 128.
20 Jean-Luc Donnet, La situation analysante. Paris: PUF 2005. Eine Definition und Erläuterung des von Jean-Luc Donnet eingeführten Begriffes des „psychoanalytischen Ortes" [site analytique] findet sich im dritten Teil dieses Werks, S. 139–168. Dieser Begriff ist komplex, da er bei Donnet mehrere Aufgaben erfüllt. Er beinhaltet den Rahmen, ist aber weiter gefasst, da er auch die Komponente der diesen Rahmen bestimmenden sogenannten „Logik des Ortes" [logique du site] enthält. Donnet betont den objektiven, außerhalb der Protagonisten der Behandlung liegenden Aspekt dieses Phänomens, das durch eine bestimmte Anzahl von Elementen und der probabilistischen Schätzung ihrer erwarteten Wirkungen definiert ist (zum Beispiel im Fall eines Übergangs von einer zu zwei Sitzungen oder eines Face-to-Face-Settings zur Couch und analogen Situationen). Die bevorzugte Verwendung des Ausdrucks „analysierende Situation" [situation analysante] anstatt des herkömmlichen „analytische Situation" [situation analytique] entspringt zweifellos einem Bemühen, der Situation ihren dynamischen Aspekt zurückzugeben, ohne vorwegzunehmen, was in ihr „analytisch" gewesen sein wird.
21 Cahn, La fin du divan?, a.a.O., S. 152. Jean-Luc Donnet entwickelt in seinem Text: De la règle fondamentale à la situation analysante. In: Revue Française de Psychanalyse, 65, 2001, 1, S. 243–258 (dt.: Von der Grundregel zur Situation des Analysierens. In: Jahrbuch der Psychoanalyse, 43, 2001, S. 26–48) die Idee eines „psychoanalytischen Dritten", die in mancher Hinsicht eine Wende in der Vorstellung vom analytischen Prozess bedeutet.
22 Cahn, La fin du divan?, a.a.O., S. 153.
23 Vgl. Ebd., S. 154. Wie ich schon weiter oben erwähnte, kann man sich fragen, ob es in aller Strenge unerlässlich ist, den Begriff der „Subjektivierung" in die psychoanalytische Theorie einzuführen, um die Aneignung der psychoanalytischen Arbeit zu bezeichnen.
24 Roussillon, La „conversation", a.a.O., S. 368.
25 Ebd.
26 Ebd., S. 369.
27 Vgl. ebd., S. 370.
28 Roussillon, Quelques remarques, a.a.O., S. 71.

29 Ebd.
30 Jean-Luc Donnet, Le divan bien tempéré. Paris: PUF 1995, S. 8. Der titelgebende Artikel des Sammelbandes datiert von 1973 und wurde ursprünglich in der „Nouvelle Revue de Psychanalyse“ unter dem Titel „La croyance“ veröffentlicht.
31 Vgl. Donnet, La situation analysante, a.a.O.
32 Vgl. ebd., S. 153.
33 Ebd., S. 158.
34 Ebd.
35 Vgl. ebd., S. 162–164.
36 Vgl. Jean-Luc Donnet, L’incidence du face à face, discussion autour de „La fin du divan?“ de Raymond Cahn. In: Ders., La situation analysante, a.a.O., S.169–173.
37 Vgl. Cahn, La fin du divan?, a.a.O., S. 95.
38 Donnet, La situation analysante, a.a.O., S. 171.
39 Cahn, La fin du divan?, a.a.O., S. 96.
40 Donnet, La situation analysante, a.a.O., S. 171.
41 Vgl. Jean-Luc Donnet, La nouvelle voie royale. In: La situation analysante, a.a.O., S. 95–109.
42 Roussillon, La „conversation“, a.a.O., S. 370.
43 Ebd., S. 371.
44 Vgl. Donnet, La situation analysante, a.a.O., S. 190–206; sowie Michel Tort, Fin du dogme paternel. Paris: Aubier, Flammarion 2005, S. 434–482.
45 Vgl. Eric Fassin und Clarisse Fabre, Liberté, égalité, sexualités. Paris: Belfond 2003; Eric Fassin, L’inversion de la question homosexuelle. Paris: Editions Amsterdam 2005.
46 Zu dieser Debatte siehe vor allem Gilbert Diatkine, Gérard Le Gouès, Ilana Reiss-Schimmel (Hg.), La psychanalyse et l’Europe de 1993. Paris: PUF 1993 und den Überblick von Elisabeth Roudinesco, Le patient, le thérapeute et l’Etat. Paris: Fayard 2004.
49 Vgl. vor allem Roudinesco, Le patient, a.a.O., sowie Jacques-Alain Miller und Jean-Claude Milner, Voulez-vous être évalué? Paris: Grasset 2004.
50 Vgl. Donnet, Le divan bien tempéré, a.a.O., S. 189–219.

Souvenir aus einem brasilianischen Museum
im Besitz von Bettina Reiter

AUSZÜGE AUS DER PSYCHOANALYTISCHEN PRAXIS

INTERVIEW MIT BETTINA REITER

LYDIA MARINELLI Die Psychoanalyse stellt heute ein psychotherapeutisches Verfahren neben einer Vielzahl anderer dar. Verglichen mit ihren Konkurrenten hat sie den Vorteil, über eine Erfahrung von immerhin schon hundert Jahren zu verfügen. Andere Methoden haben sich als weitaus kurzlebiger erwiesen. Welche Vorzüge besitzt aus Ihrer Sicht die Psychoanalyse im Vergleich mit anderen Verfahren, beispielsweise der sehr dominanten Verhaltenstherapie?

BETTINA REITER Die Psychoanalyse ist eigentlich nur schwer mit anderen Therapien vergleichbar. Wenn ich zufällig jemanden träfe, der wegen irgendeines speziellen Problems auf der Suche nach einer Psychotherapie wäre, so wüsste ich fürs Erste einmal nicht, was ich ihm raten würde. Ich glaube nicht, dass jeder Mensch eine Psychoanalyse machen muss und dass sie die Methode der Wahl für alle Probleme ist. Schwer vergleichbar ist die Psychoanalyse auch deshalb, weil bereits die Analogie zwischen psychischen und körperlichen Krankheiten problematisch ist. Wenn ich an einer Krankheit mit speziellen Symptomen leide, so gehe ich zum Arzt, damit er mich von ihnen befreit, und die Sache ist damit erledigt. Eine Psychotherapie kann das nicht leisten, und die Psychoanalyse hat eine bloße Symptombeseitigung erst gar nicht primär zum Ziel. Das geht sozusagen „nebenher". Sie stellt immer eine Besinnung, eine systematische große Arbeit am eigenen Leben und am eigenen Selbstverständnis dar. Es geht dabei um mehr als um das Wegkurieren von Symptomen, die als Leidensfaktor betrachtet werden. Das Symptom bildet zwar eine notwendige Voraussetzung für die Arbeit. Fehlt es, so gibt es keinen Grund, diese Arbeit überhaupt auf sich zu nehmen. Für die Psychoanalyse ist aber das Symptom, mit dem jemand in die Praxis kommt, nur der Anfang und eigentlich das Unwesentlichste an der ganzen Geschichte – was jedoch nicht heißt, dass es nicht im Zentrum der Aufmerksamkeit steht und im Regelfall im Zuge der Analyse beseitigt wird. Aber es bildet nicht den Fokus, und die Analyse orientiert sich nicht an dem Ziel, dass jemand danach beispielsweise nicht mehr raucht oder keine Phobie mehr hat. Das versteht sich sozusagen von selbst. Der Psychoanalyse geht es aber ums Unbewusste und um die Mechanismen, die jemanden beherrschen und ihn daran hindern, das Leben auf eine zufrieden stellende Weise zu führen. Das Symptom wird von ihr als Ausdruck gesehen und nicht als Einheit in sich selbst. Das unterscheidet einen psychoanalytischen grundlegend von jedem anderen psychotherapeutischen Prozess. Natürlich existieren Übergänge, Vermischungen und Grauzonen zwischen der Psychoanalyse und anderen Therapien. Es wäre vermessen zu behaupten, dass sie die einzig sinnvolle Psychotherapie ist. Aber im Hinblick auf ein paar Bereiche bin ich nach wie vor der Meinung, dass sie wirklich die beste Methode darstellt und dass man Patienten ermöglichen sollte, eine Analyse zu machen. Das gilt zum Beispiel für das, was Freud unter Charakterpathologien verstanden hat und was wir heute, um den aktuellen diagnostischen Katalogen zu entsprechen, als Persönlichkeitsstörungen bezeichnen würden, weiters für schwere Symptomneurosen und vor allem für Verläufe, die durch die Verankerung im Charakter, in der zweiten Natur des Betroffenen, gekennzeichnet sind – also für alles, was in Richtung narzisstische oder Borderline-Persönlichkeitsstörung weist, um wieder diese moderne Terminologie zu verwenden. In Bezug auf diese Bereiche denke ich, dass alleine schon der Ordnungscharakter der Psychoanalyse, der eine sehr klare äußere Struktur mit einer möglichst offenen inneren Situation verbindet, viele Vorteile bietet, die eine andere, stärker auf Verhaltensmodifikation abzielende Therapieform nicht aufweist. Das sind kleine Indikationsbereiche, aber sie entsprechen auch meiner eigenen Erfahrung. Ich bin mit meiner Methode und meinem eigenen Können sozusagen besonders zufrieden, wenn ich sehe, dass man hier in der Arbeit mit Patienten unvergleichlich viel weiter kommt. Gerade in sehr schwierigen klinischen Situationen hat die Analyse viel zu bieten – vielleicht auch, weil sie schon sehr alt ist und so im Laufe ihrer eigenen Geschichte aus ihren eigenen Misserfolgen besonders viel lernen konnte. >>>>>>>>>>>>>>>>>>>>>>>>>>>>>>>>

<<<<<<<<<<<<<<<<<<<<<<<<<<<<<<<<<<<<<<<<<<<<<<<<

LM Und welche Rolle spielt im Kontext dieses Erfahrungsreichtums die Couch? Sie haben in Ihrer Ordination einen geradezu klassischen Diwan stehen, der ungefähr so alt sein dürfte wie die Psychoanalyse selbst. Braucht man ein solches Möbel, um eine Psychoanalyse durchzuführen, oder handelt es sich dabei um ein sentimentales Stück, um ein Souvenir an vergangene Zeiten der Psychoanalyse? >>>>>>>>>>>>>>>>>>>>>>>>>>

BR Ja und nein. Ich kenne einen Kollegen in der Schweiz, der seine Praxis ohne Couch betreibt. Mit Fug und Recht und sicher auch mit guter Begründung sagt er, dass er natürlich ein Analytiker sei, aber manchmal müsse man sich nach einiger Zeit von Fetischen verabschieden. Ich habe das noch nicht ausdiskutiert mit ihm, aber ich bin schon gespannt, wie unser Dialog weitergeht, weil sich für mich die Sache anders darstellt. Auch ich sehe natürlich das Fetischartige an der Couch, vor allem in kulturhistorischer Hinsicht ist sie ja ein heißes Ding, das alle möglichen Konnotationen und Bezüge mit sich führt. Auch in der Analyse erweist sie sich von vornherein als sexualisiertes Möbel. Jeder, der sich hier hinlegt, liefert sich in gewisser Weise einer Situation aus, die ich als Analytikerin bestimme. Wir arbeiten mit einem Setting, das eine, um es mit einer gängigen Theorie zu formulieren, strukturell sadomasochistische Situation erzeugt, oder, um es anders zu sagen, ein Abhängigkeitsverhältnis bedient. Als Analytikerin mache ich mir Vorstellungen darüber, welche verschiedenen Bedeutungen dieses Setting für das Unbewusste und die innere Situation von Menschen annehmen kann. Ich benutze die Vorteile, die das Setting und vor allem die Couch bieten. Sie liegen beispielsweise darin, dass man sich nicht in die Augen schauen muss. Das meine ich nicht in dem Sinne von Freuds flapsigem Diktum, dass er es nicht aushalte, wenn ihn die Patienten acht Stunden am Tag anschauen, sondern in dem Sinne – was allerdings auch in diesem Diktum enthalten ist –, dass auf diese Weise das eigene Fantasieleben und die eigene Gedankenwelt ohne die bewusste Kontrolle des kommunikativen Gegenübers funktioniert, ohne den Augen-Blick, der immer ein Spiegel ist, wenn man mit jemandem spricht. Sitzt man einander gegenüber, so wie wir es jetzt beim Interview tun oder wie es mit Patienten geschieht, die zu mir für eine andere Art von Therapie kommen, für eine psychoanalytische Psychotherapie, eine Beratung oder eine Kurztherapie mit einer ganz präzisen Fragestellung beispielsweise, dann bemühen wir uns zwar auch, das Unbewusste zu verstehen und herauszufinden, was im Moment jetzt gerade die Botschaft dieses Unbewussten ist. Aber es ist ein anderes Verständnis davon – es ist eines, das sehr klar im Hier und Jetzt bleibt und die tatsächlich stattfindende

Kommunikation zwischen zwei Personen betrifft. Das ist therapeutisch sehr nutzbringend, aber es ist doch etwas anderes, als wenn man sich auf die Couch legt und sich einem inneren Monolog ausliefert, der zu einem Dialog mit einem anderen Menschen wird. Diese Möglichkeit möchte ich für meine therapeutische Praxis oder meinen klinischen Blick, je nachdem, wie man das dann nennen will, nicht missen. Es gibt Situationen, in denen ich darauf drängen würde, eine Analyse zu machen, wenn ich nämlich den Eindruck habe, dass dies das Einzige ist, was wirklich etwas bringt. Aber es gibt auch viele andere Situationen, in denen die Couch eine Möglichkeit darstellt, die man im Laufe einer therapeutischen Unternehmung einsetzen kann. Und schließlich gibt es auch manchmal Situationen, in denen es prinzipiell nicht gut wäre, die Couch zu verwenden, zum Beispiel, wenn jemand eine psychotische Erkrankung hat und mit sehr starken inneren Impulsen kämpft, die ihn in seiner Realitätswahrnehmung und in seiner Ich-Abgrenzung stören. Oder zum Beispiel bei Patienten, die mit paranoiden Ideen oder mit Halluzinationen zu kämpfen haben. Für sie bedeutet die Kontrolle über den Blick und über das Gegenüber einen großen Schutz. Und ihrem Gegenüber, in diesem Fall dem Analytiker, ist es möglich, schnell wahrzunehmen, wenn das psychotische Erleben überhand nimmt. Es gibt natürlich auch die Möglichkeit – vor allem englische und amerikanische Kollegen haben da große Pionierarbeit geleistet –, mit psychotischen Menschen im Couch-Setting Analysen durchzuführen. Ich verwende bei solchen Patienten keine Couch, weil ich sowohl dem Patienten als auch mir eine realistische Chance lassen möchte, arbeiten zu können. Ich würde mich anders einfach nicht sicher genug fühlen. >>>

<<<<<<<<<<<<<<<<<<<<<<<<<<<<<<<<<<<<<<<<<<<<<<<<<<<

LM Laut Freud hat der Diwan, wie er die Couch nennt, gegenüber der sitzenden Vis-à-vis-Position den Vorteil, dass die Übertragung besser in Gang kommt. Wie würden Sie diesen Prozess beschreiben, der – Sie haben vorhin von Abhängigkeit gesprochen – mit einer Art von Unterwerfungssituation verbunden ist? >>>>>>>>>>>>>>>>>>>>>>>>>>>>>>>>>>

BR Dass sich die Übertragung im Sitzen von der Übertragung im Liegen unterscheidet, darüber herrscht im Großen und Ganzen Einigkeit. Man könnte vielleicht ganz allgemein sagen, dass die Übertragung im Sitzen nicht so regressiv ist und weitgehend unentdeckt bleibt. Weder der Patient noch der Analytiker können in bestimmte Bereiche der Übertragung vordringen, weil diese durch die Situation und die höhere Kontrolle ausgeblendet bleiben. Das ist auch nicht immer erforderlich für eine gute Therapie, aber wenn man eine Analyse im Liegen macht, dann gibt es die Chance, jene Bereiche in den Blick zu bekommen, die für eine Alltagssymptomatik nicht so zentral sind. Daraus erklärt es sich auch, dass die Übertragung im Liegen leichter in Gang kommt, heftiger ausfällt und dramatischer verläuft. Das ist allerdings nicht das, was ich vorhin mit Unterwerfungsszenario gemeint habe. Die Sexualisierung der Couch wirkt wie ein Motor, auch für die Übertragung, weil letztlich alles, was hier passiert, ein Motor für die Übertragung ist. Aber durch ihre zentrale Rolle im Setting ist die Couch eine Primärbotschaft und eine, die mit Sexualität in ihrem Assoziationsspektrum untrennbar verbunden ist. Die Psychoanalyse lebt nicht umsonst von ihrem Ruf, den Freud in der „Psychopathologie des Alltagslebens" skizziert, als er von einer Dame der Wiener Gesellschaft erzählt, die nach vielen Jahren verzweifelter Bemühungen ihrer Verwandten endlich darin einwilligt, einen Psychoanalytiker aufzusuchen, und seufzend fragt, wann denn dieser Herr Doktor „ordinärt". In diesem Ruf steht die Analyse in gewisser Weise auch zu Recht, denn es geht in ihr um Sexualität, um Triebe, also darum, dass man nicht alles weiß und nicht alles beherrschen kann, sondern vielmehr selbst beherrscht wird. Und wenn man über die Couch redet, so kommt man um diese vielleicht nicht modernen, aber wie ich glaube notwendigen Begriffe nicht herum. Das Möbel transportiert diese von vornherein mit, und andere psychotherapeutische Schulen schreiben ihm ähnliche Bedeutungen zu. Patienten nehmen, je nachdem, mit welcher Haltung sie in die Analyse kommen, Stellung zu diesem Möbel: Ja, ich will unbedingt auf die Couch. Kann ich fünf Mal kommen? Ich möchte gerne sieben Mal kommen. Ich würde hier gerne einschlafen. Benutzt dieses schwachsinnige, alte Möbel noch überhaupt irgendjemand? Ihre Praxis sieht ja aus wie auf einer schlechten Karikatur. Es gibt also ein breites Spektrum von Reaktionen auf die Couch, die in den ersten Stunden der Analyse zutage treten. Sie alle haben natürlich sehr viel mit Übertragung auf den Analytiker zu tun, aber sie haben genau so viel mit der inneren Problematik des

Patienten zu tun und damit, wie er die Analyse als Ganzes besetzt, quasi als Ausdruck der „Gesamtübertragung" auf die Psychoanalyse. Diese Reaktion setzt sich vom eigentlichen Übertragungsprozess noch ab. Die Couch spielt in diesem Vorgang die Rolle eines Erkennungszeichens, eines Kristallisationspunktes, eines Fetischs und eines Instruments, sie bildet ein – mit Freud gesagt – überdeterminiertes Objekt. Würde man dieses Objekt weglassen, dann würde man auch auf ein gutes Instrument verzichten. >>

<<<<<<<<<<<<<<<<<<<<<<<<<<<<<<<<<<<<<<<<<<<<<<

LM Warum haben Sie sich bei der Einrichtung Ihrer Praxis gerade für diese Möbel und diese Art ihrer Aufstellung entschieden? War Freuds Praxis das maßgebliche Vorbild? >>>>>>>>>>>>>>>>>>>>>>>>>>>

BR Meine Einrichtung hat sich im Lauf der vielen Jahre angesammelt. Meine Couch habe ich schon sehr lange. Ich habe sie gefunden, als ich noch studiert habe. Damals hat sie um die hundert Schilling gekostet, irgendwann ist sie in einen zivilisierten Zustand versetzt worden. Ich wollte eine alte Couch haben – vielleicht deshalb, weil sie aus der Jahrhundertwende stammt. Es gefällt mir, dass sie auch in Freuds Praxis hätte stehen können. Meine Couch steht mit dem Fußende zum Fenster hin, wohl deshalb, weil ich es als Patientin auch immer angenehm gefunden habe, auf einer Couch zu liegen, von der aus ich aus dem Fenster sehen konnte und nicht auf eine Wand schauen musste.

BEHANDLUNGSRÄUME

SHELLBURNE THURBER

Brookline, Massachusetts, USA, 2000

Framingham, Massachusetts, USA, 2000

Brookline, Massachusetts, USA, 2000

Providence, Rhode Island, USA, 2000

Buenos Aires, Argentinien, 1999

Andover, Massachusetts, USA, 2000

François Louis Dejuinne
Madame Recamier in
Abbaye-aux-Bois, 1810–44
Holzstich
Paris, Bibliothèque

DIE COUCH: SCHLAF- ODER SITZMÖBEL?

CHRISTIAN WITT-DÖRRING

Möbel und Innenraum bilden eine Funktionseinheit. Sie definiert sich aus dem steten Wandel, dem die menschliche Gesellschaft unterworfen ist. Vom Menschen erzeugt, um physische und psychische Sicherheit zu schaffen, sind Möbel und Innenraum in erster Linie materielle Hilfsmittel zur Bewältigung des menschlichen Alltags. Mit ihrer Hilfe positioniert sich der Mensch in einer Welt, die er zu der seinen zu machen versucht. Dabei entsteht ein Rahmen, der Möglichkeiten schafft, gleichzeitig aber auch konditionierend wirkt. Dieser Ambivalenz zwischen Dienen und Beherrschen verdanken wir die vielfältigen Ausformungen menschlichen Hausrats. Er wird, sobald man die Frage nach seinem sich laufend verändernden Funktionswert stellt, zum Akteur im sozialen Spiel. Nicht mehr bloße Form tritt uns dann entgegen, sondern ein materialisierter Stammbaum unserer selbst.

Ein neuer Möbeltyp erblickt das Licht der Welt. Aus welchem Elternhaus stammt er? Wie sieht sein soziales Umfeld aus? Wie entwickelt er sich? Welche Erziehung genießt er? Hat er eine Zukunft? Konfrontiert mit diesen Fragen, schwindet die Selbstverständlichkeit eines Möbels und es wird möglich, seine ursprüngliche Bedeutung zu eruieren. Hatte die heute gleichsam zum Synonym für den Ort kurzfristiger Entspannung gewordene Couch immer diese Funktion im Haus? Welche Ahnen hat die Couchpotato, der Inbegriff des unreflektierten Zeitkonsumenten?

Die Couch oder das Ruhebett, wie sie etwas schwerfälliger im Deutschen auch heißt, ist ursprünglich ein Ableger oder Kind des Bettes. Genau wie dieses ist sie – die Abstammung vom französischen Wort *coucher* macht es bereits deutlich – zum Schlafen bestimmt, unterscheidet sich jedoch vom Bett durch ihre kleineren Dimensionen und ihre flexiblere Handhabung. Bereits im 14. Jahrhundert wird in Frankreich die sogenannte *couche,*[1] eine Art Zwischenlager, erwähnt. Karl V. von Frankreich wird 1380, kurz vor seinem Tod, von der *couche* zum Empfang der Sterbesakramente in das Paradebett umgelegt. Dabei muss man sich darüber im Klaren sein, dass das Bett nicht bloß ein Schlafmöbel, sondern aufgrund seiner textilen Ausstattung der teuerste und kostbarste Einrichtungsgegenstand der Innenraumgestaltung ist und gleichzeitig Repräsentationsfunktion übernimmt. Das Bett besitzt somit auch öffentlichen Charakter und dient ebenso wie andere Gegenstände zur Sichtbarmachung des gesellschaftlichen Status. >>>>>>>>>>>>>>>>>>>>>>>>>>>>>>>>>>

<<<<<< Trotz ihres temporären Charakters weist die *couche* einen eigenen Baldachin auf, dieser ist jedoch nicht in einem fixen konstruktiven Zusammenhang mit dem Bettgestell montiert. Das Haupt der *couche* ist niedriger und der Fußteil gar nicht oder nur in Ansätzen ausgeformt. Man hat es also mit einem Mobilität signalisierenden, nach vorne offenen und mit dem Raum kommunizierenden Schlafmöbel zu tun, bei dem die Funktion des Schlafens gegenüber jener der Repräsentation im Vordergrund steht. >>>>

<<<<<< Um 1630/50 scheint sich in Frankreich für die *couche* die Bezeichnung *lit de repos*[2] durchgesetzt zu haben. Wie der Name bereits besagt, handelt es sich um eine Variante des Bettes zum zwischenzeitlichen Ausruhen. Das Ruhebett besitzt in seiner Frühzeit, so wie die ältere *couche,* keinerlei geschlechtsspezifische Zuordnung. Mann und Frau bedienen sich seiner ohne Unterschied. So finden sich im Nachlassinventar des Kardinals Mazarin aus dem Jahr 1661 etliche Ruhebetten aufgezählt.[3] Ihr Aufstellungsort ist flexibel und nicht auf das Schlafgemach beschränkt. Vielmehr findet man sie in den – wie man unserem modernen Empfinden entsprechend sagen würde – öffentlichen Repräsentationsräumen wie zum Beispiel der Galerie. Den Usancen der höfisch-aristokratischen Inneneinrichtung entsprechend, die im 17. Jahrhundert noch keine Trennung zwischen privat und öffentlich kennt, sind die damaligen Räume nur äußerst spärlich möbliert. Eine Wohnatmosphäre im heutigen Sinn gibt es in dieser Gesellschaftsschicht noch nicht. Nur wenige Möbel haben eine fixe, meistens symmetrische Position im Raum. Sie sind entlang den Wänden aufgestellt und lassen die Raummitte für die vom Zeremoniell streng geregelten Bewegungsabläufe der am höfischen Parkett operierenden Akteure frei. Möbel, insbesondere Tische und Sitzmöbel, werden je nach Notwendigkeit buchstäblich in den Raum gestellt. Wird in diesen ein Ruhebett platziert, so ist damit die Zerstörung der Raumsymmetrie verbunden und ein erster zaghafter Schritt in Richtung privater Atmosphäre und Lockerung des Zeremoniells gesetzt. In der Welt der höfischen Gesell-

Abraham Bosse
Schuhmacher bei der Anprobe und beim Maßnehmen, 1650
Kupferstich
Honolulu, Academy of the Arts

Jean Dieu de Saint-Jean
Dame, sich für das Bad entkleidend, 1688–90
Kolorierter Stich
The Stapleton Collection

Henri Gascard
Madame de Montespan vor
der Galerie von Schloss Clagny,
spätes 17. Jahrhundert
Öl auf Leinwand
Privatsammlung

François Boucher
Marquise de Pompadour, 1756
Öl auf Leinwand
München, Alte Pinakothek
Leihgabe der Bayerischen
Hypotheken- und Wechselbank

schaft, in der sämtliche Bewegungen und Äußerungen nach strengen Regeln und einem genau definierten Protokoll ablaufen, was den gesellschaftliche Rang nach außen hin sichtbar macht, haben individuelle Positionen keine Berechtigung. Der menschliche Körper ist, ähnlich wie die Figuren auf einem Schachbrett, Teil eines genau definierten Rastersystems. Man spricht daher auch von einer Geometrisierung des Körpers.[4] Die liegende beziehungsweise halb liegende, halb sitzende Position des menschlichen Körpers im Rahmen einer Gesellschaft und außerhalb des Funktionszusammenhangs des Paradeschlafzimmers kommt daher einem Statement in Richtung Individualität gleich. Der Körper ist nicht mehr in sicherem Kontakt mit dem Boden und befindet sich gleichsam in einer Zwischenposition. Diese entspannte Haltung wartet jedoch nur darauf, im nächsten Moment wieder in das durch das Protokoll diktierte Koordinatensystem zurückgeführt zu werden. Das deutsche Hofrecht[5] gibt sogar noch im Jahre 1754 genau vor, wer in wessen Gegenwart welches Sitzmöbel benützen darf.[6] Die Sitzmöbel sind darin vom Kanapee über den Armlehnsessel, den Sessel, den Hocker bis zum Polster am Boden hierarchisch eingeteilt. Diese Regelung des Lebens bis in das kleinste Detail zwingt den menschlichen Körper in ein eng geschnürtes Korsett, das jegliche zufällige und unvorhergesehene Handlung ausschaltet. Entsprechend besitzen die Sitzmöbel des 17. Jahrhunderts eine steile, hohe Rückenlehne mit flacher Polsterung. Eine halb liegende, halb sitzende Position in Gegenwart anderer durchbricht somit die vorgegebene Norm und verhilft dem Körper zu seinem Recht. Es ist daher nicht überraschend, dass das Ruhebett im 17. Jahrhundert vor allem in Zusammenhang mit dem galanten Abenteuer zum Einsatz kommt. >>>>>>>>>>>>>>>>>>>>>>>>>>>

<<<<<< Gegen Ende des 17. Jahrhunderts entwickelt sich in Frankreich neben dem *lit de repos* die *chaise longue.* Das Deutsche unterscheidet leider nicht zwischen diesen beiden Typen und benützt für sie die undifferenzierte Bezeichnung Ruhebett. Dabei geht der entwicklungsgeschichtliche Ursprung dieses neuen Möbeltyps aus dem Sessel verloren. Die neu gewonnene Bequemlichkeit wird nun vom Bereich des Bettes auf jenen des Sitzmöbels übertragen. Damit setzt ein Entwicklungsprozess ein, der im ersten Viertel des 18. Jahrhunderts im Zuge der Regentschaft Philipps von Orléans allmählich zur Trennung von privater und öffentlicher Sphäre im

Bereich der höfisch-aristokratischen Gesellschaft führt. Ein sprechendes Bild der Pariser Hofgesellschaft, das die Verwendung von Ruhebetten einschließt, zeichnet Liselotte von der Pfalz, die Schwägerin Ludwigs XIV., in einem Brief vom 17. April 1718 an Luise von Degenfeld. Darin schreibt sie über ihre Schwiegertochter: „Meine lothringischen Kinder sind alle stark, auch die Mutter ist gesund und nicht so ein fauler Tagedieb wie Mme. d'Orléans. So viel Faulheit wurde bis jetzt noch nicht gesehen. Sie hat sich eine Couch machen lassen, um darauf zu liegen, wenn sie Karten spielt. Wir alle lachen über sie, aber das hilft nichts. Sie spielt liegend, isst liegend und liest liegend. Das heißt, sie verbringt fast ihr ganzes Leben liegend – das kann doch nicht gesund sein. In der Tat, sie ist fast ununterbrochen indisponiert.“[7] >>>>>>>>>>>>>>>>>>>>>>>>>>>>>>>>>>>>>>

<<<<<< Mit der endgültigen Etablierung der Trennung des öffentlich-repräsentativen vom privaten Bereich und der damit verbundenen Einführung eines doppelten Kreislaufs im Palastgrundriss[8] um 1725 verändern sich die Konturen und Größenverhältnisse sowie die Farbgebung der Möbel und ihre Positionierung im Raum. Neue Möbeltypen entstehen und werden fortlaufend weiterentwickelt. Sie alle haben die Befriedigung individueller Bedürfnisse und somit einen größeren Wohnkomfort zum Ziel. Es ist dies das Ergebnis einer Redefinition des Funktionsbegriffs. Die ursprüngliche Einheit von Repräsentation und Funktion ist aufgehoben. Individuellen Werten, wie sie Gefühle darstellen, wird nun auch Funktionscharakter zugebilligt. Damit verlässt der Mensch die Sicherheit der vorgegebenen Norm, liefert sich den Unwägbarkeiten des Gefühls aus und begibt sich auf den Weg ins Neue und Unbekannte. >>>>>>>>>>>>>>>>>>>>>>

<<<<<< Dieses Neue, Unbekannte ist das Individuum, das seine persönlichen Bedürfnisse bestimmen lernen muss. Es genügt nicht mehr, einer etablierten Lösung zu folgen, sondern eine Vielzahl von Möglichkeiten muss evaluiert und eine von ihnen ausgewählt werden. Der individuelle Geschmack, abhängig vom Grad der Bildung und des angeeigneten Wissens, fungiert nun als Gradmesser des gesellschaftlichen Erfolges und wandelt sich zum informierten Konsumieren. >>>>>>>>>>>>>>>>>>>>>

<<<<<< Äußeres Zeichen und damit auch Stilmerkmal der Formenwelt während der Regentschaft Philipps von Orléans und unter Ludwig XV. ist die S-Linie und in weiterer Folge das asymmetrische Ornament sowie eine bis

dahin nicht gekannte farbliche Vielfalt der Innenräume. Darin manifestiert sich die Abwendung von der Geometrisierung des Körpers, der gleichsam in die Mündigkeit entlassen wird. Voraussetzung dafür ist eine verringerte Präsenz der Dienstboten und eine größere Unabhängigkeit von ihnen. Die Dinge müssen griffbereit zur Verfügung stehen und brauchen im Bedarfsfall nicht mehr extra geholt werden, wovon das selbstverständliche Vorhandensein der Kommode zeugt. Damit beginnen sich die Typen und Formen der Möbel, insbesondere der Sitzmöbel, zu verändern. Sie werden kleiner und beweglicher. Und mit ihrer permanenten Präsenz erobern sie allmählich die Raummitte. Mit Sitzmöbeln, die durch ihre gebogenen Rückenlehnen auf den Sitzkomfort Rücksicht nehmen, erreicht diese Neuorientierung um 1750 ihren ersten Höhepunkt. Für jede nur mögliche Funktion gibt es nun eigens entwickelte Möbel. So wandelt sich die Chaiselongue zur Duchesse, die an ihrem Fußende einen niedrigen Lehnenabschluss besitzt. Sie kann eine konstruktive Einheit bilden oder, wie der Name Duchesse brisée besagt, aus zwei oder drei Einzelelementen zusammengesetzt sein, die wiederum durch zwei individuelle Fauteuils mit jeweils hoher und niedriger Rückenlehne sowie einen grösseren Hocker gebildet werden. Damit ist eine größtmögliche Flexibilität gegeben, dank derer spontane Funktionsgruppen zusammengestellt werden können. Das Aufkommen der Duchesse markiert das Ende einer Entwicklungsreihe, die das ehemalige einfache Schlafmöbel definitiv in den Wohnbereich stellt und zwischenmenschliche Konversation ermöglicht. >>>>

<<<<<< Die Duchesse und die Bergère, ein seitlich unter den Armlehnen gepolsterter Armlehnsessel, haben, wie eine Vielzahl anderer neuer Möbeltypen, nicht von ungefähr weibliche Bezeichnungen. Sie bilden den Rahmen für eine Gesellschaft, deren zentraler Aktionsraum der Salon ist. Dieser gesellschaftliche Begegnungsort und Katalysator kann der weiblichen Sphäre zugeordnet werden. Allerdings wird der öffentlichen, nicht an das Haus gebundenen Rolle, die der höfisch-aristokratischen Frau im Ancien Régime zukommt, mit der Französischen Revolution ein jähes Ende bereitet. Ihr Konversationsrequisit, die Couch in allen ihren unterschiedlichen Ausformungen, bleibt jedoch in ihrem ursprünglichen Funktionswert erhalten. Damit ist die Entwicklung dieses Möbeltyps als Mischform zwischen Sitz- und Liegemöbel abgeschlossen. Das *daybed* war zu-

nächst dem alleinigen Kontext des Schlafzimmers entrissen worden. Positioniert zwischen Wachen und Träumen wird es von der bürgerlichen Gesellschaft der zweiten Hälfte des 19. Jahrhunderts, mit ihrer viel strikteren Trennung des privaten und des öffentlichen Bereichs sowie der Bindung der Frau an das Haus, dem öffentlichen-repräsentativen Bereich wieder entzogen und der privaten Sphäre zugeführt. Unter dem Motto „Einsam im trauten Gemach wird die Holde zum Feste geschmücket. Dort auch träumt sie wohl, dem äussern Leben entrücket"[9] wird die Chaiselongue in einer der typischen Einrichtungsfibeln der 1870er-Jahre zum zentralen Möbelstück des Boudoirs. In Bezug auf dessen gewandelten gesellschaftlichen Stellenwert lässt die mitgelieferte Charakterisierung dieses weiblichen Rückzugsortes nichts an Deutlichkeit zu wünschen übrig. „Der fast allen Frauen innewohnende Hang, das, woran sie ganz besondere Freude haben, oder woran eine Herzenserinnerung sich knüpft, so geheim als möglich zu halten, und das in der Frauennatur tief begründete Bedürfniss, sich in die Enge zurückzuziehen, um das durch aufregende Berührung mit der Aussenwelt gestörte seelische Gleichgewicht wieder zu gewinnen, führte zur Gestaltung dessen, was wir jetzt Boudoir, also eigentlich Schmollwinkel nennen. Naturgemäß hat bei dieser Gestaltung der weibliche Geschmack, die Individualität und der Charakter der Bewohnerin so hohen Einfluss zu üben, wie fast bei keinem anderen Gelass der Wohnung. Besucher betreten dieses Heiligtum nur selten, und die wenigen Zugelassenen sind meist so intime Freunde oder so feurige Verehrer der schönen Herrin des Raumes, dass sie diesen schon als Heimstätte jener stets schön finden. Wo die materiellen Mittel in unbeschränktem Maasse vorhanden sind, da erst kann das Boudoir völlig durchgeführt werden als Stätte für rein seelisches Frauenleben, überzogen also von dem romantischen Nimbus des wachen Träumens und dem Zauber geistig belebter Sinnlichkeit, wo das Hingeben an die Erinnerung, das Hegen neuer schwärmerischer Hoffnung, das Planen neuer Triumphe, wo aber auch der heisseste Seelenkampf unerwiderter Liebe, verletzter Eitelkeit, der Sehnsucht nach verbotenen Früchten mit der im tiefsten Herzensgrund wurzelnden Pflichttreue, mit der echten keuschen Frauenehre durchgefochten werden kann, ohne jegliche Störung durch äussere Dinge, durch materielle Thätigkeit etc."[10] Als Otto Wagner 1904/06 als Grundausstat-

Anonym
Fürstin Wilhelmine Kinsky
im Salon-Arbeitszimmer
des Palais Kinsky in Prag,
um 1830, Gouache
Prag, Denkmalamt für
Mittelböhmen

Boudoir
Lichtdruck
Aus: Oscar Mothes,
Unser Heim im Schmuck
der Kunst. Leipzig 1879

tung für jedes Büro eines Abteilungsleiters der Postsparkasse ein Ruhebett und einen Waschtisch einplant, scheint sich für die männliche Welt die ursprüngliche Einheit von öffentlich und privat erhalten zu haben. Sie steht in der langen Tradition der Verknüpfung von Arbeits- und Wohnstätte unter einem Dach.[11] >>>>>>>>>>>>>>>>>>>>>>>>>>>>>>>>>>

<<<<<< Die Geschichte der Couch ist, wie das sonst auf kein anderes Möbelstück zutrifft, mit dem Zulassen oder Verneinen individueller Bedürfnisse verbunden. Ihr Funktionsradius liegt zwischen Wachen und Träumen. Für beides schafft sie Raum. Doch bleibt die Entscheidung für eines von beidem in der Schwebe.

1 Vgl. Henry Havard, Dictionnaire de l'ameublement et de la décoration. Depuis le XIIIe siècle jusqu'à nos jours. Paris: Maison Quantin o.J., Bd. 1, S. 954.
2 Vgl. ebd., Bd. 3, S. 428.
3 Vgl. Claudine Lebrun Jouve, Tomiko Yoshida-Takeda, Inventaire dressé après le décès en 1661 du Cardinal de Mazarin. Paris: Boccard 2004, S. 330.
4 Vgl. Susanne Claudine Pils, Schreiben über Stadt. Das Wien der Johanna Theresia Harrach 1639–1716. Wien: Franz Deuticke 2002, S. 246.
5 Vgl. Friedrich Carl von Moser, Teutsches Hof-Recht. In zwölf Büchern. Frankfurt, Leipzig: Andreä 1754.
6 Franz Windisch-Grätz, Die Kaiserzimmer. Ihre Verwendung, Ausstattung und das Hofzeremoniell. In: Jakob Prandtauer und sein Kunstkreis. Ausstellung zum 300. Geburtstag des großen österreichischen Baumeisters. Wien: Österreichische Staatsdruckerei 1960, S. 137ff.
7 Maria Kroll (Hg.), Letters from Liselotte. London: Gollancz 1970, S. 195. Da die mir vorliegende Briefauswahl eine Übersetzung ins Englische ist, konnte ich leider nicht verifizieren, ob „Couch" im französischen Original auf *lit de repos* oder *chaise longue* zurückgeht.
8 Damit werden die Räume einzeln zugänglich und müssen nicht mehr in einer bestimmten linearen Abfolge betreten werden.
9 Oscar Mothes, Unser Heim im Schmuck der Kunst. Leipzig: Schlömp 1879, S. 16.
10 Ebd., S. 17.
11 In Wien gab es in den Gebäuden der Bundesmuseen noch bis in die 1970er-Jahre eigene Direktionswohnungen.

1 Adolph Menzel
Pelzmantel auf einem Kanapee, um 1859/60
Öl auf Papier auf Leinwand
München, Neue Pinakothek

DAS REFLEXIVE LOTTERBETT >>>>>>>>>>>>>>>>>>>> VOM SOZIALEN LEBEN DER COUCH IN 22 BILDERN

>>>

<<<<<<<<<<<<<<<<<<<<<<<<<<<<<< BARBARA WITTMANN

>>>

WEST-ÖSTLICHE DIWANE <<<<<<<<<<<<<<<<<<<<<<<<<<<<<

Konstantinopel, um 1738. Der Genfer Maler Jean-Étienne Liotard (1702–1789) zeichnet sein Zimmer, wie ein später – wahrscheinlich von seinem Sohn – ergänzter Kommentar festhält: „Chambre du peintre Liotard à Constantinople“ (Abb. 2). Der spektakuläre Ort als unspektakuläres Ereignis, denn zu sehen gibt es keine reich ausstaffierten Zimmerfluchten, wie sie die Interieurmalerei seit dem 17. Jahrhundert auszeichneten. In schwarzer Kreide und Rötel notiert der selbsternannte „peintre turc“ die einfache Möblierung seines Zimmers – einen Diwan, der lang gestreckt eine der Wände des Raums begleitet, eine matratzenartige Auflage, direkt am Boden, von losen Kissen gerahmt – die Minimaldefinition eines Sitzmöbels. Das „Zimmer des Malers Liotard in Konstantinopel“ hat sich in dieses Ruhebett zurückgezogen. Die „Priorität des Raumes vor den Einzeldingen“, die Erwin Panofsky dem perspektivischen Systemraum zusprach, hat hier ihre Wirksamkeit verloren.[1] Denn Raum entsteht auf Liotards Blatt weniger durch die Konstruktion der fluchtenden Dielen oder der eigentümlich flachen Zimmerecke und weit mehr durch den Diwan, der sich mit seinen ungemein plastischen Kissen wie eine Landzunge auf dem unbestimmten Bretterboden ausstreckt. Die vergitterten Fenster erlauben keinen Ausblick auf den Außenraum, auf den die Gattung der Interieurmalerei seit ihren Anfängen stets dialektisch bezogen war.[2] Es gibt hier nichts zu sehen, bestenfalls eine Erfahrung zu machen: Der Betrachter möchte „eilen, sich auf das Sopha zu strecken“.[3] Dort, mit der Zimmerecke und den beiden aufgeklappten Fenstern im Rücken, könnte man sich in der Nachahmung orientalischer Sitzkultur üben wie M. Levett und Mlle. Glavany, die Liotard um 1740 *en costume turc* porträtieren wird (Abb. 5); oder in der selbstbewussten Beibehaltung europäischer Konventionen wie Gaspard de Péleran – als französischer Konsul in Smyrna ein Virtuose in der eleganten Adaptierung abendländischer Gesten an den morgenländischen Kontext (Abb. 3); oder aber in der melan-

2 Jean-Étienne Liotard
Liotards Zimmer in Konstantinopel, 1738/39
Schwarze Kreide und Rötel auf Papier
Genf, Musée d'art et d'histoire

3 Jean-Étienne Liotard
Gaspard de Péleran, französischer Konsul in Smyrna, 1738
Schwarze Kreide und Rötel
Paris, Louvre, D.A.G.

4 Jean-Étienne Liotard
Gräfin von Coventry im türkischen Kostüm, um 1750
Pastell auf Pergament
Genf, Musée d'art et d'histoire, Depositum der Gottfried Keller-Stiftung

5 Jean-Étienne Liotard
Monsieur Levett und Mademoiselle Glavany auf einem Divan, um 1740
Öl auf Leinwand
Paris, Louvre

cholischen Reflexion über die Distanz zwischen orientalischer Ausstattung und europäischen Sitten – eine Reflexion, die möglicherweise die Gräfin von Coventry von der Handarbeit abhält (Abb. 4).[4] >>>>>>>>>>>>>>

<<<<<< Diwan, Sofa, Ottomane – schon das Fachvokabular weist darauf hin – sind Schwellenmöbel, und das nicht nur – wie Juliane Vogel in diesem Band zeigt – im physischen und moralischen Sinn, sondern zuallererst im kulturgeografischen. Den Wörterbüchern des frühen 18. bis 20. Jahrhunderts galt die Couch als explizit orientalisches Möbel. Unter Sofa oder Sopha verstand beispielsweise das Grimmsche Wörterbuch ein „morgenländisches wort [...], das mit der sache im späteren 17. jahrh., wie im abendlande überhaupt [...], so auch in Deutschland bekannt geworden war und als orientalisch beschrieben wurde: soffa, ist bey denen Morgenländern eine gewisse art von betten, welche in denen säälen und cammern längst den mauren [sic] und an den fenstern von einer wand zur andern gehen, um darauf zu sitzen oder zu liegen [das Wörterbuch zitiert hier ein Lexikon des frühen 18. Jahrhunderts]. [...] nach der mitte des 18. jahrh. als sopha oder sofa auch auf das deutsche lotterbett übertragen, das in derselben zeit den fremden namen kanapee [...] empfangen hat.“[5] Obgleich das Abendland eine mit der griechischen *kline* und dem römischen *lectulus* bis in die Antike zurückreichende Tradition des Ruhebetts besitzt, steht die Karriere der Couch in der Moderne doch ganz im Zeichen jener Turquerie, die im 18. Jahrhundert mit der Übersetzung der Erzählungen aus „Tausendundeiner Nacht“ durch den französischen Orientalisten Antoine Galland (1704–1717), mit dem sogenannten „Recueil Ferriol“ (einem gestochenen „Bildarchiv“ der Völker der Levante von 1714), mit Montesquieus satirischen „Lettres persanes“ (1721) und Lady Montagus Briefen aus dem Orient (erstmals 1763 posthum veröffentlicht) anhebt.[6] >>>>>>>>>>>>>>>>

<<<<<< Die Nachrichten aus dem Morgenland ließen sich nun auch im Liegen studieren, denn schon das frühe 18. Jahrhundert führte, als das Schlafzimmer seine Bedeutung als Empfangsraum verlor, das sogenannte *daybed* oder *lit de jour* in den Salon ein.[7] In der Folge entstand eine Fülle von neuen Möbeltypen, die sich sowohl auf die architektonischen Modelle der antiken *kline* und der mittelalterlichen Bank als auch auf den „formlosen“ Diwantyp des Orients beziehen. Schon der Orientalismus der Aufklärung entdeckte diesen formlosen Typ – dem sich noch Freuds Couch verdankt –

als privilegiertes Beiwerk der (erotischen) Imagination. Bereits 1742 erschien Crébillon fils' Erzählung „Le Sopha", ein *conte moral,* der das Ruhebett als bevorzugten Ort spontaner amouröser Aktivität beschreibt und allein im 18. Jahrhundert fünfundzwanzig Auflagen erlebte. Erzählt werden die Erinnerungen eines Mitglieds eines indischen Hofs, dessen Seele dazu verdammt wird, ein Sofa zu bewohnen, bis ein Paar hier zum ersten Mal die Freuden der Liebe erlebt – was freilich erst nach einer Reihe von libertinen, gänzlich unromantischen Liebesepisoden geschieht, die Diderot, Laclos und Stendhal in Auszügen angeblich auswendig hersagen konnten.[8] >>>>>>>>>>>>>>>>>>>>>>>>>>>>>>>>>>>>
<<<<<<<<<<<<<<<<<<<<<<<<<<<<<<<<<<<<<<<<<<<<

INNERER ORIENT >>>>>>>>>>>>>>>>>>>>>>>>>>>>>>>

Liotards und Crébillons „Couch-Porträts" stellen der Betrachterin/Leserin eine ethnografische Imagination des Nichteuropäischen in Aussicht, die von der Reflexion über die Sitten und Konventionen der eigenen Kultur nicht zu trennen ist. Sie ergänzen die Adaption des orientalischen Möbeltyps im Abendland zum einen durch die Beschreibung und Visualisierung einer neuen physiologischen Erfahrung des Lagerns und popularisieren das Sofa zum anderen als Requisit der Imagination. In den berühmten Bildnissen von Mätressen und eleganten Damen der Gesellschaft, die François Boucher, Francisco Goya, Jacques Louis David, Édouard Manet und schließlich Hans Makart malen werden, werden beide Themen aufeinander bezogen, wobei die erotische Inszenierung der Vereinigung von Frau und Möbel mit einer Verknappung und Entdifferenzierung des Interieurs als Handlungsraum einhergeht (Abb. 6, 17, 18, vgl. auch Abb. S. 70 unten). Man könnte von einem doppelten – physischen wie psychischen – Raumverlust sprechen, der die Bildwelten der Couch zunehmend bestimmt. Vom Sofa aus ereignet sich etwas, das Theodor W. Adorno als Entstehung einer „objektlosen Innerlichkeit" gefasst hat.[9] Die Requisiten dieses Rückzugs in die Immanenz haben den Philosophen im Einzelnen nicht beschäftigt, obgleich der Couch gerade in jener Textpassage eine besondere Rolle zufällt, die Adorno ins Zentrum seiner Diagnose stellte. In Sören Kierkegaards „Tagebuch eines Verführers" erschließt sich das Interieur der umworbenen Cordelia, wie Adorno ausführt, in einem Blick, der das kleine Zimmer ins Unendliche dehnt – nicht ohne einen Umweg über den Orient zu nehmen: „Das Wohnzimmer ist klein, gemütlich, hat fast schon den Charakter eines Kabinetts. Obgleich ich es nun von vielen verschiedenen Gesichtspunkten aus gesehen habe, *so ist es mir doch immer am liebsten, es vom Sofa aus zu sehen.* Sie sitzt dort an meiner Seite, vor uns steht ein runder Teetisch, über den eine Tischdecke in reichen Falten gebreitet ist. Auf dem Tisch steht eine Lampe, in Form einer Blume gestaltet, die kräftig und voll emporsprießt, um ihre Krone zu tragen, über die wiederum ein fein ausgeschnittener Schleier aus Papier niederhängt, so leicht, dass er nicht still liegen kann. Die Form der Lampe erinnert an die Natur der Morgenlande, die Bewegung des Schleiers an die linden Lüfte in jenen Gegenden. Der Fußboden ist mit einem Teppich bedeckt, aus einer besonderen Weidenart geflochten, eine Arbeit, die sogleich ihre fremde Herkunft verrät. In einzelnen Augenblicken lasse ich nun die Lampe die leitende Idee in meiner Landschaft sein. Ich sitze dann mit Cordelia am Boden hingestreckt unter der Blume der Lampe. Zu anderen Zeiten lasse ich den Weidenteppich die Vorstellung eines Schiffes erwecken, einer Offizierskajüte – dann segeln wir weit draußen auf dem großen Ozean. Da wir weitab vom Fenster sitzen, schauen wir unmittelbar hinein in den ungeheuren Horizont des Himmels.“[10] >>>>>>>>>>>>>>>>>>>>>>>>>>

<<<<<< Kierkegaards Verführer übt sich vom Lieblingsplatz auf dem Sofa aus in der freien Assoziation, die die engen Grenzen des Interieurs überwindet, dabei aber auch die verehrte Cordelia als Gegenüber aus dem Blick verliert, obwohl das Panorama zum Zweck ihrer Verführung ausgebreitet wurde. Da sitzt der Verführer Johannes nun in *seiner* Fantasie; während das Sofa seine Funktion als Ort der geselligen wie erotischen Kommunikation verliert, gibt es einem Gespräch Raum, das einer mit sich selbst hält. Die von Adorno diagnostizierte „objektlose Innerlichkeit“ findet ihre Artikulationsform in einem Traum mit Zuschauer und einem Selbstgespräch mit Zuhörer. >>>>>>>>>>>>>>>>>>>>>>>>>>>>>>>>>>>>>>>

<<<<<< „Die Kunst aber wäre, Heimweh zu haben ob man gleich zu Hause ist. Dazu muss man sich auf Illusion verstehen.“[11] Die individuelle Imagination von Kierkegaards Verführer gerät im Laufe des 19. Jahrhunderts zunehmend zum Kollektivtraum. Das wohlhabende Bürgertum *möbliert* sich diesen Kollektivtraum im Zeichen vergangener Epochen und ferner Länder, gearbeitet wird an dieser Illusion vorzugsweise im Sitzen und

6 François Boucher
Louise O'Murphy, 1752
Öl auf Leinwand
München,
Alte Pinakothek

7 Sofa im türkischen Stil,
Weltausstellung 1873
Aus: Carl von Lützow (Hg.),
Kunst und Kunstgewerbe auf
der Wiener Weltausstellung
1873. Leipzig 1875, S. 352

Liegen auf gefälschten Requisiten, auf pseudo-osmanischen Sofas wie jenem, das Sigmund Freud im Rahmen seines Ausstellungsbesuchs auf der Wiener Weltausstellung von 1873 besichtigen konnte (Abb. 7).[12] Das Bewusstsein der Distanz, das Liotards Bildnisse gerade in der lückenlosen Rekonstruktion der türkischen Lebenswelt bewahrten, geht dem 19. Jahrhundert verloren. Über das Interieur des Journalisten und Schriftstellers Alphonse Karr (1808–1890) wird berichtet: „Es gibt weder einen Tisch noch Stühle (oder allenfalls einen Stuhl für hochgestellte Persönlichkeiten, die ihn besuchen) und – wie man mir berichtet – schläft er angekleidet auf einem Diwan. Er lebt *à la turque,* auf Pölstern und schreibt auf dem Fußboden ...“[13] Die Orientalisierung der Wohnungseinrichtung birgt eine radikale Intimisierung und Individualisierung des Alltags: Stühle gibt es im Salon Alphonse Karrs nur mehr für „hohe“ Gäste, alle anderen üben sich in der Mimesis des Gastgebers. Dieser gestaltet seine Wohnung nach dem Modell des Harems – dem phantasmatischen Ort des erotisierten Müßiggangs unter Ausschluss der Öffentlichkeit. Ob der Hausherr sich hier tatsächlich im Vollzug der Polygamie und des – den muslimischen Männern allgemein nachgesagten – sexuellen Despotismus versucht oder doch nur „Orgien mit den Wertpapieren“ (Walter Benjamin) feiert, sei dahingestellt.[14] >>>>>>>>>>>>>>>>>>>>>>>>>>>>>>>>>

<<<<< Der Raumverlust, der den Import orientalischer Möbeltypen begleitete, bewirkt die Ausbildung eines „inneren Orients“, bei gleichzeitigem Verlust der Erinnerung an die *spezifische* Herkunft des Diwans. In den 1870er-Jahren kann Jakob von Falke das orientalische Ruhebett empfehlen, gerade weil es im Sammelsurium der historistischen Wohnung seinen geografischen und historischen Index verloren hat und sich mit dem Diwan die Entscheidung für *einen* Stil vermeiden lässt: „Es giebt aber noch einen Ausweg, auf welchem wir allen Schwierigkeiten entgehen können, indem wir das orientalische Prinzip annehmen, Sessel und Sopha diwanartig gestalten und alles überpolstern. Hier gerathen wir mit keinem Stil in Conflict; wir haben Möbel, die überall hinpassen. [...] Mit seinen weichen, unbestimmten Linien schmiegt er [der Diwan] sich in jedes Verhältniß, paßt an jede Wand, in jede Ecke, harmonirt, man kann sagen, mit jedem Stile, und wenn wir nach der gewünschten Bequemlichkeit fragen, so giebt es keine Sophaform, die sich damit vergleichen ließe.“[15] >>>>>>>>>>

DAS REFLEXIVE LOTTERBETT >>>>>>>>>>>>>>>>>>>>>>>>>>>>>>
Mit dem Import informeller Möbeltypen wie dem Diwan gewinnen Sitz- und Liegehaltungen an Bedeutung, die nicht von der Architektonik des Möbels vorgegeben werden: „Dem Orientalen, der gewöhnt ist, auf dem Boden zu hocken, wird das Ausstrecken der Beine und das seitliche Aufstützen des Oberkörpers zum bequemsten ‚Sitz'. Ihm vertritt also das Lager den Sessel, es dient als Bett und Sofa zugleich."[16] Das Liegedispositiv des Orients wird im Okzident allerdings grundlegend modifiziert: „Der Hauptzweck des ‚Sofas' konnte jedoch nur in Europa massgebend werden, denn er ist nicht, ein Lager zu schaffen, sondern einen Sitz, der eventuell auch als Lager dienen kann."[17] Während das Lagern im Orient als universale Sitzhaltung dient, trifft das Abendland eine Unterscheidung zwischen Liegen und Sitzen, in der das Lagern als Ausnahmefall, als „Lungern", stets auf die aufrechte Haltung bezogen bleibt. >>>>>>>>>>>>>

<<<<<< Kaum ein Künstler des 19. Jahrhunderts hat die verschiedenen Posen und Positionen dieses „Ausnahmefalls" so genau studiert wie der französische Lithograf Paul Gavarni (eigentlich Guillaume Sulpice Chevalier, 1804–1866). Im Werk dieses scharfsinnigen Chronisten des Pariser Lebens der Julimonarchie, erlangt das Sofa die Bedeutung des bürgerlichen Möbels schlechthin, auf dem – gänzlich unbürgerlich – hemmungslos alles besprochen werden kann. Gavarnis Sofamenschen haben eine völlige Assimilation des Diwans vollzogen, die keiner Anleihen bei osmanischen Kostümen und Posen bedarf (Abb. 8–15). Während sich Liotards Modelle in der Nachahmung des orientalischen Sitzens und Lagerns übten, kennen Gavarnis Pariser – zumindest unter Ausschluss der Öffentlichkeit – weder moralische noch physiologische Gesetze des Lebens auf der Couch. Es wird gelagert, gerekelt, geschlafen und geturnt, vor allem aber: gelottert und gelungert. Dem Französischen selbst mangelt es an Begriffen, um dieses informelle Geschehen auf dem Sofa zu beschreiben. Das (moralisierende) Deutsch des Grimmschen Wörterbuchs dagegen ermöglicht eine recht treffende Ekphrasis der Gesellschaftssatire Gavarnis: Das „Lottern" bezieht seine moralische Bedeutung aus einem physischen Zustand, es meint einen leichtfertigen Lebensstil, der sich mit dem „schlaff sein, schlaff herabhängen" einstellt.[18] Das „Lotterbett" bezeichnete einst ein „Bett von lockerer Fügung", wobei die schlaffe Polsterung die lasterhafte

Paul Gavarni

8 Entre le turf et le lansquenet
9 Qu'est-ce que tu lis là?
10 Représentation à bénéfice
11 On rend des comptes au gérant
12 On fait des contes à l'actionnaire
13 Mon adoré, dis-moi ton petit nom
14 Comment appellerons nous notre petite fille?
15 Ma tante Aurélie qui disait l'autre jour à Maman...

Lithografien, erschienen in der Zeitschrift „Le Charivari", 1841–46
Kunstmuseum Basel, Kupferstichkabinett

LES LORETTES.
Chez Bauger & Cie Rue du Croissant 16
Imp. d'Aubert & Cie
On fait des contes à l'actionnaire

LES LORETTES
Mon adoré Dis-moi ton petit nom

IMPRESSIONS DE MÉNAGE
– Léon !

LES ENFANTS TERRIBLES.

Benützung geradezu vorwegnahm. Das „Lungern“ bedeutet dem 19. Jahrhundert ein „faulenzen mit dem nebenbegriff des häufigen liegens aus faulheit“, aber auch: „auf gelegenheit lauern, seine lüsternheit zu befriedigen“.[19] Das wollüstige Lagern lauert also auf Gelegenheiten. Gavarnis Figuren haben allerdings bereits zu viel gesehen und erlebt, um irgendetwas *Unerwartetes* zu erwarten. Sie sind größtenteils professionelle Kenner des Müßiggangs: Dandys, ausgehaltene Mädchen (Loretten) und Kinder. Wenn sie sich bisweilen der erotischen Konnotation des Möbels erinnern, dann aus Berechnung oder Langeweile. Die Loretten aus Gavarnis gleichnamiger Serie geben kokette Posen aus dem Repertoire der Kunstgeschichte zum Besten und inszenieren in huldvoller Abschätzigkeit die Verführung älterer, vermeintlich wohlhabender Herren (Abb. 10). Deren jüngere Geschlechtsgenossen unterliegen dagegen eher der weichen Polsterung des „Lotterbetts“ als den Avancen hübscher Zeitgenossinnen (Abb. 13): Gelangweilt streckt der Jüngling in „Mon adoré, dis-moi ton petit nom“ seine Beine von sich und steckt verweigernd die Hände in die Hosentaschen, während sie nach seinem Kosenamen forscht. >>>>>>>>>>>>>>>>

<<<<<< Illegitime wie legitime Beziehungen zwischen Mann und Frau kennzeichnet Gavarni durch eine recht unheilige Verflechtung ökonomischer und erotischer Interessen, deren Logik die Intimität und körperliche Nähe des Lebens auf der Couch erst so recht zur Erscheinung bringt. An zwei aufeinander folgenden Tagen im Oktober 1841 erschienen im Satireblatt „Le Charivari“ zwei Blätter, deren Bildaufbau und -unterschrift sie als zwei Episoden aus dem Leben einer Lorette ausweisen (Abb. 11–12). Die zuerst publizierte Lithografie zeigt die Verhandlung einer offensichtlich heiklen Angelegenheit (Abb. 11); so heikel, dass sich die beiden Protagonisten auf den Diwan zurückgezogen haben und im Gespräch vertieft ihre Gesichter vom Betrachter abwenden. Die Bildunterschrift „On rend des comptes au gérant“ („Dem Geschäftsführer Bericht erstatten“) verleiht dem Gespräch die Weihe eines Geständnisses, wobei unklar bleibt, ob die Redewendung aus der Welt der Ökonomie ganz allgemein den Ernst der Lage beschreibt oder buchstäblich auf finanzielle Probleme oder Begehrlichkeiten der jungen Frau verweist. In jedem Fall benennt der Kommentar die ökonomische Fundierung der Liebesbeziehung eines ausgehaltenen Mädchens. Das tags darauf publizierte Blatt verdoppelt und ironi-

siert das Geständnis (Abb. 12). Die Lorette sitzt nun nicht mehr auf dem Diwan, sondern kniet vor ihrem Liebhaber, der verständnisvoll ihrer Argumentation zu folgen scheint. Wiederum in der Terminologie der Ökonomie verweist Gavarni auf Inhalt und Art der Beichte: „On fait des contes à l'actionnaire" („Dem Aktionär Geschichten erzählen"). Die hingebungsvolle Pose des „Aktionärs" und der Kniefall der Lorette deuten an, dass hier – im Unterschied zu der tags zuvor erschienenen Episode – eine galante Illusion romantischer Liebe inszeniert wird, die sowohl die finanzielle Abhängigkeit des Mädchens als auch den (Selbst-)Betrug des jungen Mannes maskiert. Die Intimität des Gesprächs auf dem Diwan schafft den Unterschied zwischen Geständnis und strategischer Enthüllung keineswegs ab, sondern scheint seine soziale Bedeutung zu befragen: Welchen Wert hätte die situative Differenzierung von Enthüllung und Lüge, von Not und Berechnung angesichts der viel umfassenderen Täuschung durch die Maskierung der ökonomischen Durchdringung der *vie sentimentale*? >>>>>

<<<<<< Gavarnis Sofas sind kaum noch *Schauplatz* amouröser Verwicklungen, geraten vielmehr zum bevorzugten Ort ihrer Reflexion. Hier werden weniger Geheimnisse erzeugt als all die Affekte benannt und auf einen Begriff gebracht, die in einer Gesellschaft entstehen, die weit aufgeklärter (und abgebrühter) ist als ihre Rituale und Konventionen. Nichts, was hier nicht verhandelt werden könnte: Seitensprünge, ungewollte Schwangerschaften, Tötungsdelikte im Duell. Als Motor dieser Kultur des Geständnisses identifiziert Gavarni eine Langeweile, die den individuellen Leidensdruck – sollte er jemals existiert haben – verdrängt: So fragt beispielsweise eine junge, an der Brust ihres Liebsten lagernde Frau nach einem Namen für ihre kleine Tochter (Abb. 14). Er antwortet aus Zerstreuung oder im Scherz: „Léon!" Sie darauf: „Charles, Sie langweilen mich so!" Selbst die Kinder sind bereits Meister im dreisten Bonmot, wenn sie beispielsweise die Hoffnungen der Verehrer ihrer Tanten enttäuschen (Abb. 15) oder den Vater nach jenem Spazierstock fragen, den er kürzlich im Schrank der Mutter entdeckt hat (und dort nur von einem männlichen Besucher vergessen worden sein kann). In der Sprache der treffsicher abwegigen Einfälle verhandelt das Bürgertum das kollektive „Unbewusste" seiner sozialen Regeln und Normen. Der Gavarni'sche Diwan ist ein Ort der offenen Fragen und libertinen Geständnisse. >>>>>>>>>>>>>>>>>>>>>>>

DIE COUCH ALS SCHAUPLATZ DES PSYCHISCHEN >>>>>>>>>>>>>>>

Im Werk der Realisten und Impressionisten, die sich ab den 1850er-Jahren der *Malerei des modernen Lebens* annehmen, verliert die Couch zunehmend ihre soziale Funktion. Sofas werden nun vorzugsweise alleine bewohnt. Dabei überträgt sich jene Asymmetrie zwischen Träumer und Zuhörerin, die Kierkegaards Sofa-Fantasie kennzeichnete, auf die dargestellten Figuren und ihre realen Betrachter. So unterschiedliche Gemälde wie Adolph Menzels „Schwester Emilie im Schlaf" und Édouard Manets Porträt seiner Frau zeugen von der Couch als Schauplatz eines psychischen Entzugs, der den liegenden Körper an die unbelebte, aber gleichwohl körperliche Polsterung des Möbels angleicht (Abb. 16–17). Als ob die Körper und Kleider der Frauen mit der Schwere und Horizontalität des Möbels in molekularem Austausch stünden, gewinnen ihre Posen eine intransitive Dichte, die vergessen lässt, dass sie ursprünglich einem erotischen Repertoire entstammten (In Mme. Manets Liegemotiv zitiert Manet seinen Skandalerfolg der „Olympia", die wiederum auf Tizians „Venus von Urbino" rekurrierte). Vice versa wird die Couch auch zum Schauplatz der Belebung des Unbelebten: Wenn Menzel 1859/60 einen Pelzmantel auf ein Kanapee wirft, gewinnt das Fell eine formlose Lebendigkeit, die sich aus dem gepolsterten Kleid seiner Schwester gänzlich zurückgezogen hatte (Abb. 1). Auch in Manets Porträt der Nina de Callias regiert der „Animismus" des Diwans im Zwischenreich zum Tierischen (Abb. 18): Hinter dem ausgestreckten Bein der Dichtermuse taucht ein zotteliger Hund auf, der sich eben erst aus dem Wirrwarr der Pinselstriche materialisiert zu haben scheint.[20] >>

<<<<<< Mit Walter Benjamin ließe sich ein „Verwachsen" des Bürgertums mit seinen Möbeln diagnostizieren. Laut Benjamin täuscht die Bourgeoisie sich im Futteral der „bürgerlichen Gemütlichkeit" nicht nur über die eklektische Weltaneignung des Kapitalismus hinweg, sondern auch über die Historizität der bürgerlichen Innerlichkeit selbst: „Übrigens schließt diese Stimmung eine Abneigung gegen den freien, sozusagen uranischen Luftraum ein, der auf die ausschweifende Tapezierkunst der damaligen Innenräume ein neues Licht wirft. In ihnen leben war ein dichtes sich eingewebt, sich eingesponnen haben in ein Spinnennetz, in dem das Weltgeschehen verstreut, wie ausgesogene Insektenleiber herumhängt.

16 Adolph Menzel
Menzels Schwester Emilie
im Schlaf, um 1848
Öl auf Papier auf Leinwand
Hamburger Kunsthalle

17 Édouard Manet
Mme. Manet auf einem blauen Kanapee, 1874
Pastell auf Papier
Paris, Louvre, D.A.G. (Fonds Orsay)

18 Édouard Manet
Nina de Callias, 1873
Öl auf Leinwand
Paris, Musée d'Orsay

Von dieser Höhle will man sich nicht trennen."[21] Im Unterschied zu Benjamin wussten die Maler aus dem Troglodytendasein auf der Couch allerdings auch Zugänge zu einem neuen Raum zu öffnen. Sie versuchen sich weniger in der affirmativen Möblierung der Innerlichkeit denn in der Erforschung von psycho-physischen Befindlichkeiten, die die Topografie der Interiorität grundsätzlich infrage stellen. Das schwere Lagern und die psychische Absenz von Emilie Menzel, Mme. Manet und Nina de Callias verweisen den Betrachter darauf, dass es in den Untiefen des Körpers Erfahrungen zu machen gab, die der Versprachlichung bislang unzugänglich geblieben waren. >>>>>>>>>>>>>>>>>>>>>>>>>>>>>>>>>>

<<<<<< Was geschieht, wenn die Erfahrungen, die Manets Modelle und Betrachter auf und vor der Couch gemacht haben, zurück ins soziale Leben übertragen werden? Man werfe einen Blick in eine Mappe von Holzschnitten des Schweizer Malers und Grafikers Félix Vallotton (1865–1925), die den bezeichnenden Titel „Intimités" trägt. Die 1897 bis 1898 entstandene Serie, die von der „Revue blanche" in einer Auflage von dreißig Stück herausgegeben wurde, reinszeniert die großen und kleinen Tragödien der bürgerlichen Paarbeziehung im Interieur (Abb. 19–22).[22] Vallotton lässt nochmals Gavarnis *comédie humaine* auferstehen, übersetzt seine burlesk-absurde Komik nun aber in ein Genre, das den Film noir vorwegzunehmen scheint. Die Pointe der Grafiken erschließt sich – wie schon bei Gavarni – jeweils in der Durchdringung und Verfehlung von Bild und seinem – nun äußerst knappen – Bildtitel. >>>>>>>>>>>>>>>>>>>>>>>

<<<<<< Im halbtonlosen Kontrast des Schwarz-Weiß kämpfen Frauen und Männer mit allen erlaubten und unerlaubten Mitteln (eines der Blätter trägt den Titel „Le grand moyen"/„Das letzte Mittel") um ihren Vorteil, den die Bildunterschrift bisweilen artikuliert, während die Bilder die Beweggründe ihrer Protagonisten stets verschweigen. In „La belle épingle" („Die schöne Krawattennadel") stiften ökonomische Interessen kurzfristige Liebesfreuden (Abb. 19), in „L'argent" („Das Geld") benennt Vallotton sie dagegen als Ursprung des Zwistes. Andere Bildtitel stellen die Existenz eines Motivs hinter den Ereignissen gänzlich infrage, indem sie auf eine Illusion hinweisen, die die Identifikation des Betrügers/der Betrügerin unerheblich macht. „Le mensonge" („Die Lüge") zeigt ein innig umschlungenes Paar (Abb. 21). Wer könnte den Lügner oder die Lügnerin

Félix Vallotton

19 La belle épingle, 1897
20 Le confiant, 1895

Holzschnitte
Kunsthaus Zürich

21 Le mensonge, 1897
22 L'irréparable, 1898

Holzschnitte
aus: Intimités, Blätter 1 und 10
Grafische Sammlung der ETH Zürich

ausmachen? Betrügt ihr allzu hingebungsvoller Körper, wenn er sich um die negative Silhouette seines Anzugs schmiegt? Oder der niedergeschlagene Blick seines allzu kontrollierten Profils? Oder belügen sie gemeinsam einen dritten, der das Interieur einrichten hat lassen, das die Liebenden zu absorbieren droht? Welchem Zweck folgt die überschwängliche Geste des „Confiant", aus dem gleichnamigen, zwei Jahre vor der Serie der „Intimités" entstandenen Blatt (Abb. 20)? „Unmöglich zu sagen, ob der über die Hand der Dame gebeugte junge Mann etwas gesteht, sich zu etwas bekennt oder um etwas bittet, und noch weniger lässt sich sagen, ob er es mit dem, was er der Dame zuflüstert, ernst meint, oder ob er ihr nur irgendetwas vortäuscht."[23] Die Farce veralteter Galanterie findet im bitterkomischen Holzschnitt „L'irréparable" („Das Nichtwiedergutzumachende") (Abb. 22) ihr vorläufiges Ende, auch hier gibt der Künstler keinen Hinweis auf die Ursachen der Entzweiung. Während die kontrapostische Komposition von Weiß und Schwarz in „La belle épingle" trotz der begehrlichen Annäherung der Dame das Paar unvermittelt trennte, scheint das schwarze Sofa das unversöhnliche Paar in „L'irréparable" regelrecht zu absorbieren und die Grenzen der Körper aufzuheben. >>>>>>>>>>>>>>>>

<<<<<< Vallottons *Panhypocrisiade* unterscheidet sich grundsätzlich vom reflexiven Lotterleben Gavarnis: Während Gavarnis Protagonisten das Aufdecken privater Geheimnisse als lustvolle Rache an den Konventionen und Zwängen der Gesellschaft betrieben, folgen Vallottons Paare einer sprachlosen Choreografie von Gesten und Ritualen, die ihre Subjektivität der Lesbarkeit entziehen. >>>>>>>>>>>>>>>>>>>>>>>>>>>>>>>>>

<<<<<< Auf der Couch werden Erfahrungen gemacht und Praktiken ausgebildet, die zu den allgemeinsten Voraussetzungen der Psychoanalyse zu rechnen sind: Einerseits üben sich die Sofamenschen des 19. Jahrhunderts im assoziativen Tagtraum und in der dialogischen Reflexion – einem Selbstgespräch mit Zuhörer –, andererseits zeichnet sich auf den Sofas des Bürgertums eine neue Ordnung der Subjektivität ab. Die schwere und undurchdringliche Präsenz und die physische Verschlingung der Couch und ihrer Bewohner zeugen von einer Imagination des Innenlebens, die die von Adorno beschriebene „objektlose Innerlichkeit" entscheidend modifiziert: An die Stelle des Subjekts, das sich die Wohnung zum erweiterten Innenleben fantasiert und das eigene psychische Erleben verabsolutiert

hat, tritt eines, das sich selbst und den anderen intransparent geworden ist. Wie jedes selbstreferenzielle System neigt das sich in der zweiten Hälfte des 19. Jahrhunderts konstituierende Subjekt zur operativen Schließung und Komplexitätssteigerung. Der immense Überschuss an Deutungen, den die partielle Dunkelheit des Körpers hervorbringt, erforderte eine Methode, die sowohl die Erfahrung als auch die Mittel ihrer Versprachlichung versachlicht. Das psychoanalytische Setting suchte das opake Subjekt dort auf, wo es schon zuvor Wissen über sich selbst erzeugt und verhandelt hatte: auf jenem Diwan, der spätestens seit Kierkegaard und Gavarni als Requisit der freien Assoziation und des libertinen Geständnisses diente.

1 Erwin Panofsky, Die Perspektive als „symbolische Form" (1927). In: Ders., Deutschsprachige Aufsätze II, hg. von Karen Michels, Martin Warnke, Berlin: Akademie Verlag 1998, S. 664–757; vgl. Anselm Haverkamp, Figura cryptica. Theorie der literarischen Latenz. Frankfurt am Main: Suhrkamp 2002, S. 209. Für Anregungen und Kritik danke ich Thomas Hübel und Ralph Ubl.

2 Vgl. Wolfgang Kemp, Beziehungsspiele. Versuch einer Gattungspoetik des Interieurs. In: Sabine Schulze (Hg.), Innenleben. Die Kunst des Interieurs. Ausstellungskatalog Städelsches Kunstinstitut und Städtische Galerie, Frankfurt am Main. Ostfildern-Ruit: Hatje 1998, S. 17–29; Haverkamp, Figura cryptica, a.a.O., S. 201–215.

3 Deutsches Wörterbuch von Jacob und Wilhelm Grimm. Bd. 10, 1. Leipzig: Hirzel 1905, Sp. 1750.

4 Vgl. Viktoria Schmidt-Linsenhoff, Häuslichkeit und Erotik. Angelika Kauffmanns Haremsphantasien. In: Bettina Baumgärtel (Hg.), Angelika Kauffmann. Ausstellungskatalog Kunstmuseum Düsseldorf, Haus der Kunst München, Bündner Kunstmuseum Chur. Ostfildern-Ruit: Hatje 1998, S. 60–68, hier S. 66–68.

5 Deutsches Wörterbuch von Jacob und Wilhelm Grimm. Bd. 10, 1, a.a.O., Sp. 1400–1401. Doch nicht nur zwischen den Kulturen besetzt das Sofa einen Ort des Übergangs, schon innerhalb der morgenländischen Raumordnung wurde es der Schwelle zugewiesen: „Auch wird bei den Türken das Vorzimmer oder Wartezimmer so [Sofa] genannt, in dem auf drei Seiten solche Erhöhungen zum Ausruhen sich befinden." (Meyers Großes Konversations-Lexikon, Bd. 18. Leipzig, Wien: Bibliographisches Institut (6. Aufl.) 1907, S. 576).

6 Vgl. Maria Elisabeth Pape, Turquerie im 18. Jahrhundert und der „Recueil Ferriol". In: Gereon Sievernich, Hendrik Budde (Hg.), Europa und der Orient, 800–1900. Ausstellungskatalog Berliner Festspiele, Martin-Gropius-Bau. Gütersloh, München: Bertelsmann Lexikon Verlag 1989, S. 305–319; Gérard-Georges Lemaire, Orientalismus. Das Bild des Morgenlandes in der Malerei. Köln: Könemann 2000, S. 48–65.

7 Vgl. den Aufsatz von Christian Witt-Dörring in diesem Band; Ernst Siebel, Der großbürgerliche Salon, 1850–1918. Geselligkeit und Wohnkultur. Berlin: Reimer 1999, S. 47.

8 Vgl. das Vorwort von Jean Sgard, in: Claude Prosper Jolyot de Crébillon, Le Sopha. Conte moral. Paris: Desjonquères 1984; vgl. den Aufsatz von Andreas Mayer in diesem Band.

9 Theodor W. Adorno, Kierkegaard. Konstruktion des Ästhetischen. Frankfurt am Main: Suhrkamp 2003, S. 64.

10 Zit. nach der Adorno noch nicht vorliegenden, neueren Übersetzung von Heinrich Fauteck: Sören Kierkegaard, Entweder – Oder. Hg. von Hermann Diem, Walter Rest. München: Deutscher Taschenbuch Verlag 1988, S. 454–455; Hervorhebung B.W.

11 Sören Kierkegaard, Stadien auf dem Lebensweg, zit. nach: Walter Benjamin, Das Passagen-Werk. In: Ders., Gesammelte Schriften, hg. von Rolf Tiedemann, Bd. V/1. Frankfurt am Main: Suhrkamp 1989, S. 289.

12 Carl von Lützow (Hg.), Kunst und Kunstgewerbe auf der Wiener Weltausstellung 1873. Leipzig: Seemann 1875, S. 352.

13 Jules Lecomte, zit. nach Benjamin, Das Passagen-Werk, a.a.O., S. 294, Übersetzung B.W.

14 Zu den sexuellen Klischees des Orientalismus vgl. Viktoria Schmidt-Linsenhoff, Liotards Bart. Transkulturelle Maskeraden der Männlichkeit. In: Mechthild Fend, Marianne Koos (Hg.), Männlichkeit im Blick. Visuelle Inszenierungen in der Kunst seit der Frühen Neuzeit. Köln, Weimar, Wien: Böhlau 2004, S. 164; zum Harem als imaginärem Ort des Orientalismus: Tayfun Belgin (Hg.), Harem. Geheimnis des Orients. Ausstellungskatalog Kunsthalle Krems. Krems: Kunsthalle 2005.

15 Jakob von Falke, Die Kunst im Hause. Wien: Gerold 1871, S. 286–287; vgl. dazu Siebel, Der großbürgerliche Salon, a.a.O., S. 160.

16 Alfred Gotthold Meyer, Tafeln zur Geschichte der Möbelformen. Serie II: Bank, Sofa. Leipzig: Hiersemann 1904, S. 11.

17 Alfred Gotthold Meyer, Tafeln zur Geschichte der Möbelformen. Serie III: Bett, Wiege. Leipzig: Hiersemann 1905, S. 35.

18 Deutsches Wörterbuch von Jacob und

Wilhelm Grimm, Bd. 6. Leipzig: Hirzel 1885, Sp. 1210–1214.

19 Ebd., Sp. 1306.

20 Vgl. Barbara Wittmann, Gesichter geben. Édouard Manet und die Poetik des Portraits. München: Wilhelm Fink Verlag 2004, S. 149–154.

21 Benjamin, Das Passagen-Werk, a.a.O., S. 286; vgl. Ralph Ubl, Lese im Verborgenen. Über Anselm Haverkamps Buch „Figura cryptica". In: Texte zur Kunst, 47, September 2002, S. 208–211.

22 Vgl. Rudolf Koella, Futteral des Menschen. Zur Interieurmalerei der Nabis. In: Die Nabis. Propheten der Moderne. Ausstellungskatalog Kunsthaus Zürich. München: Prestel 1993, S. 90–103 u. 465–466; Abbildungen aller zehn Blätter der „Intimités" in: Félix Vallotton. Maler und Grafiker im Paris der Jahrhundertwende, Ausstellungskatalog Städtische Galerie Bietigheim-Bissingen. Ostfildern-Ruit: Hatje 2003, S. 86–91.

23 Rudolf Koella, Vom Bild zur Grafik, von der Grafik zum Bild – Wechselwirkungen im Schaffen von Félix Vallotton. In: Félix Vallotton. Maler und Grafiker, a.a.O., S. 18–53, hier S. 42.

1 Max Ernst
Selbstporträt, ca. 1938
Frottage, Kreide auf Fotografie
Sprengel Museum Hannover

MAX ERNST UND DIE SURREALISTISCHE POETIK >> DES LIEGENS <<<<<<<<<<<<<<<<<<<<<<<<<<<<<<<

>>

<<<<<<<<<<<<<<<<<<<<<<<<<<<<<<<<<< RALPH UBL

>>

In der surrealistischen Poetik des Liegens kommt dreierlei zusammen: erstens das Interesse am psychoanalytischen Setting, das als Erneuerung älterer Vorstellungen, wonach sich die Psyche am besten im Liegen entfaltet, verstanden werden konnte; zweitens die Neuorientierung des Bildes, das bereits im 19. Jahrhundert von Goya, Courbet oder Redon, jedoch mit besonderem Nachdruck von Picasso, Duchamp und den Dadaisten in die Horizontale gekippt wurde; und drittens ein Geschichtsverständnis, dem zufolge historische Prozesse nicht als auf- und vorwärtsstrebend, sondern als in verschiedenen Strata lagernd und geschichtet vorzustellen sind.[1] Die Verflechtung dieser drei Stränge zu einem avantgardistischen Projekt wird zudem mit der Hoffnung verbunden, dass im Liegen nicht nur eine imaginative, sondern auch eine politische Erneuerung realisierbar sei: die „surrealistische Revolution". >>>>>>>>>>>>>>>>>>>>>>>>>>>>>

<<<<<< Als Künstler verfügten die Surrealisten über spezifische Liegeerfahrungen, die im Konflikt mit konkurrierenden revolutionären Gruppen, welche nur den (Werk-)Tätigen als Subjekt der Geschichte gelten ließen, in Stellung gebracht werden konnten. Der Dichter arbeitet nur, wenn er schläft, bzw. er schläft, um zu arbeiten. Den Nachweis hatte Robert Desnos bereits 1922 während eines Treffens der Gruppe in André Bretons Atelier erbracht, indem er nach Belieben in einen Dämmerzustand, den Breton als „hypnotischen Schlaf" identifizieren sollte, verfiel und einem „magischen Diktat" gehorchend zu schreiben begann (Abb. 3).[2] Eine Aufnahme Man Rays, die André Breton, den Gründer und Propagandisten des Surrealismus, vor einem Gemälde Giorgio de Chiricos zeigt (Abb. 2), kann als Vorführung einer solchen künstlerischen Produktion im Liegen gedeutet werden. Die fotografische Inszenierung, in der Schminke, Scheinwerfer und Kulissen zusammenwirken, verbindet Elemente zweier Künste, denen sich Breton als Sammler und Kinogeher leidenschaftlich verschrieben hatte: der Malerei und dem Film. Vor einem Gemälde de Chiricos oder während der Vorstellung von „Das Cabinet des Dr. Caligari" fand das Sehen,

so Breton, zu einem „Urzustand“ zurück, in dem der Dichter zwischen Gemälde und Stadt, Kino und Irrenhaus hin und her wandern konnte, ohne dass er seine passive Position aufgeben musste. Von solchen Passagen versprach er sich eine Verwandlung, die ihn in eben jene Welt versetzen würde, die er als Bild rezipierte. Im Fotostudio ließ sich diese Hoffnung rasch realisieren, gleichsam als Reklame für ein Denken und auch Handeln im Liegen, das nichts weniger beanspruchte, als die Grenze zwischen Wirklichkeit und Fiktion so zu verbreitern, dass eine künftige Gesellschaft in diesem Zwischenraum einst neue Lebensformen zu erproben vermöge.[3] >>>>>>>>>>>>>>>>>>>>>>>>>>>>>>>>>>>>

<<<<<< Für die Maler ergab sich aus diesem Produktionsideal, das auf dem Konsum von Bildern beruht, allerdings eine besondere Schwierigkeit, da ihre Kunst in der Regel eine stehende oder zumindest sitzende Haltung und zudem körperlichen Einsatz verlangt. Max Ernst, der sich wie kein anderer bildender Künstler mit dem Programm des Surrealismus auseinander gesetzt hatte, reagierte auf dessen Herausforderung mit einem Text, der, mittlerweile berühmt und viel kommentiert, zunächst als eines von vielen Dokumenten psychologischer Selbsterforschung 1927 in den Spalten der Zeitschrift „La Révolution surréaliste“ unter dem Titel „Visions de demi-sommeil“ abgedruckt wurde.[4] Er berichtet von drei Erscheinungen, die ihm im Halbschlaf gekommen sind: Die erste rührt aus der frühen Kindheit und handelt vom Vater als groteskem Schöpfer ebenso grotesker und schrecklicher Bilder; die zweite von einem Jungen in der Pubertät, an dem Frauen und Männern vorüberziehen, die ihn erneut mit dem Ödipuskonflikt konfrontieren; und die letzte von einem erwachsenen Mann, der liegend zu einer bis auf die Knochen durchsichtigen Schönheit hinaufblickt. Alle drei hypnagogischen Visionen skizzieren die Figur eines vom Gesehenen und noch mehr vom eigenen Sehen gebannten Subjekts, als dessen Muse zuletzt eine phallische Frau auftritt. Ihre gläserne Gestalt ist nicht weniger unbeweglich als der sie anblickende, liegende Maler. Seiner Untätigkeit entspricht ihre Statuarik, seinem Liegen ihre Mortifikation. Wechselseitige Passivität ist die surrealistische Beziehungsform schlechthin. Indem Mann und Frau untätig bleiben, realisieren sie Möglichkeiten, die im zielgerichteten und einander zugewandten Handeln stets ausgeschlossen bleiben. Vergleichbar strukturiert

2 Man Ray
André Breton
Fotografie, ca. 1925
Man Ray Trust
Archives

3 Man Ray
Robert Desnos
Fotografie, 1922
Archives Charmet

Max Ernst

4 Quiétude
Aus: Femme 100 têtes
(Kap. 6 (100)), Paris 1929

5 La clé des chants 2
Aus: Une semaine de bonté
(Kap. 5 (174)), Paris 1934

Sprengel Museum Hannover

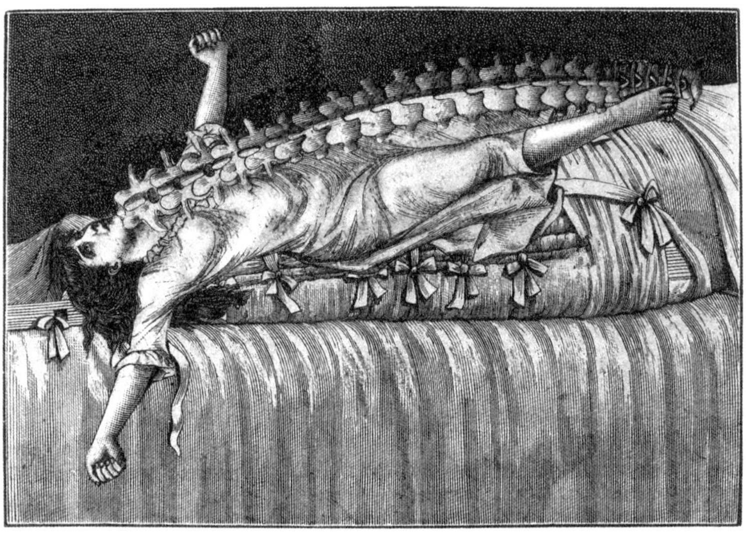

ist die Relation zwischen dem Künstler und seinen Ausdrucksmitteln. Sie sind durch eine Art erstarrte Bereitschaft verbunden, die sich gegenüber herkömmlichen Vorstellungen über die schöpferische Tätigkeit des Malers nicht nur durch ihre Passivität auszeichnet, sondern ebenso dadurch, dass Subjekt und Medium einander stillstellen. >>>>>>>>>>>>>>>>>>>>>>

<<<<<< Von derselben Problematik, wie bildende Kunst und manuelle Untätigkeit miteinander vereinbar sind, nimmt auch jenes künstlerische Verfahren seinen Ausgang, zu dem „Visions de demi-sommeil" eine ätiologisch-allegorische Erzählung beisteuern: die Frottage (Abb. 1). Sie ist eine Technik, die den Künstler nicht als Schöpfer, sondern als „Seher" und insbesondere als einen vom Gesehenen faszinierten Seher bestimmt. Verschiedene flache Gegenstände wie z. B. Holzbretter, Lederflecken oder Schnüre werden unter das Zeichenblatt gelegt, um ihre Textur durch gleichmäßiges Reiben eines weichen Zeicheninstruments auf die Oberfläche des Bildfeldes zu übertragen. Eine unebene Arbeitsunterlage, die bei einer traditionellen Zeichnung als Störung negativ auffallen würde, dient bei der Frottage als ein Zeicheninstrument, das, selbst unbewegt, der sich bewegenden Hand einen variablen Widerstand entgegensetzt, woraus unterschiedliche Spuren auf dem Papier resultieren. Die Frottage ließe sich demnach auch so beschreiben, dass eine materielle Vorbedingung, die beim Zeichnen auf Papier stets vorausgesetzt wird, nämlich der Tisch, ins Spiel gebracht und zu einem eigentümlich passiven, aber durchaus wirkungsvollen Werkzeug umgeprägt wird. Denn im Gegensatz zu einer traditionellen Zeichnung zeigt die Frottage immer auch an, dass sie nicht nur auf einer, sondern auch durch eine harte Unterlage gefertigt wurde und dass diese nicht weniger an der Herstellung des Bildes beteiligt war als Blei oder Kreide.[5] Mit dieser Neubestimmung der horizontalen Arbeitsfläche – als passives Widerlager, das aktiv zur Bildwerdung beiträgt – schließt Max Ernst an verschiedene frühere Versuche der Avantgarde an, die Kunst aus der vertikalen Position zu kippen. Bereits in Picassos Collagen, aber auch in jenen der Dadaisten, wurde das Bild weder als Fenster noch als aufrechtes Gegenüber verstanden, sondern vielmehr als Arbeitsfläche, auf der verschiedene Verfahren erprobt werden können wie z. B. Schneiden, Falten, Drehen, Wenden oder Verschieben.[6] Bei Max Ernst ist die Arbeitsfläche aber nicht nur Schauplatz solcher Operationen,

sie verwandelt sich ihrerseits zum Grund, aus dem surrealistische Bilder in Erscheinung treten, genauer: zu einem Brachland, in dem verschiedene Überreste begraben sind und das unerwartete Bilder hervorruft. >>>>>>>>>

<<<<<< Diesem immobilen und dennoch effizienten Werkzeug, als das die Arbeitsfläche in den Frottagen gebraucht wird, entspricht eine künstlerische Subjektivität, die ihre Produktivität ebenfalls aus einer möglichst passiven Haltung gewinnt. Die frottierten Bilder sind ja tatsächlich nicht einfach das Resultat einer manuellen Fertigkeit; sie entspringen vielmehr einem imaginativen Sehen, das sich in die verschiedenen Texturen versenkt, um in ihnen Blicke, Figuren oder Körper zu entdecken bzw. von diesen überrascht zu werden. Holzmaserung verwandelt sich in Gefieder, Ledernoppen in Laub, Geflecht in Schuppenpanzer oder Schnüre in ein suggestives Gespinst. Letzteres ist in einem programmatischen Selbstporträt aus dem Jahre 1938 (Abb. 1) zu sehen, das eben jenen Moment in Szene setzt, in dem der Künstler nicht mit seinen Händen, sondern als „Seher" Bilder erschafft. Zwei Darstellungstechniken treffen hier aufeinander: die Fotografie, die übrigens durch ein Exemplar vertreten ist, das in einem Automaten geschossen wurde, und die Frottage, mit der das Foto so überarbeitet wurde, dass es den Anschein hat, als würde sich der Künstler leicht zurücklehnen und durch den Anblick der entstehenden Formen einem Zauber erliegen, der ihn auch stillstellt. Der bildende Künstler darf also liegen bleiben und wird auch in der horizontalen Lage tätig sein, wenn seine Bilder gleich Visionen oder Simulakra allein durch ihre aktuelle Wahrnehmung an Präsenz gewinnen und durch ihr Erscheinen den Künstler in eine passive Position zwingen. Die Frottage ist daher als ein Verfahren zu charakterisieren, das totes Material (im vorliegenden Bild ein Stück Schnur) durch horizontale Bearbeitung in Erscheinungen verwandelt, die sich allerdings erst dadurch realisieren, dass sie betrachtet werden und den Betrachter sogleich in ihren Bann schlagen. Die Frottage dürfte demselben Wunsch entspringen, der sich auch in Man Rays Inszenierung von André Breton (Abb. 2) äußert: dem Wunsch, in jenem Zwischenreich zu liegen, in dem zwischen Sehen und Fantasieren kein Unterschied besteht. >>

<<<<<< Diese Passage ist allerdings nicht ganz gefahrlos. Sogar im Liegen verbindet sich der Surrealismus mit unterschiedlichen Momenten von

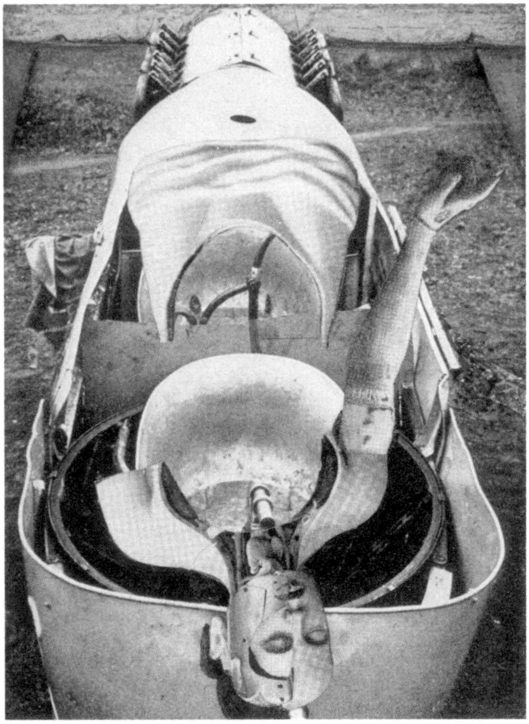

Max Ernst

6 die anatomie als braut, 1921
Fotografie einer Collage, mit
weißer Gouache gehöht
Paris, Centre Pompidou
(CNAC-MNAM)

7 Die Leimbereitung aus Knochen
Aus: Dada au grand air.
Der Sängerkrieg in Tirol, 1921
Kunsthaus Zürich

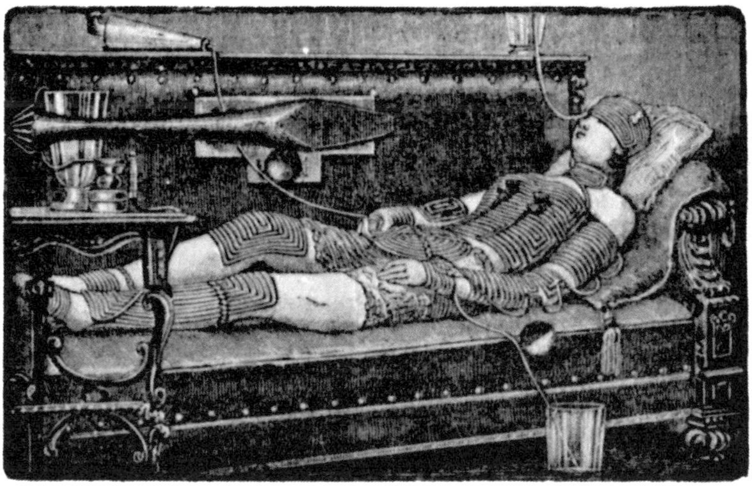

8 Max Ernst
Pietà ou la révolution la nuit, 1923
Öl auf Leinwand
London, Tate Gallery

Gewalt, wovon z. B. die Erstarrung der Frau am Ende der „Visions de demi-sommeil" oder Bretons wahnhafter Blick zeugen. Dass die horizontale Lage keineswegs immer friedvoll ist, resultiert aus den automatischen Techniken, deren Ziel ja darin besteht, dem Unbewussten einen möglichst unzensierten Ausdruck zu verschaffen. Da sie die innerpsychische Zensur mit der herrschenden Moral gleichsetzten, konnten die Surrealisten noch glauben, dass Aggression neben Sex ein untrügliches Anzeichen dafür ist, dass das Unbewusste zu ihnen spräche. Im Liegen mochten Bilder eines bislang unbekannten Genießens erscheinen, mit ihnen verschränkt aber auch Angst und Schrecken emporsteigen, die die Macht des Unbewussten nicht weniger eindrücklich beweisen. Das surrealistische Liegen war aber nicht nur in psychischer, sondern auch in physischer Hinsicht mit Gewaltvorstellungen verbunden. In den Collageromanen treffen wir auf Träumende, die in den Fluten ihrer Fantasie zu versinken drohen (Abb. 4), und ebenso auf Verzückte oder Hysterische, die auf ihren Betten fixiert sind, z. B. durch eine Wirbelsäule, die sich wie ein mächtiges Insekt über sein Opfer legt (Abb. 5). In den Anfängen der surrealistischen Bewegung, als sich die Dichter und Künstler noch als Dadaisten versammelt hatten, waren Max Ernst zudem einige besonders einprägsame Bilder des Liegens gelungen, die zur Gewalterfahrung des eben erst zu Ende gegangenen Weltkriegs zurückführen. Die berühmte Fotocollage „die anatomie als braut" zeigt eine mechanomorphe Puppe, die im Führersitz eines Doppeldeckers liegt, als wäre dieser ebenso ihr Sarg wie ihr Hochzeitsbett (Abb. 6).[7] Für die Collage „Die Leimbereitung aus Knochen" (Abb. 7) hat Ernst indes die medizinische Illustration einer diathermischen Kur genutzt und äußerst gezielt an nur drei Stellen neue Bildelemente hinzugefügt: den großen Gegenstand links oben, der einem Werkzeug (Schraubenzieher, Bohrer oder Gratentferner) ähnelt, sowie die beiden Kugeln, von denen eine etwas links der Bildmitte, die andere an der Bettkante platziert wurde. Als wichtigster Eingriff ist zweifellos der Titel hervorzuheben, der die Darstellung eines medizinischen Verfahrens zu einem Bild der industriellen Ausbeutung des menschlichen Körpers umdeutet. Da das Bild ursprünglich für die erste Seite einer Dada-Zeitschrift konzipiert war, deren Titel „Dada au grand air. Der Sängerkieg in Tirol" zum einem auf den gemeinsamen Aufenthalt der Dadaisten in Tarrenz, zum anderen auf einen mit viel Spott und Verve geführten Konflikt mit Francis Picabia verweist, ist es nahe liegend, das Bild als Reflexion dieses Kontextes zu verstehen: als Collage, die auf Leim angewiesen ist und zugleich dem Rivalen Picabia den Krieg erklärt.[8] Auf diese Weise verwandelt sich ein Bild des Grauens in eine artistische Allegorie, die wiederum vom Liegen, aber auch vom Ruhigstellen des weiblichen Körpers handelt. In denselben Zusammenhang wären auch die drei eingeklebten Elemente zu stellen: Von den beiden Kugeln ist die eine am Beginn, die andere am Ende eines Röhrensystems angebracht, das sich über die gesamte Körperfläche ausbreitet. Während die Kugeln offenbar dazu anregen sollen, eine zirkulierende Bewegung in diesen ihrerseits mäandrierenden Kanälen zu imaginieren, muss mit dem spitzen Werkzeug eine ganz andere, nämlich eindringende Bewegung assoziiert werden. Sie dürfte zudem auf eine Instanz deuten, die sich links außerhalb des Bildfeldes im Off der Darstellung befindet. Strömen und Zirkulieren innerhalb der Szene, eine pointierte und machtvolle, aber nur latente Präsenz an ihrer Grenze – dieses Setting ähnelt jenem der Psychoanalyse, in dem der Analytiker bekanntlich ebenfalls außerhalb des Gesichtsfeldes sitzt. Es hatte Max Ernst auch in einem anderen, berühmteren Bild, „Pietà ou la révolution la nuit“ (Abb. 8), beschäftigt, in dem seitlich von den beiden Hauptfiguren und für diese unsichtbar eine an Freud erinnernde Gestalt erscheint. >>>>>>>>>>>>>>>>>>>>>>>>>>>>>>>>>>>

<<<<<< Die Surrealisten entwerfen nicht nur eine Poetik des Liegens, die ästhetische und politische Umwälzungen auszulösen hofft; sie wenden sich darüber hinaus auch dem Liegengelassenen zu, wie z. B. den Illustrationen des späten 19. Jahrhunderts, die Ernst in seinen Collagen verarbeitet, um „auf die revolutionären Energien, die im ‚Veralteten‘ erscheinen“[9], zu stoßen. Geschichte galt ihnen weniger als Entwicklung denn vielmehr als Schichtung verschiedener Zeiten, die unvermittelt aneinander gefügt sind. Was ihnen selbst am nächsten sein sollte, die eigene Geschichte, schien am weitesten zurückzuliegen, die Welt der Eltern bereits von „prähistorischem Schauer umwittert“[10]. Wenn sie über das Unbewusste spekulierten, so meinten sie sowohl das individuelle wie auch das historische, welches sich aus der jüngst vergangenen, doch tief verschütteten Epoche vor dem Weltkrieg geformt hatte. Um zu diesem Unbewussten Zugang zu gewinnen, war es notwendig, die Geschichte als eine lagernde Schläferin

zu begreifen, die dank ihrer Träume deutbar und vielleicht auch veränderbar sein könnte. Ein surrealistischer Revolutionär, Dichter oder Künstler, der zu Bett geht, um zu arbeiten, tat dies daher immer in der Hoffnung, nicht alleine zu liegen.

1 Diese Überlegungen habe ich, ohne dabei explizit auf eine Poetik des Liegens einzugehen, an anderer Stelle ausführlich dargestellt: Ralph Ubl, Prähistorische Zukunft. Max Ernst und die Ungleichzeitigkeit des Bildes. München: Wilhelm Fink Verlag 2004.

2 André Breton, Les pas perdus. Paris: Gallimard 1969 (1. Auflage 1924), S. 119, 121.

3 Zu dieser Fotografie vgl. Ralph Ubl, Das Gemälde als medialer Schwellenraum. André Breton, Giorgio de Chirico und der Gebrauch toter Bilder. In: Gerhard Neumann, Claudia Öhlschläger (Hg.), Inszenierungen in Bild und Schrift. Bielefeld: Aisthesis Verlag 2004, S. 125–145.

4 Max Ernst, Visions de demi-sommeil. In: La Révolution surréaliste, 8, 1926, S. 7.

5 Ausführlich hierzu Wolfram Pichler und Ralph Ubl, Vor dem ersten Strich. Dispositive der modernen und vormodernen Zeichnung. In: Werner Busch, Oliver Jehle, Carolin Meister (Hg.), Dimensionen der Linie. Zeichnung zwischen Expression und Experiment. München: Wilhelm Fink Verlag 2006 (im Druck).

6 Erste Hinweise auf dieses heute viel diskutierte Thema der Horizontalisierung finden sich bei Walter Benjamin, Gesammelte Schriften, hg. von Rolf Tiedemann, Hermann Schweppenhäuser. Frankfurt am Main: Suhrkamp 1977, Bd. II/2, S. 602–603; und bei Leo Steinberg, Other Criteria. Confrontations with Twentieth-Century Art. Oxford: Oxford University Press 1972, S. 89–92.

7 Zu den Quellen dieser und anderer Collagen, die sich auf den Weltkrieg beziehen, vgl. die grundlegende Untersuchung von Ludger Derenthal, Mitteilungen über Flugzeuge, Engel und den Weltkrieg. Zu den Photocollagen der Dadazeit von Max Ernst. In: Im Blickfeld. Jahrbuch der Hamburger Kunsthalle, 1, 1994, S. 41-60.

8 William A. Camfield, Max Ernst. Dada and the Dawn of Surrealism. München: Prestel Verlag 1993, S. 102.

9 Walter Benjamin, Gesammelte Schriften, a.a.O., Bd. II/1, S. 299; vgl. Henning Ritter, Die Bevorzugung des Nebensächlichen. Traum, Collage, Bilderatlas, in: Ders., Die Fassaden am East River. Frankfurt am Main: Suhrkamp 2000, S. 53–80.

10 Walter Benjamin, Gesammelte Schriften, a.a.O., Bd. V, S. 576.

BEHANDLUNGSRÄUME

SHELLBURNE THURBER

Lexington, Massachusetts, USA, 2000

Lexington, Massachusetts, USA, 2000

Buenos Aires, Argentinien, 1999

Buenos Aires, Argentinien, 1999

Brookline, Massachusetts, USA, 2000

Newton, Massachusetts, USA, 2000

1 Odilon Redon
Dekorative Tafel, 1903
Tempera auf Leinwand
Enschede, Rijksmuseum Twenthe

„IM FESTEN ZUSTAND DER SUGGESTIVEN >>>>>>>>> BETRACHTUNG" <<<<<<<<<<<<<<<<<<<<<<<<<<<<<<< ODILON REDON UND DAS SCHWEBEN ALS >>>>>>>> VORAUSSETZUNG UND METAPHER FÜR DAS <<<<<< KÜNSTLERISCHE SCHAFFEN >>>>>>>>>>>>>>>>>>>>>

<<<<<<<<<<<<<<<<<<<<<<<<<<<<<<<<<<<<<<<<<<<<<<<<<<
>>>>>>>>>>>>>>>>>>>>>>>>>>>>>>>>>>>>> DARIO GAMBONI
<<<<<<<<<<<<<<<<<<<<<<<<<<<<<<<<<<<<<<<<<<<<<<<<<<

KÖRPERLICHE UND GESELLSCHAFTLICHE SCHWERELOSIGKEIT

In den letzten Jahren des 19. Jahrhunderts beschwor der bald sechzigjährige Odilon Redon Erinnerungen an seine frühe Kindheit herauf. Im Zuge dessen beschrieb er, wie man zu dieser Zeit von seinem Geburtsort Bordeaux zu dem Familienweingut in Peyrelebade reiste: „Damals gelangte man mit der Kutsche und auch mit dem Ochsenwagen dorthin, eine eintönige Fortbewegung von friedlicher, betäubender Langsamkeit. Aber mit freiem Geist und munteren Augen legte man sich auf die Bank des Karrens, um nur noch das sanfte, wunderbare Vorüberziehen der Landschaft zu sehen, kaum von der Stelle bewegt, im festen Zustand der suggestiven Betrachtung [en état fixe de suggestive contemplation]."[1] >>>>>>>>>>>>>>

<<<<<< Redon beschrieb hier eine Situation der horizontalen Entspannung des Körpers, die sowohl die Imagination befreit als auch die visuelle Wahrnehmung fördert. Die Koppelung *suggestive contemplation* ist dafür bezeichnend, umso mehr als der Begriff *suggestion* bei Redon die spezifische Kommunikationsweise seiner Kunst und von Kunst schlechthin definiert.[2] *Contemplation* bedeutet in diesem Kontext zwar Betrachtung, besitzt aber auch religiöse Konnotationen. >>>>>>>>>>>>>>>>>>>>>>>>>>

<<<<<< Das Motiv einer männlichen oder weiblichen Figur, die einsam in einer Landschaft liegt, findet man öfters in Redons Frühwerk. Als Beispiel sei die Radierung „Meditation" (Abb. 3) erwähnt. Der bärtige Mann ist zuerst kaum von dem ihn umgebenden Gestein zu unterscheiden, und er scheint ganz seinen Gedanken nachzuhängen. Aber sein Auge ist weiß gelassen und wird dadurch mit den Wolken verbunden, die mit ihren sinnlichen und dynamischen Kurven zur kargen Landschaft in Kontrast stehen. Die geistige Aktivität dieses Eremiten wird also durch seine Sehkraft vermittelt, und sie widmet sich trotz seiner Kopfhaltung dem Himmel. In der

bereits zitierten, 1897/98 verfassten und 1909 revidierten autobiografischen Schrift erzählt Redon auch davon, dass seine Aufmerksamkeit vom Vater oft auf den Himmel gelenkt worden sei: „Mein Vater sagte mir häufig: ‚Schau diese Wolken an, erkennst du in ihnen, wie ich, wechselnde Gestalten?' Und er zeigte mir im sich ständig wandelnden Himmel die Erscheinungen von seltsamen, schimärischen und wunderbaren Wesen."[3] Noch deutlicher wird hier der Gesichtssinn in einer Weise definiert, die zwischen Sehen und Hineinsehen, zwischen Wahrnehmung und Vorstellung nicht unterscheidet. Nicht von ungefähr dient das Wolkendeuten dafür als Modell. Als solches hat es seit der Spätantike das Denken über Sinnesempfindungen, Erkenntnis und Gestaltung begleitet; über Redon hinaus wird es diese paradigmatische Funktion auch für die moderne Kunst im Allgemeinen erfüllen.[4] >>>>>>>>>>>>>>>>>>>>>>>>>>>>>

<<<<<< „Meditation" ist auch ein Bild der Vita contemplativa, das von Redons Ambivalenz seinem sozialen Milieu gegenüber zeugt. In dem bereits zitierten Text schreibt Redon, der in New Orleans gezeugt worden war, er habe sich oft gewünscht, dank einer Verspätung des seine Eltern tragenden Schiffes nicht in Bordeaux, sondern mitten auf dem Ozean geboren zu sein, an „einem Ort ohne Vaterland über einem Abgrund".[5] Solche Gedanken seien ihm auf den Felsen der Bretagne gekommen, als er „mit Schwermut, mit Traurigkeit" die Wellen betrachtete. Eine ähnliche Aussicht hat Gauguin 1888 in Le Pouldu gemalt und „Über dem Abgrund" betitelt (Abb. 2). Ich habe anderswo gezeigt, dass sich der in diesem Bild vom Umriss der Felsen definierte sichtbare Teil des Ozeans – vergleicht man ihn mit etwa zur gleichen Zeit entstandenen fotografischen und gemalten Bildnissen Gauguins – als Profil des Künstlers entpuppt.[6] Wie Redon befand sich also auch Gauguin am Abgrund. Der Blick nach unten, in den Abgrund bildet die Umkehrung des nach oben in den Himmel gerichteten Blicks. Beide Blickweisen lösen den Betrachter vom Boden und stürzen ihn ins Unendliche. In Gauguins Fall hat man – das Schiff im oberen Teil des Gemäldes scheint es zu suggerieren – diese Loslösung von Blick und Geist aus ihren Verankerungen mit seiner nomadischen Existenz in Verbindung gebracht. >>>>>>>>>>>>>>>>>>>>>>>>>>>>>>>>

<<<<<< Beim jungen Redon führte eine ähnliche Sehnsucht zur Abwendung von dem durch den Vater (und das „Vaterland") vertretenen sozialen

2 Paul Gauguin
Über dem Abgrund, 1888
Öl auf Leinwand
Paris, Musée des Arts
Décoratifs

3 Odilon Redon
Meditation, 1865
Radierung
Paris, Bibliothèque
nationale de France

4 Odilon Redon
Des Esseintes, 1888
Lithografie
Staatliche Kunstsammlungen
Dresden, Kupferstich-Kabinett

5 Anonym nach Giuseppe Cesari,
genannt il Cavalier d'Arpino
Armut bei einem, der einen
schönen Geist besitzt
Aus: Nova Iconologia del Cavalier
Cesare Ripa Perugino, Rom 1602
Holzschnitt

Milieu.[7] Er lehnte die Bourgeoisie ab, schenkte den Armen eine allerdings unverbindliche Sympathie und konnte sich für keine definierbare und definierende Tätigkeit entscheiden. Rückschauend bezeichnete er sich als „ein schwebendes, kontemplatives, ganz in seine Träume gehülltes Wesen“.[8] Diese Haltung erinnert stark an das, was der Soziologe Pierre Bourdieu mit Blick auf Frédéric Moreau aus Flauberts „Erziehung des Herzens“ treffend als „gesellschaftliche Schwerelosigkeit“ beschrieben hat: den Zustand des zwischen verschiedenen künstlerischen und politisch-ökonomischen Aktivitäten zaudernden jungen Bourgeois, der damit eine Zeit lang das „gesellschaftliche Altern“ hinausschiebt.[9] Aus der daraus resultierenden Sackgasse retteten Redon der preußisch-französische Krieg und der Tod des Vaters im Jahre 1874, die ihn unerwarteterweise in die Vita activa stürzten. Auch hatte er erkennen müssen, dass das *otium,* die für seine Kunst unentbehrliche „wohltuende Muße“, seiner Herkunft geschuldet war. Dennoch blieb die „Unbestimmtheit“ für ihn die höchste Tugend im Leben wie in der Kunst, und seinem Freund Andries Bonger beschrieb er 1895 seine Position als eine zwischen „diesen so konträren Wegen, wo einzig der Wille uns im Gleichgewicht hält, wo sich weder die Bourgeois noch die Bohemiens aufhalten“.[10] Vielleicht wird dieses Ideal in seinem Bildnis des Jean Floressas des Esseintes problematisiert (Abb. 4). In diesem auf eine Romanfigur Joris-Karl Huysmans’ zurückgehenden Fantasiebild scheint sich ein weltabgewandter Aristokrat vor dem Licht schützen zu wollen und versinkt, von seinen Büchern umgeben, mehr liegend als sitzend in einem Lehnsessel. >>>>>>>>>>>>>>>>>>>>>>>>>>>
<<<<<<<<<<<<<<<<<<<<<<<<<<<<<<<<<<<<<<<<<<<<<<<<<

GEN HIMMEL >>>>>>>>>>>>>>>>>>>>>>>>>>>>>>>>>>>

In der Ikonografie findet das Motiv des Schwebens oder Fliegens oft einen Platz bei den Gegensätzen von Geist und Materie, Freiheit und Gebundenheit. So wurde in Cesare Ripas „Iconologia“, dem wichtigsten Handbuch zur Versinnbildlichung abstrakter Begriffe, die „Armut bei einem, der einen schönen Geist besitzt“, durch eine Frau dargestellt, deren linker Arm sich mit seinen Flügeln nach oben erhebt, während an den rechten ein schwerer Stein gebunden ist (Abb. 5). Bei Redon spielen ähnliche Dualismen und das Motiv des Schwebens eine bedeutende Rolle, für die wiederum ein Beispiel genügen soll. Das erste Blatt der Lithografienserie „A

Edgar Poë“ (Abb. 7) heißt „Das Auge strebt wie ein seltsamer Ballon auf das Unendliche zu“ und basiert auf einer vier Jahre früher entstandenen, einfach „Ballon-Auge“ betitelten Kohlezeichnung.[11] Der Himmel, Ziel des Blicks, wird hier als das Unendliche definiert, und es ist möglich, dieses antirealistische Bild als Visualisierung dessen zu deuten, was Redon später in seiner Erinnerung an die Reise von Bordeaux nach Peyrelebade beschreiben sollte. Die Eigenständigkeit des Auges entspricht dem Gefühl einer Befreiung vom Körper, und dank der Metapher vom Ballon-Auge veranschaulicht das Emporsteigen die Dynamik der Betrachtung sowie den spirituellen Wert, den Redon dem Gesichtssinn zuschrieb. Andererseits drücken das Wort „seltsam“ im Titel und der kleine, einem Schädel ähnelnde Kopf das Unheimliche aus, das mit der Entkörperung verbunden ist. >>

<<<<<< Obwohl sie als isoliert erscheinen mag, war Redons Kunst eng mit den künstlerischen, literarischen und wissenschaftlichen Entwicklungen seiner Zeit verbunden. Bereits 1870 hatte der französische Philosoph Hippolyte Taine die Trennung zwischen Wahrnehmung und Vorstellung infrage gestellt, als er in einem vielbeachteten Buch schrieb, man solle nicht die Halluzination als eine falsche Wahrnehmung, sondern umgekehrt die Wahrnehmung als eine wahre Halluzination betrachten.[12] Für den österreichischen Physiker Ernst Mach blieb zwar die „Grenze zwischen den Vorstellungen und Sinnesempfindungen“ weiterhin notwendig, aber er behauptete auch, dass die letzteren bei den höheren Tieren und besonders beim Menschen „mehr und mehr durch den Intellect ergänzt und ersetzt“ würden. Und er erklärte sogar, „alle Arten von Gesichtsphantasmen aus eigener Anschauung“ zu kennen, die sich schon zeigten, „wenn die äußeren Reize schwach und unbestimmt sind, im Halbdunkel, oder wenn man etwa eine Fläche mit matten, verschwommenen Flecken, eine Wolke, eine graue Wand, beobachtet“ – also genau die Art von Wahrnehmungsobjekten, die Redon (nach Leonardo und vielen anderen) als Anreiz für die künstlerische Erfindung benutzte.[13] Mach wollte die „Kluft zwischen physikalischer und psychologischer Forschung“ aufheben und illustrierte seine Auffassung mit einer Zeichnung (Abb. 6), die das abbildet, was er, bei geschlossenem rechtem Auge und auf einem Ruhebett liegend, „in einem durch den Augenbrauenbogen, die Nase und den Schnurrbart gebildeten

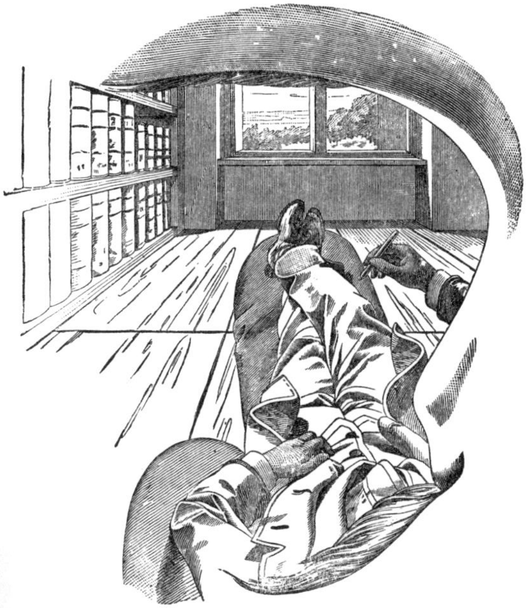

6 Anonym
Buchillustration aus: Ernst Mach, Die Analyse der Empfindungen und das Verhältnis des Physischen zum Psychischen. Jena 1911 (Erstauflage 1896)

7 Odilon Redon
Das Auge strebt wie ein seltsamer Ballon auf das Unendliche zu, 1882
Lithografie
Kunstmuseum Winterthur
Schenkung Maria Stiefel-Bühler, 1975

Rahmen“ von seinem Körper und dessen Umgebung sehen konnte.[14] Hier ist die Darstellung nicht den Vorstellungen, sondern den objektiven Sinnesempfindungen des Beobachters gewidmet, und trotzdem hebt sie in „seltsamer“ Weise den subjektiven Charakter dieser Wahrnehmung hervor, was ihre Ähnlichkeit mit Gauguins anthropomorpher Landschaft (Abb. 2) erklären mag. >>>>>>>>>>>>>>>>>>>>>>>>>>>>>>>>>>

<<<<<< Mach hat auch „die Wichtigkeit der Richtung für die Empfindung“[15] unterstrichen. Diese Bemerkung lenkt die Aufmerksamkeit darauf, dass die am Anfang erwähnte Befreiung des Blicks wesentlich durch die Verschiebung von der vertikalen zur horizontalen Lage verursacht wird. Eine genaue Analyse von Redons Werken lässt erkennen, dass er oft eine ähnliche Drehung der Bildachse als schöpferische Strategie einsetzte.[16] Dreht man seine „Ophelia“ (Abb. 8) um 90 Grad nach rechts, so drängt sich die Vermutung auf, dass diese Shakespeare'sche Figur erst nach der umgekehrten Operation aus einem für Redons Spätwerk typischen Frauenprofil mit Blumen entstanden ist. Und trotzdem wirkt das Sujet überzeugend, da Ophelia – wie beispielsweise schon bei Everett Millais („Ophelia“, 1851–52, Tate Britain, London) – liegend und mit nach oben gerichteten Augen auf dem Wasser treibt. >>>>>>>>>>>>>>>>>>>>>>>>>>>>>>>

<<<<<<<<<<<<<<<<<<<<<<<<<<<<<<<<<<<<<<<<<<<<<<<<<<<<

KUNST, TRAUM UND FREIE ASSOZIATION >>>>>>>>>>>>>>>>>>

Dieses Schweben oder Treiben kann über die Ikonografie hinaus als Modell des schöpferischen Prozesses bei Redon gelten. Den schon mehrmals zitierten autobiografischen Text hatte er ursprünglich für einen vom Kunstkritiker André Mellerio vorbereiteten (und erst 1913 erschienenen) Katalog seiner Lithografien geschrieben. Damals plagte ihn Mellerio wiederholt mit Fragen nach „vorgängigen Konzepten“, das heißt nach Ideen, die der Künstler schon gehabt haben mag, bevor er sich noch an die Arbeit setzte.[17] Dieses Insistieren war nicht unbegründet, vergegenwärtigt man sich den reichen intellektuellen Hintergrund von Redons Werk. Derartige Fragen entsprachen aber keinesfalls Redons eigenen Gedanken über sein Vorgehen. Er antwortete, er könne nur seine persönlichen Besonderheiten beschreiben: Er habe Angst vor dem weißen Blatt Papier und müsse es zuerst z.B. mit Kohle beschmieren, um es zu beleben und sich von der Materie inspirieren zu lassen. Ein „vorgängiges Konzept“ konnte also

8 Odilon Redon
Ophelia, 1900–1905
Pastell
New York, Dian Woodner
Collection

höchstens mittelbar wirken: „Zweifellos ist es oft wie bei einer Unternehmung, die man sich vorgenommen hat, die man aber im Laufe des Weges aufgibt, um den reizvollen und unvorhergesehenen Pfaden der Fantasie zu folgen, dieser Herrscherin, die uns plötzlich wunderbare Verlockungen eröffnet und uns in ihren Bann schlägt.“[18] Diese Beschreibung entspricht tatsächlich dem Eindruck, den man angesichts vieler Werke Redons gewinnen kann. Sie scheinen sich nicht einem vorher festgelegten Plan zu verdanken, sondern auf eine freie, offene und größtenteils improvisierte Weise entstanden zu sein. >>>>>>>>>>>>>>>>>>>>>>>>>>>>>>>>>>

<<<<<< Es gibt mehr als eine Ähnlichkeit zwischen diesem Vorgehen und der freien Assoziation, die Freud – in Kombination mit der Couch – als psychoanalytische Technik einsetzte. Und dass beides ungefähr zur gleichen Zeit entstand, ist auch kein Zufall. Sicher kann man vergleichbare Phänomene auch bei früheren Künstlern beobachten, aber hauptsächlich bei Studien, Skizzen usw. Nach dieser Methode Werke zu schaffen, die fertig gestellt werden sollten und für die Öffentlichkeit bestimmt waren, war aber neu und wirkte sofort vorbildlich, wie beispielsweise die Entwicklung von James Ensor zeigt.[19] Im oben zitierten Brief an Mellerio erklärte Redon außerdem, die Fantasie sei auch „die Botin des ‚Unbewussten‘, dieser hochgestellten und geheimnisvollen Persönlichkeit“.[20] Er konnte zwar noch nicht Freuds Werk kennen, scheint aber Eduard von Hartmanns „Philosophie des Unbewussten“ gelesen zu haben.[21] >>>>>>>>>>>>>>>>>

<<<<<< Tatsächlich fing die Geschichte der Wechselwirkungen zwischen bildender Kunst und Tiefenpsychologie nicht erst mit der Psychoanalyse an. Das gilt besonders für Frankreich, wo Resultate der empirischen Traumforschung schon Mitte des 19. Jahrhunderts dem interessierten Publikum zugänglich waren.[22] Dieser Austausch verlief nicht nur in die eine Richtung, denn Wissenschaftler konnten auch von Künstlern wie J. J. Grandville lernen, die Träume mit den ihnen je eigenen Mitteln erforschten und vermittelten. Kurz vor seinem unerwarteten Tod schickte Grandville der populären Zeitschrift „Le Magasin pittoresque“ zwei von Erklärungen begleitete Traumzeichnungen, deren zweite „Ein Spaziergang durch den Himmel“ hieß (Abb. 9). Die Zeichnung soll den Ablauf des Traumes einer Dichterin darstellen, in dem unterschiedliche Gedächtnisbilder und Vorstellungen sich ineinander wandeln und miteinander kombiniert werden.

9 J. J. Grandville
Zweiter Traum: Ein Spaziergang durch den Himmel
Aus: Le Magasin pittoresque, Juli 1847
Holzschnitt von Soyer nach Grandville

10 Titelblatt zu: d'Hervey de Saint-Denys, Les rêves et les moyens de les diriger, Paris 1867

Stichwörter, die der Künstler bei der Suche nach einem geeigneten Titel erwähnte, sind Metamorphose, Transformation, Deformation und Transfiguration.[23] In diesem Traumbild spielt die Analogie der Gestalten die leitende Rolle bei der Verwandlung eines Objektes in das nächste. Dabei wird offenkundig, dass es die innere Verwandtschaft der Karikatur mit dem Traum ist, die Grandville ein Verständnis des Letzteren erlaubte. Darauf sollte zwanzig Jahre später der Traumforscher d'Hervey de Saint-Denys in seinem Buch „Die Träume, und wie man sie lenken kann" zustimmend hinweisen.[24] Es ist auch bezeichnend, dass Grandville den zeitlichen Ablauf des Traumes als einen Spaziergang darstellt, der an Redons „Pfade der Fantasie" denken lässt, und dass seine Traumfiguren im Nachthimmel schweben oder fliegen. Im oberen Teil des Titelblattes von d'Herveys Buch (Abb. 10) häufen sich auf weniger kohärente Weise viele Figuren und Objekte, die zum Teil fliegen oder – wie die kleine Lokomotive – den Himmel emporsteigen. >>>>>>>>>>>>>>>>>>>>>>>>>>>>>>>>>>

<<<<<< Man kann sich fragen, wie bewusst Redon bei seiner Arbeit auf das „Unbewusste" gewartet hat. Bekanntlich rückte Freud nach einer frühen Bewunderung für die „endopsychische" Kenntnis des Primärvorganges, die er bei manchen Schriftstellern und Künstlern entdeckt hatte, ihre Tätigkeit allmählich in die Nähe des Tagtraumes und der Neurose.[25] Redon hatte von Anfang seiner Laufbahn an auf den Traum als Hauptreferenten seiner Kunst hingewiesen – 1879 nannte er seine erste Lithografienfolge schlicht „Im Traum" (Abb. 12). Was damit gemeint war, konnte aber nur im Gegensatz zum Realismus klar werden. Anlässlich einer späteren Serie versuchte der Kunstkritiker Charles Morice 1885 den Begriff Traum bei Redon näher zu definieren: „Die Bedeutung, die man dem Wort Traum geben muss, ist weder die banale und in der Prosa gebräuchliche (unausweichliche Visionen im Schlaf) noch die seltene und in der Poesie übliche (gewollte Visionen im Wachsein); bald ist es dies, bald ist es das, es ist das Wachsein und der Schlaf, es ist eigentlich der Traum eines Traumes: die gewollte Organisation unausweichlicher Visionen."[26] Mit dieser Klarstellung zeigte sich der Künstler sehr zufrieden, und er verwendete selbst die Formel „Traum eines Traumes". Man kann davon ausgehen, dass Redons Werke tatsächlich in mehrfachem Sinne „bald dies, bald das" sind: Dank der freien Assoziation bringen sie tief liegendes Material

Odilon Redon

11 Das Denken, um 1905
Pastell und Öl auf Karton
Otterlo, Kröller-Müller Museum

12 Titelblatt zur Folge: Im Traum, 1879
Lithografie
Paris, Bibliothèque nationale de France

13 Alfred Stieglitz
Äquivalent, Reihe G (Nr. 3), 1929
Fotografie
Boston, Museum of Fine Arts
Schenkung Georgia O'Keefe

ans Licht, das aber einer gestalterischen „sekundären Bearbeitung“ unterliegt; zudem besitzen sie eine eigene selbstreflexive Dimension. >>>>>
<<<<<<<<<<<<<<<<<<<<<<<<<<<<<<<<<<<<<<<<<<<<<<<<<

IM RAUM DER MALEREI, OHNE RICHTUNG >>>>>>>>>>>>>>>>

Wenn man „Ophelia“ (Abb. 8) mit dem „Ballon-Auge“ (Abb. 7) vergleicht, wird man sich der Entwicklung im Werk Redons bewusst. Der Künstler hat sich der Farbe geöffnet, was – wie seine Briefe deutlich machen – mit einer neuen Sinnlichkeit verbunden ist.[27] Gleichzeitig hat seine Ikonografie an „Seltsamkeit“ verloren, was jedoch nicht heißt, seine Werke seien nicht mehr geheimnisvoll. Das Geheimnis liegt nun aber weniger im Dargestellten als in der Darstellung selbst. Das Titelblatt zu „Im Traum“ (Abb. 12) lässt uns einen Engel, der mit einer Lyra neben einem blattlosen Baum steht, durch eine mehrdeutige Öffnung im Gegenlicht erblicken. Diese Traumwelt nahm das Erbe der allegorischen Tradition auf (vgl. Abb. 5) ebenso wie die Konventionen der mimetischen Darstellung, unter anderem diejenige des dreidimensionalen Raumes. Nicht so bei „Ophelia“, wo – der von uns vermuteten Entstehung entsprechend – die Parameter des Oben und Unten, des Nahen und Fernen auswechselbar und eigentlich unbestimmt bleiben. Ursprünglich hatte es der Verweis auf den Traum Redon erlaubt, Fiktionen in einer Epoche des Realismus zu rechtfertigen. Die Beschwörung eines mentalen Raumes ermöglichte es ihm nun aber, einen malerischen Raum zu erforschen, der weder abgebildeter Raum noch reine Fläche ist. >>>>>>>>>>>>>>>>>>>>>>>>>>>>>>>>>>>>

<<<<<< In einem wenig bekannten, schönen kleinen Bild wird „Das Denken“ (Abb. 11) durch ein kindliches Gesicht dargestellt, dem entlang unbestimmte Formen von starker Farbe – besonders Blau und Rot – emporsteigen. Der Kopf steht wieder allein, aber ein zarter Halsumriss schließt jede Konnotation von Enthauptung aus. Die Augen sind offen, sodass dieses „Denken“ als Tagtraum oder Meditation (vgl. Abb. 3), nicht als Nachttraum erscheint. Die Farben und die Art, wie sie aufgetragen wurden, verändern sich nicht zwischen Gesicht, Kopftuch und Umgebung. Das verbietet es, die „abstrakten“ Formen als bloße Versinnbildlichung der Gedanken zu deuten; vielmehr ist hier die Trennung zwischen der inneren und der äußeren Welt aufgehoben. Es wäre auch falsch, diese farbigen Formen als „ungegenständlich“ zu betrachten. Sie können Blumen, Flammen

oder Wolken suggerieren. Wichtig ist, dass es dem Betrachter überlassen bleibt, sie – wie Redon es explizit wünschte – je nach Persönlichkeit und „geistiger Verfassung“ näher zu bestimmen.[28] >>>>>>>>>>>>>>>>>>>>>>

<<<<<< So ist das vollendete Werk eine unbestimmte Fläche im Sinne Machs (oder Leonardos) geworden, die dem Zuschauer eine analoge Erfahrung zu der von Redon hochgeschätzten „suggestiven Betrachtung“ eröffnet. Die radikalsten Ausformungen dieses Kunstbegriffs findet man bei Redon in den späten „dekorativen“ Werken, wo ihm die abstrakte Tradition des Ornaments zu größter künstlerischer Freiheit verhalf. Bei diesen Tafeln (Abb. 1) fehlen jegliche Anhaltspunkte für konkrete Gegenstände, und die sparsamen ikonischen Andeutungen lassen nur unbestimmt an Wolken, Wellen, schwankende oder schwimmende Pflanzen und Tiere denken. So kommt die Betrachtung dieser Tafeln einem Blick in den Himmel oder aufs Meer nahe. Ihre Größe trägt zusätzlich dazu bei, dass der Betrachter sich im Gesichtsfeld „verliert“ und dadurch ein Gefühl des Schwebens bekommt. >>

<<<<<< Diese imaginäre, aber tatsächlich erlebte Bewegung basiert auf einer Stillstellung des Körpers, die die Sinnesempfindungen auf das Sehen fokussiert. Eine solche kommunikative Strategie war schon im Bereich der Architektur, der Deckenmalerei und der Ornamentik aufgetaucht, wo sie oft mit der kosmischen oder kosmologischen Imagination verbunden war.[29] Sie kann – mutatis mutandis – auch mit der Verwendung der Couch in der psychoanalytischen Therapie verglichen werden, die zugunsten der Vorstellungskraft und der freien Assoziation eine entspannte horizontale Körperhaltung vorsieht. Das Erlebnis des Schwebens, das Redons späte Werke hervorrufen, könnte man auch mit dem Begriff des „ozeanischen Gefühls“ verbinden, der zum Teil aus der – für Redon durchaus relevanten – Esoterik- und Buddhismusrezeption stammte und von dem Freud sich trotz aller positivistischen Vorsicht angezogen fühlte.[30] >>>>>>>>>>>>

<<<<<< In einer zu wenig beachteten Schrift hat Jeannot Simmen auf die Bedeutung der Entdeckung des Gleichgewichtsorgans im 19. Jahrhundert hingewiesen und den Verlust des habituellen Gleichgewichtssinns, der sich im Gefühl des Schwebens, aber auch in dem des Taumelns und sogar des Stürzens ausdrückt, als ein Symptom der Modernität und eine Wurzel der abstrakten und gegenstandslosen Kunst bezeichnet.[31] Auf jeden Fall

ist der Weg von Redons „dekorativen“ Tafeln zur *All over*-Komposition und zum „modernen Erhabenen“ der abstrakten Expressionisten nicht sehr weit. Da Redon nicht daran interessiert war, eine mimetische Deutung auszuschließen, kommen seinen Werken vielleicht die Fotografien am nächsten, die Alfred Stieglitz ab 1922 unter dem allgemeinen Titel „Äquivalente“ (Abb. 13) aufnahm. Es handelt sich um Wolkenstudien, die jede Maß- und Orientierungsangabe vermissen lassen und die Stieglitz oft in einer anderen Richtung zeigte, als er sie fotografiert hatte.[32] Häufig ähneln sie in auffälliger Weise einer Marmorplatte oder – in Machs Worten – einer „Fläche mit matten, verschwommenen Flecken“. Wie immer auch der Fotograf sie aufgenommen hat, der Blick, den er uns in die Wolken werfen lässt, gleicht demjenigen des jungen Redon, wenn er auf der Bank des Ochsenkarrens nicht horizontal die Landschaft, sondern vertikal den Himmel betrachtete.

1 Odilon Redon, À soi-même. Journal (1867–1915). Notes sur la vie, l'art et les artistes, Paris: Corti 1961, S. 11. Ich weiche an dieser wie an den weiteren aus diesem Buch zitieren Passagen ein wenig von der deutschen Übersetzung ab: Odilon Redon, Selbstgespräch. Tagebücher und Aufzeichnungen, 1867–1915, hg. und übertragen von Marianne Türoff, mit einem Essay von Gert Mattenklott. München: Rogner & Bernhard 1971, S. 10.

2 Vgl. z.B. Redon, À soi-meme, a.a.O., S. 26 (Redon, Selbstgespräch, a.a.O., S. 23): „Die suggestive Kunst ist eine Ausstrahlung der Dinge in den Traum, wohin sich auch das Denken bewegt."

3 Redon, À soi-meme, a.a.O., S. 10 (Redon, Selbstgespräch, a.a.O., S. 9). Über diese Erinnerung, u.a. in Zusammenhang mit Freuds Texten über Kindheitserinnerungen bei Leonardo und Goethe, vgl. Dario Gamboni, Fiction et vérité. Un souvenir d'enfance d'Odilon Redon partagé par d'autres artistes. In: Genesis, 24, Herbst 2004, S. 70–88.

4 Vgl. Dario Gamboni, *Nubes cum figuris.* Das Wolkendeuten als modernes Paradigma von künstlerischer Wahrnehmung und Gestaltung. In: Stephan Kunz, Johannes Stückelberger, Beat Wismer (Hg.), Wolkenbilder. Die Erfindung des Himmels. Ausstellungskatalog: Aargauer Kunsthaus, Aarau. München: Hirmer 2005, S. 91–99.

5 Redon, À soi-même, a.a.O., S. 11 (Redon, Selbstgespräch, a.a.O., S. 10).

6 Vgl. Dario Gamboni, Potential Images. Ambiguity and Indeterminacy in Modern Art. London: Reaktion 2002, S. 87-88.

7 Vgl. Gert Mattenklott, Zum sozialen Inhalt von Redons „monde obscur de l'indéterminé". In: Redon, Selbstgespräch, a.a.O., S. 207–219; Dario Gamboni, La plume et le pinceau. Odilon Redon et la littérature. Paris: Minuit 1989, S. 22–30; Douglas Druick (Hg.), Odilon Redon Prince of Dreams 1840–1916. Ausstellungskatalog: Art Institute of Chicago; Van Gogh Museum, Amsterdam; Royal Academy of Arts, London. New York: Abrams 1994, S. 26–72.

8 Redon, À soi-même, a.a.O., S. 19 (Redon, Selbstgespräch, a.a.O., S. 17f.).

9 Pierre Bourdieu, Die Regeln der Kunst. Genese und Struktur des literarischen Feldes. Frankfurt am Main: Suhrkamp 1999, S. 30–54. Vgl. auch Pierre Bourdieu, Flaubert ou l'invention de la vie d'artiste. In: Actes de la recherche en sciences sociales, 2. März 1975, S. 67–93.

10 Brief Redons vom 13. Dezember 1895 an Andries Bonger. Amsterdam, Rijksprentenkabinet, Bonger Archiv, B 153.

11 „Œil-ballon", 1878, Museum of Modern Art, New York (abgebildet in Druick, Odilon Redon Prince of Dreams, a.a.O., S. 112).

12 Hippolyte Taine, De l'intelligence. Paris: Hachette 1895 (Erstauflage 1870), Bd. 1, S. 12–13 (I, 1).

13 Ernst Mach, Beiträge zur Analyse der Empfindungen. Jena: Gustav Fischer 1886, S. 80-85.

14 Ebd., S. 13–15.

15 Ebd., S. 47.

16 Vgl. Gamboni, Potential Images, a.a.O., S. 71–73.

17 Lettres d'Odilon Redon 1878–1916. Paris, Brüssel: Librairie nationale d'art et d'histoire, G. van Oest 1923, S. 33.

18 Ebd., S. 33, Brief Redons vom 16. August 1898 an André Mellerio.

19 Vgl. Gamboni, Potential Images, a.a.O., S.78–82.

20 Lettres d'Odilon Redon, a.a.O., S. 33–34.

21 Vgl. Druick, Odilon Redon Prince of Dreams, a.a.O., S. 93, 104. Eduard von Hartmann, Philosophie des Unbewussten. Berlin: Duncker 1874 (Erstauflage 1869, französische Ausgabe 1877).

22 Vgl. dazu Stefanie Heraeus, Traumvorstellung und Bildidee. Surreale Strategien in der französischen Graphik des 19. Jahrhunderts. Berlin: Reimer 1998. Zum Verhältnis zwischen Freud und den früheren französischen Traumforschern, insb. Alfred Maury und dem Marquis d'Hervey de Saint-Denys, vgl. Jacqueline Carroy, Dreaming Scientists and Scientific Dreamers. Freud as a Reader of French Dream Literature. In: Science in Context, (im Druck, 1, 2006).

23 Vgl. Annie Renonciat, La vie et l'œuvre de J. J. Grandville. Courbevoie: ACR 1985, S. 280–284.

24 Anonym [Marie-Jean-Léon, Marquis d'Hervey de Saint-Denys], Les rêves et les moyens de

les diriger. Observations pratiques. Paris: Amyot 1867; Neudruck: Ile Saint-Denis: Oniros 1995. Zur Verwandtschaft zwischen Karikatur und Traum vgl. Ernst Kris, Psychoanalytical Explorations in Art. New York: Schoken Books 1964 (1. Auflage 1952), S. 173–203.

25 Vgl. Sarah Kofman, Die Kindheit der Kunst. Eine Interpretation der Freudschen Ästhetik. München: Wilhelm Fink Verlag 1993.

26 Charles Morice, L'Hommage à Goya. In: La Petite Tribune républicaine, 2. April 1885, vgl. Dario Gamboni, Odilon Redon. Das Fass Amontillado. Der Traum eines Traumes. Frankfurt am Main: Fischer Taschenbuch Verlag 1998.

27 Vgl. z.B. Lettres d'Odilon Redon, a.a.O., S. 50, 55, 97.

28 Vgl. Redon, À soi-même, a.a.O., S. 27, 100.

29 Vgl. Valérie Gonzalez, The Comares Hall in the Alhambra and James Turrell's „Space that Sees": A Comparison of Aesthetic Phenomenology. In: Muqarnas. An Annual on the Visual Culture of the Islamic World, 20, 2003, S. 253–278, bes. S. 270.

30 Vgl. Sigmund Freud, Das Unbehagen in der Kultur. In: Ders., Gesammelte Werke, Bd. XIV. Frankfurt am Main: S. Fischer Verlag 1972, S. 421–431; Henri und Madeleine Vermorel, Sigmund Freud et Romain Rolland, correspondance 1923–1936. De la sensation océanique au „Trouble du souvenir sur l'Acropole". Paris: PUF 1993; Michel Hulin, La mystique sauvage. Paris: PUF 1993.

31 Jeannot Simmen, Vertigo. Schwindel der modernen Kunst. München: Klinkhardt & Biermann 1990.

32 Vgl. u.a. Kristina Wilson, The Intimate Gallery and the Equivalents. Spirituality in the 1920s Work of Stieglitz. In: The Art Bulletin, 85/4, 2003, S. 746.

1 Raphael-Donner-Brunnen auf dem Neuen Markt, um 1900
Österreichische Nationalbibliothek

DIE COUCH IM RAUM: POSITIONEN >>>>>>>>>>>>>

<<<<<<<<<<<<<<<<<<<<<<<<<<<<<<<<<<<<<<<<<<<

>>>>>>>>>>>>>>>>>>>>>>>>>>>>>>>> **JULIANE VOGEL**

<<<<<<<<<<<<<<<<<<<<<<<<<<<<<<<<<<<<<<<<<<<

Das Sofa „im deutschen Bürgerhause“ soll „zum Sitzen wie zum Liegen dienen“[1]. Als ein Möbel für Zwischenzustände und Zwischenlagen bietet es dem auf ihm platzierten Körper nicht nur eine Sitzgelegenheit, es zieht ihn auch aus der Vertikalen in die Horizontale.[2] Zahlreiche Gemälde registrieren die unterschiedlichsten Neigungswinkel, die der Körper auf dem Weg nach unten passiert. Indem er der Einladung des Sofas folgt, tritt der Bürger in eine Zone ein, in der er dem gesellschaftlichen Dekorum weder genügen kann noch will. Fasson bzw. Haltung bewahrt er nur im Widerstand gegen die Verlockungen eines Möbels, das ihn zu Informalitäten aller Arten auffordert. Die Bequemlichkeit der Horizontale setzt die Lockerung geltender Körperhaltung und Kleiderordnung betreffender Regeln voraus sowie die Lockerung einer bürgerlichen Moral, die den Sitzenden im übertragenen wie im wörtlichen Sinn zur aufrechten Haltung zwingt. In dem Maß, in dem die bürgerliche Wirbelsäule zum Liegen verführt wird, geraten auch andere Richtlinien in Gefahr. Erziehungsanweisungen, die junge Mädchen zu geradem Sitzen anhalten, richten sich stets auch gegen die Lustversprechen des Sofas. Ein Schwellenmöbel ist dieses nämlich auch insofern, als es immer wieder an der Grenze zwischen Welt und Halbwelt aufgestellt wird. Zahllose Gemälde vor allem des 19. Jahrhunderts deuten die Verwandlungen an, die das Sofa bewirkt. Henri Toulouse-Lautrecs Gemälde „Das Sofa“ von 1895 zum Beispiel zeigt zwei Damen der *demi-monde,* die in halb sitzender, halb liegender Stellung, halb angezogen, halb ausgezogen, eine Zwischenposition veranschaulichen, deren Zweifelhaftigkeit in der Unordnung der Kleider stärker noch als in der Nacktheit des Körpers zutage tritt (Abb. 2). >>>>>>>>>>>>>>>>>>>>

<<<<<< Vornehmlich ist es der weibliche Körper, der auf dem Sofa den Versuchungen der Schwerkraft ausgesetzt ist. Die Halbheiten der Lage wie des Möbels affizieren jedoch auch den Mann, der auf ihm Platz nimmt. Der „Sofamensch“[3], der sich nach Auskunft des Grimmschen Wörterbuchs „gern und viel“ auf dem Sofa aufhält, weist kein eindeutiges Geschlecht mehr auf. Der prominenteste Diplomat des Wiener Kongresses, Friedrich

Gentz, galt schon deshalb als eine Erscheinung von ungewisser Männlichkeit, weil er seine politische Arbeit auf Ottomanen verrichtete. Gentz, der sich in seiner Korrespondenz mit Rahel Varnhagen als das „erste aller Weiber"[4] bezeichnete, liebte „die liegende Stellung und daher die Menge von üppig gepolsterten Ottomanen, Kanapees und sogenannter Lits de repos."[5] Der Protagonist der politischen Reaktion verzichtete auf die Darstellung von Männlichkeit, die einem Vertreter bürgerlicher Politik abverlangt worden wäre, und nimmt bei der Arbeit in seinen Privaträumen eine Position der Passivität, der Nachgiebigkeit, der Selbstaufgabe und zugleich des Sich-im-Liegen-Zeigens ein, wie sie vor allem das Bild der Frau auf dem Sofa bestimmte. >>>>>>>>>>>>>>>>>>>>>>>>>>>>>>>>>>>>>>

<<<<<< Literatur und Kunst ordnen das Sofa daher den Frauen zu: solchen, die längst gefallen sind, und solchen, die fallen werden. Insbesondere in den Romanen und Erzählungen Theodor Fontanes wird es zur Metapher höchster Gefährdung seiner zumeist zu Sturz und Sündenfall disponierten Heldinnen. Effi Briest, die sich von Anfang an ins „Formlos[e]"[6] vorwagt und deren Kleider bereits zu Beginn des Romans in Unordnung geraten – „zerknittert und zerknautscht"[7] ist ihr Mädchenkleid gleich in der Eröffnungsszene des Romans – wird in unmissverständlicher Deutlichkeit auf den im Sofa verborgenen Abgrund aufmerksam gemacht. Bei einer musikalischen Soirée weist ihr die Sängerin Trippelli einen Platz auf einem Möbel an, das kein Vertrauen rechtfertigt: „‚Ich bitte Sie nunmehro, gnäd'ge Frau, die Bürden und Fährlichkeiten Ihres Amtes auf sich nehmen zu wollen. Denn von *Fährlichkeiten*' – und sie wies auf das Sofa – ‚wird sich in diesem Falle wohl sprechen lassen [...]. Dies Sofa nämlich, dessen Geburt um wenigstens fünfzig Jahre zurückliegt, ist noch nach einem altmodischen Versenkungsprinzip gebaut, und wer sich ihm anvertraut, ohne vorher einen Kissenturm untergeschoben zu haben, sinkt ins Bodenlose, jedenfalls tief genug, um die Knie wie ein Monument aufragen zu lassen.'"[8] In einem Text, der in fast aufdringlichen Metaphern das Thema des Einsinkens gegenwärtig hält, wird auch das Sofa zu einem bodenlosen Schauplatz. Schließlich weist es ähnliche Eigenschaften auf wie der Schloon – ein Rinnsal in Hinterpommern, das im Winter und bei Zufluss des Meerwassers zum gefährlichen Abgrund wird: „[Der] ganze Strandsand ist dann bis tief hinunter mit Wasser durchsetzt und gefüllt. Und

2 Henri de Toulouse-Lautrec
Das Sofa, 1894–96
Öl auf Karton
New York, The Metropolitan
Museum of Art

wenn man dann über eine solche Sandstelle weg will, die keine mehr ist, dann sinkt man ein, als ob es ein Sumpf oder ein Moor wäre.“[9] Per analogiam lässt dieser unterirdische und an der Oberfläche zunächst nicht wahrnehmbare Sog des Schloon auch das Sofa zu einem „Sumpf oder einem Moor“ werden, in dem die Heldin versinkt. „[D]as ist immer so weich, und man sinkt dabei so tief ein“[10], heißt es an vergleichbarer Stelle in Fontanes „Frau Jenny Treibel“ angesichts eines Sofas, das eine Mulde bzw. eine tiefe „Kesselstelle“ aufweist. Die kriegsstrategische Metapher des Kessels zielt dabei nicht nur auf die runde Form des Körperabdrucks auf dem Sofa, sondern auch auf die Unentrinnbarkeit einer Falle. Aus diesem Kessel ist kein Entkommen. >>>>>>>>>>>>>>>>>>>>>>>>>>>>>>>>

<<<<<< In Hinblick auf die Anordnung des gesamten Interieurs lässt sich außerdem feststellen, dass die kurvigen Linien des Sofas jede Geradlinigkeit im moralischen wie im räumlichen Sinn unterlaufen. Wie in Edgar Allan Poes „Philosophy of Furniture“ (1840) nachzulesen, konnte das Sofa nicht mehr präzise und in den Koordinaten euklidischer Geometrie beschrieben werden. Das Möbel mit seinen „üppigen Polsterungen“ widersetzte sich den „straight lines“ und ihrer „undue precision“[11], die das Zimmer als einen berechenbaren und überschaubaren Ort erscheinen ließen. Im Sofa wurden die geraden Linien abgebogen und die Sitzenden über eine Krümmung in die Tiefe bzw. in unüberschaubare Raumzonen gezogen. „Curvature“ ist das von Poe verwendete Wort. Einrichtungsempfehlungen des 19. Jahrhunderts heben daher die Formlosigkeit eines Möbels hervor, dessen Konturen nichts definieren und keinem Stil zuzuordnen sind. „Es gibt aber noch einen Ausweg, auf welchem wir allen Schwierigkeiten entgehen können, indem wir das orientalische Prinzip annehmen, Sofa und Sessel divanartig gestalten und alles überpolstern. Hier gerathen wir mit keinem Stil in Conflikt; wir haben Möbel, die überallhin passen. Der Divan ist vielleicht die einzige stilgerechte Form des Sophas. Mit seinen weichen unbestimmten Linien schmiegt er sich in jedes Verhältnis, passt an jede Wand, in jede Ecke, harmoniert, man kann sagen, in jedem Stile [...].“[12] An anderer Stelle werden die desorientierenden Wirkungen dieser Unbestimmbarkeit an der textilen Ausstattung des Sofas festgemacht: „Die deutsche Bank [= die Ruhebank] mit ihren Kissen ist so übel nicht. Man versuche nur, sie sich malerisch auszubilden. Das Gestell kann

sehr einfach sein. Teppiche und Stickereien, Stücke besonders prunkvoller Brokate, gepresste Sammete, Reste glänzender Frauenkleider bilden die Mittel, mit denen eine geschickte Frauenhand einen Sitz- und Ruheplatz zu schaffen vermag, der wenig kostet, das Zimmer aber oft mehr schmückt, als ein theures Sopha es vermag."[13] Auf diese Weise wird das Sofa nicht nur zu einem „eigenartigen und daher auch die Geister beschäftigenden Gebilde"[14], es wird in Metapher und Metonymie dem Frauenkörper angenähert, der sich auf ihm zur Ruhe bettet. Bei der Inszenierung räumlicher Unbestimmtheit unterhalten die „curvatures" zumindest in den Einrichtungsfibeln des 19. Jahrhunderts Verbindungen zum weiblichen Geschlecht. Es werden sogar die Reste abgelegter Frauenkleider in die textile Oberfläche des Sofas eingearbeitet.[15] >>>>>>>>>>>>>>>>>>>>

<<<<<< In den meisten Fällen jedoch stoßen die „weichen und unbestimmten Linien" des Sofas an die „straight lines" einer Wand, die sich dem Ausschweifen der Kurven entgegenstellt. Der Horizontalen weiblicher Fall-Geschichten begegnet eine strenge Vertikale. Die Wand im Rücken des Sofas bleibt unangefochten aufrecht und lässt das Versinken ins Bodenlose umso mehr ins Bewusstsein treten. Ihre Autorität macht sich dabei in derselben Weise bemerkbar, in der sich die Vertikale immer schon ins Spiel gebracht hatte: als eine absolute Grenze und ein Verlautbarungsort des Gesetzes. An der an das Sofa angrenzenden oder auch ihm gegenüberliegenden Wand erscheinen Zeichen und Bilder jener Autoritäten, gegen welche die Sinkenden verstoßen bzw. unter deren Aufsicht sie scheitern. Diese Wand ist mehr als nur ein privilegierter Ort der Ausstattung, der in den Einrichtungsanleitungen bürgerlicher Wohnkultur besondere Aufmerksamkeit genießt. Die Frage, welches „Sofastück"[16] an der Wand hinter dem Sofa zu sehen sein soll, ist zugleich die Frage nach der Ordnung, in deren Zeichen der fallende Körper gefehlt hat bzw. erkannt wird. Die Wahl des Bildes über dem Sofa stellt eine machtpolitische Maßnahme gegenüber dem Körper in ohnmächtiger Lage dar, sowie sie andererseits als eine Abwehrmaßnahme gegenüber dem Körper in verführerischer Lage aufgefasst werden kann. >>>>>>>>>>>>>>>>>>>>>>>>>>>>>>>

<<<<<< Die Literatur des 19. Jahrhunderts erklärt daher die Wand hinter dem Sofa zu einer Anzeigetafel genealogischer Ordnungen und patriarchalischer oder matrimonialer Instanzen im weitesten Sinn. Aufgerichtet

über dem „Versenkungsmechanismus“ des Sofas erscheinen die Bilder von Ehemännern, Vätern und anderen Stellvertretern des Gesetzes, gegen das in den Niederungen des Sofas verstoßen wird. In seiner 1844 entstandenen Erzählung „Das alte Siegel“ entfaltet Adalbert Stifter in beispielhafter Weise die Autorität, die dem Porträt über dem Sofa zuwächst. Dieses interveniert am Ende der glücklosen Affäre zwischen dem sittenstrengen Studenten Hugo und der verheirateten Coeleste, die ihren Geliebten, ohne ihn über ihre wahren Lebensumstände zu informieren, in eine Liebesgeschichte verwickelt. Stifter lässt die Liebenden zunächst in den anonymen Zimmerfluchten des „Lindenhauses“ zusammentreffen, das sich bei späteren Nachforschungen als eine Scheinadresse erweist. Erster Schauplatz der Affäre ist damit ein falsches Paradies, in dem das Sofa als Stätte des Sündenfalls eingeführt wird. Im zweiten Teil jedoch, als sich die Liebenden nach einer langen Trennung in Coelestes Wohnort wiedersehen, wird das Sofa zum Ort des Tribunals und der Bestrafung. An der Wand über dem Sofa erscheint das Bild desjenigen, der vorher unsichtbar und dessen Existenz verschwiegen worden war: des inzwischen verstorbenen Gatten Coelestes. In Anwesenheit des Bildes kann aber die auf falschen Prämissen beruhende Liebesgeschichte nicht fortgeführt werden. Vergeblich versucht Coeleste, den Lustort des Sofas wieder zu beziehen und seiner früheren Funktion wieder zuzuführen, dem Gesetz zu entkommen, die Macht des Bildes zu verleugnen und dem Geliebten den Blick auf die Wand zu verwehren, wenn sie sagt: „Blicke nicht hinauf!“[17] >>>>>>>>>>>>>>>>>>>

<<<<<< Ironischerweise jedoch ist das matrimoniale Gesetz nicht nur in ihrem ehemaligen Gatten verkörpert, sondern auch und noch mehr in ihrem Geliebten Hugo selbst. Dessen rigoroser Ehrencode verhindert die Wiederherstellung des Glücks in der Horizontalen. Wenn Hugo „in harter Tugend“ das Urteil über die Geliebte ausspricht, die ihn im Unwissen über ihren Ehemann gelassen hatte, verkörpert auch er das abstrakte Gesetz der Ehre, das am Ende der Erzählung in seiner Unnachsichtigkeit zugleich bloßgestellt und delegitimiert wird. >>>>>>>>>>>>>>>>>>>>>

<<<<<< Auch bei Theodor Fontane bleibt die Autorität der Bildwand nicht unangetastet, die sich dem Sofa entgegenstellt. Wenn sich in der Fülle der Sofastücke zahlreiche preußische und andere Vaterikonen finden, dann zumeist unter ironischem Vorbehalt. Einerseits schlachtet er in seinen

Romanen die populären nationalen Bildbestände aus, um die Autorität nicht nur der Familienväter, sondern vor allem des Staates über den eingesunkenen Körper zu dokumentieren. Väter und Könige blicken von den Wänden herab, wie die Betrachter zu ihnen hinaufblicken: Als Repräsentanten einer nationalstaatlichen Ordnung, scheinen sie das Gesetz zu vergegenwärtigen, das auch das Privatleben der Protagonisten in den Zusammenhang der Nationalgeschichte und in den Prozess der Nationsbildung hineinstellt. Andererseits ist dieser Demonstration an der Wand in keiner Weise Autorität verliehen. Als Kopien oder Lithografien besitzen die Bilder über dem Sofa nur eine zweifelhafte Bildmacht. Zumeist sind sie aus zweiter und dritter Hand und gleichen darin den Versatzstücken des preußischen Alltagsdiskurses, die Fontane in die Figurenrede seiner Romane einarbeitete.[18] >>>>>>>>>>>>>>>>>>>>>>>>>>>>>>>>>>>>>

<<<<<< Das Ensemble über dem Sofa der Witwe Pittelkow in Fontanes Roman „Stine“ (1890) lässt das besonders deutlich werden. Die Pracht hängt schief[19] und umfasst nicht weniger als drei Bilder: „Zwei davon: ‚Entenjagd‘ und ‚Tells Kapelle‘ waren nichts als schlecht kolorierte Lithografien allerneuesten Datums, während das dazwischenhängende dritte Bild, ein riesiges, stark nachgedunkeltes Ölporträt, wenigstens hundert Jahre alt war und einen polnischen und litauischen Bischof verewigte, hinsichtlich dessen Sarastro [= Graf Haldern] schwor, dass die schwarze Pittelkow in direkter Linie von ihm abstamme.“[20] Das groteske Ensemble von Genrestück, nationaler Kultstätte und alteuropäischem Porträt macht ein genealogisches Angebot, das durch den Verweis auf den katholischen Bischof ironisch gebrochen ist. Die vertikale Achse des Gesetzes ist auch bei Fontane keine autoritäre, sondern eine fragwürdige Senkrechte, die der Horizontalisierung des Körpers keinen Gegenhalt bietet. >>>>>>>>>>>

<<<<<< Unter diesen Voraussetzungen kommt es auch im Behandlungszimmer Sigmund Freuds zu einer ambivalenten Ensemblebildung. Der bei Fontane und Stifter vorgefundenen Einrichtungsregelung, die ein Wider- und Gegenspiel von Sinken und Steigen, Sofa und Wand inszenierte, fügt Freud eine eigene und folgenreiche hinzu, die nicht nur als deren Fortsetzung gelten kann, sondern vielmehr als ihre Instrumentalisierung im Vorgang der Analyse aufgefasst werden muss. Auf den ersten Blick scheint sich in der Berggasse die Vertikale der Bilderwand triumphal über den Ort

des Sinkens zu erheben. Eine mehrteilige Bildergalerie setzte eine Gründung in Szene und konstruierte eine Genealogie, die noch einmal die Hierarchie der Achsen bekräftigte. Andererseits sorgte eine neue Raum- und Positionsregie dafür, dass die dichotome Anordnung von Wand und Sofa durch einen Schwebezustand abgelöst wurde, der die Entgegensetzung von Sündenfall und Gesetzgebung, Unterwerfung und Ermächtigung überwinden sollte. >>>>>>>>>>>>>>>>>>>>>>>>>>>>>>>>

<<<<<< Zunächst jedoch scheint das in der Berggasse gefundene Arrangement der Sofastücke das Gegenspiel von Vertikale und Horizontale in seiner vollen Geltung vorzuführen. Wer in eine Psychoanalyse bei Sigmund Freud einwilligte, bettete sich zu den Füßen einschüchternder Autoritäten. An der Wand hinter der Couch erhob sich zunächst eine großformatige Ansicht des Portikus von Abu Simbel, der vor allem durch seine Skulpturenausstattung Vertikalität in ihrer ägyptomanischen Variante repräsentierte (Abb. 4). Freuds Patienten lagerten unterhalb einer Tempelfront, vor der sich vier kolossale Statuen desselben Pharaos aufrichteten. Im Behandlungszimmer des Begründers der Psychoanalyse war mit Ramses II. das Bild eines Königs ausgestellt, der sich in seiner siebenundsechzig Jahre währenden Regentschaft sowohl der Vergangenheit wie der Gegenwart bemächtigt und die Namen seiner Vorgänger ausgelöscht und durch den eigenen ersetzt hatte. Die Hieroglyphen an der Tempelwand, die auch auf Freuds Bild zu sehen waren, formulierten den unbedingten Herrschaftsanspruch eines Gottkönigs und erklärten ihn zum Sohn der Sonne. Wie aus dem zeitgenössischen Schrifttum hervorgeht, gediehen im Assoziationsraum Abu Simbel und angeregt durch die Monumentalität des Tempels und seiner Statuen vor allem die Allmachtsfantasien des 19. Jahrhunderts.[21] Hinsichtlich dieser Machtwörter von der Wand herab lässt sich die horizontale Lage des Patienten auf der Couch nur als eine Position der Unterwerfung begreifen. >>>>>>>>>>>>>>>>>>>>>>>>>>>>>

<<<<<< Auf der anderen Seite fiel der Blick des Patienten auf eine medizinische Kapazität. An der Wand gegenüber der Couch hing die berühmte Darstellung des Pariser Mediziners Jean-Martin Charcot, bei dem Freud in der Mitte der 1880er-Jahre in der Salpêtrière hospitiert und entscheidende Anregungen für seine Hysterie-Forschungen empfangen hatte.[22] Im Blick des Patienten wie des Psychoanalytikers erschien eine zentrale

3 Freuds Behandlungszimmer
Foto: Edmund Engelman, 1938

4 Der Felsentempel von Abu Simbel
Farblithografie nach einem
Aquarell von Ernst Körner
Freud Museum London

5 André Brouillet
Une leçon clinique à la Salpêtrière
Radierung nach dem Gemälde
Freud Museum London

Vaterfigur der Hysterieforschung in der Ausübung ihrer ärztlichen Tätigkeit (Abb. 5). >>>

<<<<<< Um die Überlegenheit des Arztes zu bekräftigen, führte die Lithografie die Hierarchie zwischen Stehen und Sinken selber vor. Vor den Augen der medizinischen Welt sinkt neben Charcot eine Patientin – es handelt sich um Blanche Wittman – in die Arme seines Assistenten. Aus der Senkrechten heraus beansprucht Charcot die Beschreibungshoheit über die von ihm selbst provozierten Symptome. Die Pose der Leidenden kann der Lethargie, der zweiten Phase des großen Hypnotismus, zugeordnet werden.[23] In ihrer Neigung folgt sie jedoch auch einem verwandten Bildcurriculum, das an der Wand hinter den Zuschauern gerade noch sichtbar ist. Als ein *mise-en-abyme* der im Vordergrund eingenommenen Körperhaltung ist im Hintergrund die Darstellung eines *arc de cercle* zu sehen: prominentes Schaustück aus der Reihe der großen hysterischen Posen, die Charcot in seinen klinischen Studien isoliert und zur Abfolge des großen hysterischen Anfalls zusammengestellt hatte. Der „hysterische Bogen", in dem die Kranken einen Brückenschlag nach hinten ausführten, illustrierte beispielhaft die systematische Beugung des Patientenkörpers, wobei hervorzuheben ist, dass diese Horizontalisierung keinen Formverlust bedeutete. Der Körper, der sich diesem Gesetz unterwarf, hielt keine Einkehr im Unbestimmten, er befand sich in einem Krampfzustand. Dem Bild des Bogens ist das Merkmal der Spannung bzw. Überspannung notwendig zugeordnet, sodass er trotz seiner Bodennähe ein mehr als deutliches Zeichen im Posenalphabet der Salpêtrière bildete. >>>>>>>>>>>>>>

<<<<<< An diesem Wandprogramm, das in unmissverständlicher Deutlichkeit eine klinische Autorität ausstellte, ist jedoch zu bemerken, dass Freud das Charcot'sche Erklärungsmodell der Hysterie längst durch sein eigenes Erklärungsmodell ersetzt hatte. Die Vaterikone war bereits entmachtet, als sie über dem Patienten präsidierte, und nur deshalb durfte sie ihre Bildmacht ausspielen, weil das amphitheatralische Szenarium der Salpêtrière inzwischen durch das intime Ensemble von Couch und Analytikersessel abgelöst worden war. Während Charcot stand, agierte der sitzende Analytiker im Zwischenraum der Achsen. Von daher war die der Autorität Charcots gewidmete Wand nicht so sehr der Ort eines geltenden Gesetzes als eines gebändigten und medizinisch überholten Vaterspuks. >>>>>>>>>>

Unterhalb der Bilder jedoch eröffnete sich ein Orient, dessen Verlockungen in Begriffen der Unterwerfung, der Verkrampfung oder des Sündenfalls nicht zu beschreiben wären. Die Galerie der Autoritäten wurde nach unten hin von einem Teppich bzw. einem Teppichgefälle abgelöst, das die Wand mit der Couch und diese mit dem Boden in Berührung brachte (Abb. 3). Diese Teppiche im „orientalischen Stil", die in absteigender Linie Wand, Couch und Boden des Behandlungszimmers bedeckten, ließen eine hierarchische Unterscheidung zwischen Vertikale und Horizontale nicht mehr zu. Auf allen Ebenen des Raums – ausgespannt an der Wand, in Falten geworfen auf der Couch und ausgelegt auf dem Boden – zeigte sich das gleiche von Ornamenten durchzogene Gewebe. Als Wandteppich und zugleich als Überwurf, aus dem sich die Definitionsmacht der Vertikalen zurückgezogen hatte, vermittelte der Teppich zwischen Liegen und Stehen. An die Stelle der axialen Opposition trat ein durch textile Kontakte gestiftetes Teppichkontinuum in unterschiedlichen Spannungszuständen. In den Falten des Couchüberwurfs lockerte sich die Spannung des Wandteppichs wie jene des aufrechten Körpers, um einem Zustand der produktiven Erschöpfung und der Schwebe stattzugeben. >>>>>>>>>>>>>>>>>>

<<<<<< Den Ort für einen solchen Zwischenzustand sollte Roland Barthes in seinem Buch über „Das Neutrum" als *sitio* oder auch als ein *place-partout*[24] bezeichnen. Sein Interesse galt dabei einer körperlichen und räumlichen Unentschiedenheit, die immer auch einen Platzwechsel und eine zeitweilige Achsenwende ermöglichte – „Schweben heißt [...] einen Raum bewohnen, ohne sich an einen Platz fest zu binden = erholsamste Körperhaltung: Bad, Schiff."[25] Auf einer zum Schiff gewordenen Couch sollten die Gedanken und Worte eigenmächtig hervortreten, im Wogen und Schwanken der Achsen, im Wechselspiel von Spannung und Entspannung, Arbeit und Erschöpfung sollte der liegende Körper in ungewissen Rhythmen mit dem eigenen Obskuren kommunizieren. Einen solchen Zustand, der zugleich eine Tätigkeit war, hat Barthes als ein Zugleich von *labor, lassitudo* und *fatigatio* beschrieben.[26] Bad und Schiff suggerieren dabei eine Verflüssigung der Gegensätze im Bild des Wellengangs und laden dazu ein, die Couchlage als ein „Auf und Ab" zu denken. >>>>>>>>>>>>>>>>>>>>>>>>>

<<<<<< Genau diese Bilder werden von der Schriftstellerin Hilda Doolittle verwendet, die zwischen 1933 und 1934 eine psychoanalytische Behand-

lung bei Freud absolvierte. „[I]ch treibe aufs Meer hinaus“[27], schrieb sie in ihren Erinnerungen, in denen sie die in zurückgelehnter Haltung geleistete Erinnerungsarbeit immer wieder mit einer Wasserbewegung verglich. Und es liegt ganz auf dieser Linie, dass sie die Haltung des Liegens mit einem Fluss oder einem Bach in Verbindung bringt. Über einen mehrteiligen Assoziationsvorgang kommt sie auf einen Londoner Bekannten zu sprechen, dem sie den Namen „Brooks“ – Bach oder Fluss – gibt und die Pose eines liegenden Flussgottes zuordnet. In ihren gelehrten Träumen vergleicht sie diesen Londoner Brooks mit dem Flussgott, der ihr vom Wiener Raphael-Donner-Brunnen (Abb. 1) bekannt ist und dessen zurückgelehnte Haltung sie eigens und mehrmals hervorhebt: „Ich verknüpfte diesen jungen Mr. Brooks in meiner Traumsequenz mit der Figur des jüngeren männlichen Flussgottes.“[28] „Flussgötter, die sich zurücklehnen“[29], liefern auch ihr die kunsthistorisch verbürgte Pathosformel des Liegens, die, wie sich an den Bildtafeln Aby Warburgs ablesen lässt, durch das europäische Bildgedächtnis überliefert ist.[30] Doolittles Flussgötter zeigen sich damit in jener Haltung, die Warburg bis in die Antike zurückverfolgt hatte: Zurückgelehnt vor fließendem oder wogendem Untergrund. >>>>>>>>>>>>>>>>>>>>>>>>>>>>>>>>>>>>>>>

<<<<<< Genau an diesem Punkt aber wird diese schwebende und zur Trauer geneigte Ruhe, die sich im Bild des Flussgottes zur Geltung zu bringen scheint, von Doolittle durchbrochen. In einem experimentellen Gedankenspiel verkehrt sie die Pathosformel des Liegens in die Haltung des Gottes Merkur, des schnellsten der griechischen Götter. Durch Inversion seiner Trauerhaltung wird Brooks zu seinem eigenen Antipoden gemacht[31] – „die zurückgelehnte bronzene Brunnenfigur habe eine gewisse Verwandtschaft mit dem so ausgewogenen Merkur von Bologna [gemeint ist der Bildhauer Giambologna, Anm. J. V.]. Wir waren uns einig, dass die Raphael-Donner-Figur von den beiden die reizvollere und originellere war, dass jedoch der zurückgelehnte Flussgott, aufgerichtet und auf die Füße gestellt, dem Merkur von ferne ähneln könnte – oder umgekehrt, man setze den Merkur nieder und lasse ihn sich auf den Ellbogen stützen, und er könnte fast den Platz der bronzenen Brunnenfigur einnehmen.“[32] (Abb. 7) Auch diese Inversion hat ihre Ursache im kunsthistorischen Wissen der Träumerin. Ihrer Aufmerksamkeit wird nicht entgangen sein,

6 Neuer Markt mit Raphael-Donner-Brunnen
Links oben an der Fassade die Merkurstatue, rechts unten am Brunnen der zurückgelehnte alte Flussgott
Foto: Fred Hennings, um 1940
Österreichische Nationalbibliothek

7 Jean Boulogne, gen. Giambologna
Merkur, um 1585
Bronze
Kunsthistorisches Museum, Wien

dass im oberen Teil einer Hausfassade nächst dem Raphael-Donner-Brunnen eine Kopie des geflügelten Merkur von Giambologna angebracht war, dessen Steigen sich dem Sinken des anderen Gottes gegenüberstellte (Abb. 6).[33] In ihrem Panoptikum janusgesichtiger Götter bildeten Flussgott und Fluggott dieselbe reversible Gestalt. >>>>>>>>>>>>>>>>>>>>>

<<<<<< Auch dieser Merkur, der aus der Figur des Flussgottes hervorgeht, wird mit einer Figur aus Doolittles unmittelbaren Umgebung identifiziert – es ist ein weiterer Patient Sigmund Freuds: der Holländer J. J. van der Leeuw, dessen soldatische Erscheinung sie bewundert und der ihr dazu berufen scheint, die „Fackel“ der Psychoanalyse weiterzutragen.[34] In ihrer privaten Ikonografie wird der Holländer, der sich wie sie selbst mehrere Stunden in der Woche im Flussbett der Couch aufhält und „sich in genau der Stunde vor meiner eigenen Sitzung auf dieser Couch hier zurücklehnt“[35], zum Gott Merkur, der als ein Gott des Quecksilbers und des Steigens eine heroische, wenn nicht soldatische Flugbewegung ausführt. Sie trug damit auch der Tatsache Rechnung, dass van der Leeuw tatsächlich Flieger war und sich durch „glänzende Flugkünste“ auszeichnete. Dieser Merkur, den sie auch den „Fliegenden Holländer“ nennt, erhebt sich aus der zurückgelehnten Haltung des Flussgottes und begibt sich auf eine zuletzt tödliche Flugbahn. „Ausgewogen, diszipliniert und heldenhaft“[36] steigt die Brunnenfigur in die Höhe, um zuletzt nach unten zu stürzen und die Toten in den Hades zu geleiten. Van der Leeuw stirbt infolge eines Flugzeugabsturzes. >>>>>>>>>>>>>>>>>>>>>>>>>>>>>>>

<<<<<< Seiner merkurialen Flugbewegung sann Doolittle aber vor allem deshalb nach, weil ihr die Faszination bekannt war, die der Begründer der Psychoanalyse dem Fliegen entgegenbrachte. Dieses vermuteten Begehrens wegen umkreist sie die Doppelfigur des Vorgängers in Gedanken, und vor allem deshalb will sie sich, nachdem van der Leeuw tödlich verunglückt ist, dessen Platz wie dessen Bewegung zu eigen machen.[37] Ihre Analyse steht im Zeichen dieser Nachfolge: „Sie sind gekommen, um seinen Platz einzunehmen“[38], sagt Freud, als sie ihm ihr Bedauern über den Verlust des Flussgottes und Fliegers ausdrückt, und erst dann kann sie ihre Aufzeichnungen beginnen. >>>>>>>>>>>>>>>>>>>>>>>>>>>>>>

<<<<<< Seither nutzt auch sie die axiale Ambivalenz der Couch zu einem ständigen und vorschriftswidrigen Lagenwechsel. Auch ihr Couchver-

halten ist merkurial, d.h. weniger durch schwebende Ruhe als durch ein Herumschnellen, rasches Aufsetzen, kerzengerades Sitzen und schnelles Niedersinken bestimmt.[39] Wenn sie schreibt: „Im Augenblick liege ich auf der Couch“[40] – dann kann sich das in jedem Moment wieder ändern. Wenn sie herumschnellt und „vorschriftswidrig kerzengerade“[41] dasitzt, dann verlässt auch sie das „Birkenboot“, mit dem sie sich auf dem Wasser der Couch bewegt. Unter dem Eindruck dieses Richtungs- und Lagenwechsels ist das Bild von Abu Simbel unterdessen verblasst und „altmodisch“[42] geworden, sowie die Wand als ein starrer Gegenhalt des Liegens endgültig ausgespielt hat. Nicht nur Doolittle, auch die Wände des Behandlungszimmers geraten in Bewegung. Sie öffnen sich, werden zur „Nicht-Wand“[43] und geraten selbst in den Sog der „curvatures“ hinein, die den Bereich des Sofas bestimmen. Bei aller Vorschriftswidrigkeit ihres Verhaltens versichert sie sich jedoch immer auch des Schutzes eines „höchsten Wesens“: des Professors, dem sie sich bei aller Rebellion unterwirft. „Ich treibe aufs Meer hinaus. Doch ich weiß, ich bin sicher und kann jeden Moment zur terra firma zurückkehren.“[44] >>>>>>>>>>>>>>>>>>>>

<<<<<< Diese eigenwillige Aneignung des Behandlungszimmers stellt keine repräsentative Erfahrung in der Kultur der Psychoanalyse dar. Sie zeigt jedoch das Spektrum der Positionen zwischen den Achsen und deutet die Möglichkeiten an, die sich jenseits der Oppositionen von oben und unten, vertikal und horizontal, Gesetz und Unterwerfung eröffneten. Das Prinzip der Umkehrung, das das Traumdenken Freuds bestimmt, hat damit auch die Position des Analysanden erfasst.

1 Cornelius Gurlitt, Im Bürgerhause. Plaudereien über Kunst und Kunstgewerbe und Wohnungsausstattung. Dresden: Gilber 1888, S. 199. Für Text- und Bildrecherchen möchte ich Saskia Haag an dieser Stelle sehr herzlich danken.

2 Theoretische Richtlinie der folgenden Ausführungen sind die Arbeiten von Rosalind Krauss zur Horizontalität. Vgl. Yves-Alain Bois, Rosalind E. Krauss, Formless. A User's Gide. New York: Zone Book 1997, S. 93ff.

3 Eintrag „Sofamensch" im Deutschen Wörterbuch von Jacob und Wilhelm Grimm. Bd. 10, 1. Leipzig: Hirzel 1905, Sp. 1400.

4 Brief von Friedrich Gentz an Rahel Varnhagen aus dem Jahre 1803. In: Rahel Varnhagen im Umgang mit ihren Freunden (Briefe 1793–1833), hg. von Friedhelm Kemp. München: Kösel-Verlag 1967, S. 122.

5 Franz Gräffer, Die Wohnzimmer des Herrn von Gentz. In: Ders., Kleine Wiener Memoiren und Wiener Dosenstücke. In Auswahl herausgegeben, eingeleitet und mit Anmerkungen und alphabetischem Register versehen von Anton Schlossar, Bd. 2. München: Müller 1922, S. 2.

6 Theodor Fontane, Effi Briest. In: Ders., Romane und Erzählungen in drei Bänden, Bd. 2, hg. von Helmuth Nürnberger. München: Hanser 1985, S. 551. Ihre Beziehungen zu Major Crampas werden hier im Zeichen der Formlosigkeit eröffnet. Effi Briest sitzt dabei auf einem Schaukelstuhl, auf dem es so schön ist, „daß sie nicht aufstehen mag."

7 Ebd., S. 443.

8 Ebd., S. 518.

9 Ebd., S. 588.

10 Theodor Fontane, Frau Jenny Treibel. In: Ders., Romane und Erzählungen, a.a.O., S. 299.

11 Edgar Allan Poe, The Philosophy of Furniture. In: Ders., The Fall of the House of Usher and other writings. London: Penguin Books 1986, S. 415.

12 Jacob von Falke, Die Kunst im Hause. Geschichtliche und kritisch-ästhetische Studien über die Decoration und Ausstattung der Wohnung. Wien: C. Gerold (5., vermehrte Auflage) 1883, S. 321.

13 Gurlitt, Im Bürgerhause, a.a.O., S. 200.

14 Ebd.

15 Es ist überliefert, dass ein anderer Galerist und Produzent von Frauenbildern des 19. Jahrhunderts, der Großcouturier Charles Worth, die Möbel in seinem Prachtsitz Suresnes mit den abgelegten Kleidern seiner berühmtesten Kundinnen polsterte. Vgl. Annie Latour, Magier der Mode. Macht und Geheimnis der Haute Couture. Stuttgart: Deutsche Verlagsanstalt 1956, S. 83.

16 Vgl. Eintrag „Sofastück" im Deutschen Wörterbuch von Jacob und Wilhelm Grimm. Bd. 10, 1. Leipzig: Hirzel 1905, Sp. 1400.

17 Adalbert Stifter, Das alte Siegel. In: Ders., Werke und Briefe. Historisch-Kritische Gesamtausgabe, hg. von Alfred Doppler und Wolfgang Frühwald, Bd. 1, 5: Studien (= Buchfassungen, 1. Bd.), hg. von Helmut Bergner und Ulrich Dittmann. Stuttgart, Berlin, Köln, Mainz: Kohlhammer 1982, S. 377.

18 Vgl. Julia Encke, Kopierwerke. Bürgerliche Zitierkultur in den späten Romanen Fontanes und Flauberts. Frankfurt am Main, Wien: Lang 1998 (= Studien zur literarischen Kultur in Deutschland, Bd. 29).

19 Theodor Fontane, Stine. In: Ders., Romane und Erzählungen, Bd. 1, a.a.O., S. 721: „Während dieser Rede [...] war die mitten auf dem Sofa stehende Witwe mit Geraderückung dreier Bilder beschäftigt[.]"

20 Ebd., S. 722.

21 Johann Dümichen, der 1869 eine populärwissenschaftliche Monografie über die Bauwerke und Inschriften von Abu Simbel veröffentlichte, paraphrasierte die Inschrift auf der Tempelwand in einer Prunkrede, die zuletzt auch den in Freuds „Sofastück" implizierten Machtanspruch zur Sprache brachte: „Wie ich, König Ramses, die kurze Spanne meines Lebens, als der Mächtigste auf Erden, gefürchtet im Auslande und gefürchtet und verehrt von den Meinen fest auf meinem Thron sass, so will ich Jahrtausende lang an dieser Felswand sitzen, selbst Deine [des Nils; Anm. J.V.] durchbrechenden schäumenden Wellen sollen mein Fundament nicht erschüttern, und die Vorüberfahrenden sollen in staunender Bewunderung vor meinem Bilde hier anhalten, ausrufend: Der dort oben an der Felswand sitzt, das ist

Ägyptens Heldenkönig, der Liebling der Götter, welcher mächtiger als irgendein Fürst der Erde, einst in diesem Land herrschte, das ist Ramses, der Besieger Aethiopiens und Asiens, der Erbauer von Karnak und Abu Simbel." Vgl. Johann Dümichen, Der Aegyptische Felsentempel von Abu Simbel und seine Bildwerke und Inschriften. Berlin: Gustav Hempel 1869, S. 10ff.

22 Vgl. Andreas Mayer, Mikroskopie der Psyche. Die Anfänge der Psychoanalyse im Hypnose-Labor. Göttingen: Wallstein 2002, S. 136ff.

23 Vgl. ebd., S. 31.

24 Roland Barthes, Das Neutrum. Vorlesung am Collège de France 1977–1978, hg. von Eric Marty. Frankfurt am Main: Suhrkamp 2005, S. 278ff.

25 Ebd., S. 52.

26 Vgl. ebd., S. 48.

27 Hilda Doolittle, Huldigung an Freud. Rückblick auf eine Analyse. Mit einer Einleitung von Michael Schröter. Frankfurt am Main: Ullstein 1975, S. 150.

28 Ebd., S. 39. Hier verwechselt bzw. verdichtet Hilda Doolittle den alten sich zurücklehnenden Flussgott mit dem jungen, der sich nach vorne über den Brunnenrand beugt.

29 Ebd., S. 39.

30 Vgl. den Beitrag von Wolfram Pichler, Werner Rappl und Gudrun Swoboda in diesem Band.

31 Zur Verkehrung bestimmter Ausdrucksbewegungen in ihr Gegenteil vgl. den Beitrag von Wolfram Pichler, Werner Rappl und Gudrun Swoboda in diesem Band.

32 Doolittle, Huldigung an Freud, a.a.O., S. 39.

33 Für diesen Hinweis danke ich Wolfram Pichler.

34 Vgl. Doolittle, Huldigung an Freud, a.a.O., S. 38.

35 Ebd., S. 39.

36 Vgl. Doolittle, Huldigung an Freud, a.a.O., S. 123: Die Verbindung zu den Kriegen des 20. Jahrhunderts wird an dieser Stelle ganz ausdrücklich hergestellt: „Zahllos sind die jungen, geflügelten Merkure, die, ausgewogen, diszipliniert und heldenhaft sie alle, doch vom Himmel gestürzt sind und sich zur großen Schar der Toten gesellt haben. Der Totengeleiter?"

37 Vgl. ebd., S. 36.

38 Ebd., S. 38.

39 Vgl. ebd.: „[I]ch schnelle also herum, sitze vorschriftswidrig kerzengerade da" (S. 46) – „Ich rutschte auf die Couch zurück" (S. 47) – „Die Couch war schlüpfrig" (S. 48) – vgl. auch das Falten der Decke, das notwendig ist, weil sie immer wieder nach unten rutscht (S. 47f.).

40 Ebd., S. 49.

41 Ebd., S. 46.

42 Ebd., S. 40.

43 Ebd., S. 53.

44 Ebd., S. 150.

1 Aby Warburg, Mnemosyne-Atlas, „vorletzte Fassung“, Tafel 65

METAMORPHOSEN DES FLUSSGOTTES UND DER NYMPHE: ABY WARBURGS DENK-HALTUNGEN UND DIE PSYCHOANALYSE

WOLFRAM PICHLER, WERNER RAPPL, GUDRUN SWOBODA

Als Aby Warburg, einer der originellsten und bis heute einflussreichsten Kunst- und Kulturwissenschaftler des vergangenen Jahrhunderts, in der psychiatrischen Heilanstalt Bellevue in Kreuzlingen (Schweiz) in Behandlung war, wandte sich Sigmund Freud an den ihm wohlbekannten Leiter der Kreuzlinger Klinik, Ludwig Binswanger, und erkundigte sich nach dem Zustand des berühmten Patienten und seinen Aussichten auf Genesung. Binswanger zeichnete daraufhin ein tristes Bild von der psychotischen Erkrankung Warburgs, die etwa drei Jahre zuvor, am Ende des Ersten Weltkriegs, ausgebrochen war. „Es ist jammerschade", heißt es in dem Antwortschreiben des Psychiaters an Freud, „dass er [Warburg] aus seinem riesigen Schatz an Kenntnissen und seiner immensen Bibliothek voraussichtlich nicht mehr wird schöpfen können."[1] Zur Überraschung mehrerer ärztlicher Beobachter[2] sollte sich diese Diagnose indes als allzu pessimistisch erweisen. Einige Zeit nach Freuds Erkundigung, im Jahr 1923, konnte der „Gefesselte von Kreuzlingen", wie Warburg sich selbst einmal nannte,[3] seine wissenschaftliche Arbeit schrittweise wieder aufnehmen. Den Ärzten warf er übrigens vor, die Bedeutung der von ihm noch während der Erkrankung unternommenen wissenschaftlichen Anstrengungen für den Genesungsprozess – er sprach von „seiner Renaissance" – heruntergespielt oder sogar ignoriert zu haben.[4] 1924 wurde er aus der Klinik entlassen und kehrte nach Hamburg zurück, wo er als Leiter der berühmten Kulturwissenschaftlichen Bibliothek Warburg wirkte. Als er Ende 1929 unerwartet starb, waren fünf für ihn besonders fruchtbare Jahre vergangen. Er hatte sie zur Weiterentwicklung seines Forschungsprogramms genutzt, in dessen Zentrum die Frage nach den psychohistorischen Bedingungen dafür stand, dass die europäische Kulturgeschichte bis in die Gegenwart des 20. Jahrhunderts geprägt zu sein schien von der Auseinandersetzung mit dem Erbe einer längst untergegangenen Epoche: der Antike.

In einem Brief an Ludwig Binswanger erklärte Freud, er nehme am Schicksal Warburgs aufgrund einer indirekten persönlichen Verbindung, aber auch „wegen seiner scharfsinnigen Arbeiten“ [5] Anteil. Abgesehen von dieser Bemerkung scheint freilich nichts darauf hinzudeuten, dass Freud Texte Warburgs gelesen hat. Umgekehrt heißt es von Warburg, er sei dem Denken Freuds distanziert gegenübergestanden. [6] Dennoch lassen sich im Vergleich der Warburg'schen Kulturwissenschaft mit der Psychoanalyse strukturelle Analogien und motivische Berührungspunkte ausmachen. Zum Teil sind sie vielleicht durch gemeinsame theoretische Anleihen bei Darwin erklärbar. [7] Ähnlich wie Freud legte auch Warburg in seinen Interpretationen besonderes Augenmerk auf Randphänomene und Details. [8] Den Kulturprozess betrachtete er unter dem Aspekt einer rhythmischen Wiederkehr antiker Bildprägungen, und man wird etwas vereinfachend sagen dürfen, die Antike spielt in Warburgs Denken eine ähnliche Rolle wie die frühe Kindheitsentwicklung bei Freud. Die Probleme, die sich mit dem von ihm so genannten „Nachleben“ der Antike in der europäischen Kulturgeschichte verbanden, fasste Warburg unter dem Titel „Mnemosyne“ zusammen, assoziierte sie also mit dem Namen einer mythischen Figur des Gedächtnisses, die bei Hesiod nicht nur Mutter der Musen, sondern auch Quelle eines Flusses ist, der – zusammen mit Lethe, dem Fluss des Vergessens – in die Unterwelt führt. [9] Beim gedächtnismäßigen oder, wie Warburg sagte, „mnemischen“ Wiedereintritt antiker Bildformeln in den kulturhistorischen Prozess sind ihm zufolge oftmals, auch das erinnert an Freud, Verkehrungen bestimmter Ausdrucksprägungen in ihr Gegenteil zu beobachten (vgl. das für Symptombildung und Traumarbeit wichtige Motiv der Verkehrung ins Gegenteil). So wie Freud vom linguistischen Phänomen eines ursprünglichen „Gegensinns der Urworte“ [10] fasziniert war, glaubte Warburg, dass jene wiedergängerischen antiken Bildprägungen, die er als „Pathosformeln“ oder auch „gebärdensprachliche Urworte“ bezeichnete, grundsätzlich charakterisiert seien durch eine Bestimmbarkeit in zwei entgegengesetzte Richtungen. Er stellte beispielsweise fest, dass dieselbe „Pathosformel“, die in einem bestimmten Zusammenhang als schützende Geste lesbar war, in einem anderen figuralen Kontext (und ursprünglicher vielleicht) mörderische Aggression zum Ausdruck brachte. [11] >>>

Am Beispiel des prominentesten motivischen Berührungspunkts zwischen der Psychoanalyse und Warburgs Kulturwissenschaft lassen sich diese Bezüge knapp erläutern. Es handelt sich um das Motiv einer eigentümlich bewegten jungen Frauengestalt, die in sich den Widerspruch vereint, dass sie in gewisser Weise zugleich tot und lebendig ist, zugleich einer weit zurückliegenden Vergangenheit (Antike) und der Gegenwart angehört. Freuds Interesse an dieser Figur ist bekanntlich durch seine Auseinandersetzung mit Wilhelm Jensens Novelle „Gradiva" vermittelt.[12] In Jensens Erzählung verliebt sich der Archäologe Norbert Hanold in eine Frau, die er auf einem antiken Relief dargestellt findet (Abb. 2). Besonders ihre aparte Gangart fesselt ihn. Er bildet sich ein, die Darstellung einer bestimmten Frau vor sich zu haben, die in Pompeji gelebt habe und beim Untergang der Stadt ums Leben gekommen sei. In Freuds Interpretation der Novelle sind diese Faszination und die daran anknüpfenden, zum Teil wahnhaften Vorstellungen des Archäologen Ausdruck einer verdrängten Liebe, die einer Freundin aus Kindestagen gilt. Seitdem er erwachsen ist, hat Hanold diese ehemalige Freundin nicht mehr zur Kenntnis genommen, obwohl sie, mittlerweile eine schöne junge Frau, immer noch im Haus gegenüber wohnt. Überhaupt weicht er Beziehungen zu Frauen aus. Es entgeht ihm daher, dass es die Ähnlichkeit mit der einst intimen Freundin – vor allem die Ähnlichkeit in der Gangart – ist, die ihn an der Relieffigur so unwiderstehlich anzieht. Als er auf der Suche nach den Spuren der von ihm „Gradiva" genannten antiken Frauengestalt in Pompeji zufällig seiner ehemaligen Freundin begegnet, verfällt er in den Wahn, sie für die im Relief vermeintlich dargestellte Pompejanerin zu halten, die von den Toten wiedergekehrt sei. Die Freundin, die den im Kontext der Erzählung bedeutungsvollen Namen Zoë Bertgang trägt, lässt sich auf diesen Wahn zunächst ein, im weiteren Verlauf gelingt es ihr aber, so wieder Freuds Interpretation, der verdrängten Liebe ihres Freundes zu einer nichtpathologischen Wiederkehr zu verhelfen. Hanold ist von seinen wahnhaften Vorstellungen befreit, und die Geschichte kann mit glücklichen Hochzeitsaussichten enden. In der ausführlichen Studie, die er „Gradiva" widmet, weist Freud darauf hin, dass die Rolle Zoës in Jensens Novelle der Position des Analytikers in einer psychoanalytischen Behandlung vergleichbar sei – mit dem Unterschied freilich, dass der Arzt seinen Patienten gerade nicht durch eine Liebesbeziehung dauerhaft an sich binden dürfe.[13] Übrigens war auch die Art, wie Jensen den thematischen Kontext der Archäologie in die motivische Arbeit der Erzählung einbezog, dazu angetan, Freuds Aufmerksamkeit auf sich zu ziehen: Die ontogenetische Vergangenheit des Protagonisten der Novelle scheint sich ja in der Antike, die verschüttete, gleichwohl aber nicht wirklich tote Liebe im Bild einer archäologisch wieder zugänglich gemachten verschütteten Stadt beziehungsreich zu spiegeln. >>>>>>>>>>>>>>>>>>>>>>>>

<<<<<< Der Figur der Gradiva, wie sie bei Freud vorkommt, entspricht im Werk Warburgs die von ihm so genannte Ninfa (Nymphe). Er entdeckte sie in den 1890er-Jahren, als er, zeitgleich mit Freuds Entwicklung der Grundlagen der Psychoanalyse, den Versuch unternahm, ausgehend von Fallstudien zur Malerei der Florentiner Frührenaissance zu einem neuartigen, psychohistorisch fundierten Verständnis des Phänomens der Renaissance zu gelangen.[14] Die Antike war untergegangen, ihre Gesten aber hatten in Form von steinernen Bildern (Abb. 3) und geprägten Münzen überlebt. Unter welchen Bedingungen konnten diese untoten Gesten sich in gewisser Weise wieder inkarnieren und in die Entwicklung künstlerischer Idiome „mitstilbildend einwirken"[15]? Warburg stellte fest, dass in der Malerei der Florentiner Frührenaissance, die vielfach durch nordeuropäische Einflüsse geprägt war, Antikes nur punktuell zum Vorschein kam, dort nämlich, wo es um die Darstellung starker Bewegungen und, damit zusammenhängend, gesteigerter Affekte ging. Diese Steigerungen waren insbesondere in marginalen Bereichen zu beobachten, sie traten in Randphänomenen wie bewegten Haaren oder flatternden Gewändern auf, und zwar an Figuren, die im Zusammenhang der jeweiligen Gemälde selbst oft als Randfiguren bestimmt waren. Ein Musterbeispiel dafür bot Domenico Ghirlandaios Fresko mit der Geburt Johannes des Täufers in einer Kapelle der Kirche S. Maria Novella in Florenz (Abb. 4). Die stark bewegte Ninfa, stilistisch ein Fremdkörper in der sonst sehr gesetzten Darstellung, betritt hier durch eine seitliche Türöffnung die Szene. Da sie einen Früchtekorb auf dem Kopf trägt, lässt sie sich als Dienerin interpretieren, Warburg machte jedoch darauf aufmerksam, dass dieselbe „Pathosformel", deren Herkunft von heidnisch-antiken Mänadendarstellungen er aufzeigte, einen dieser Dienstfertigkeit diametral entgegenstehenden Bedeu-

2 Gradiva, in Freuds
Behandlungsraum
Foto: Edmund Engelman, 1938

3 Tanzende Mänade
Neoattisches Relief
(Ende 2. Jh. v. Chr.)
Rom, Museo dei Conservatori

4 Domenico Ghirlandaio
Geburt Johannes
des Täufers (Ausschnitt),
1486, Fresko
Florenz, S. Maria Novella,
Cappella Tornabuoni

tungssinn transportieren konnte. In anderen Gemälden trat sie etwa als Salome auf. Statt des Früchtekorbs trug sie dann eine Kopftrophäe. >>>>>>>

<<<<<< Gradiva und Ninfa ist gemeinsam, dass beide einer Geste Körper geben, deren eigentümliche Faszination mit ihrer Herkunft aus einer phylo- und/oder ontogenetischen Vorzeit zu tun hat. Das zur Ninfa Gesagte lässt vielleicht erahnen, dass die Warburg'sche Kulturgeschichte ähnlich listenreich verläuft wie die Bildung neurotischer Symptome im Sinne Freuds.[16] Rekurrenzen, Verschiebungen ins Marginale und Verkehrungen des Bedeutungssinns sind hier wie dort charakteristische Phänomene. Dem klassischen humanistischen Modell der wiedergeborenen Antike, wie er von den Begriffen „rinascimento" oder „Renaissance" her vertraut ist, hielt Warburg eine gespensterhaft nachlebende, wiedergängerische Antike entgegen, die nicht so sehr das Objekt einer bewussten Wiederbelebung, sondern vielmehr das Subjekt einer triebhaften Wiederkehr ist, an deren mehr oder weniger glücklicher Bewältigung er die historische Leistung von Künstlern und anderen Exponenten des kulturgeschichtlichen Prozesses zu ermessen versuchte. Diese Wiederkehr gestaltete sich für Warburg, auch darin den Bildungen des Unbewussten im Sinne Freuds verwandt, als ein Maskenspiel, das voller Überraschungen ist. Die Ninfa war für ihn kein feststehender ikonografischer Typus: Er vermochte sie nicht nur in einander polar entgegengesetzten Versionen wiederzuerkennen, einmal als Kopfjägerin oder rasende Mänade, dann wieder als Dienerin oder Schutzengel, er wusste sie auch an unerwarteten Orten aufzuspüren, beispielsweise im fotografischen Bild einer Golfspielerin auf den Seiten einer zeitgenössischen Illustrierten (vgl. Abb. 12). In der Schlagbewegung der Sportlerin sah er – in verwandelter Form – dieselbe Energie am Werk, die einst ein mordendes Rasen angetrieben hatte.[17] >>>>>>>>>>>

<<<<<< Nun genügt im Falle Freuds bekanntlich eine kleine Verschiebung des Blickpunkts, um von der Figur der Gradiva zur Problematik des Liegens zu gelangen. Weil sie für ihn in gewisser Hinsicht eine Figur des Analytikers war, hängte er eine plastische Reproduktion jenes antiken Reliefs, das in Jensens Novelle eine so bedeutsame Rolle spielt, in unmittelbarer räumlicher Nachbarschaft seiner Couch an die Wand (Abb. 5). Das Relief passte natürlich auch deshalb gut in den Behandlungsraum, weil dieser insgesamt, in Übereinstimmung mit Freuds Parallelisierung von analy-

5 Freuds Couch mit Gradiva
Foto: Edmund Engelman,
1938

tischer und archäologischer Arbeit, reich mit antiken Fundstücken verschiedener Herkunft ausgestattet war.[18] Aber auch von der Warburg'schen Ninfa ist der Weg zum Liegen nicht weit: Selbst stark bewegt, führt sie die Pose des Lagerns als ihren polaren Gegensatz mit sich. Die Figur, die dieses Lagern für Warburg auf paradigmatische Weise verkörpert, ist so wie die Ninfa von ihrem Namen her als pagane Elementargottheit bestimmt: Es handelt sich um den antiken Typus des Flussgottes (Abb. 6). In einem Aphorismus deutete Warburg an, welch fundamentale Bedeutung er dem polaren Gegensatz von Nymphe und Flussgott für seine Forschungsarbeit beimaß: „Manchmal kommt es mir vor, als ob ich als Psychohistoriker die Schizophrenie des Abendlandes aus dem Bildhaften in selbstbiographischem Reflex abzulesen versuche: die ekstatische Nymphe (manisch) einerseits und der trauernde Flussgott (depressiv) andrerseits als Pole zwischen denen der treuformend eindrucksempfindliche seinen tätigen Stil zu finden versucht. Das alte Contrasto-Spiel: Vita activa und vita contemplativa."[19] >>>

<<<<<< Beide Figuren, Nymphe und Flussgott, spielen in dem Werk, an dem Warburg in seinen letzten Jahren unablässig gearbeitet hat, dem großen, unvollendet gebliebenen Bilderatlas zum Nachleben der Antike in der europäischen Kunst- und Kulturgeschichte, den er mit einem schon erwähnten Losungswort seines Spätwerks verband und „Mnemosyne" nannte, eine bedeutende Rolle.[20] Um den Warburg'schen Flussgott als Figur des Liegens und des Zusammenhangs von Liegen und Denken vorzustellen, ziehen wir eine mit der Nummer 65 gekennzeichnete Bildtafel heran (Abb. 1). Diese Tafel – sie ist einer noch unpublizierten Version des Atlasses entnommen[21] – ist einerseits relativ leicht überschaubar, lässt aber andererseits doch auch die Komplexität von Warburgs Opus magnum erahnen und ist ein gutes Beispiel für seine eigentümliche Methode des Denkens über Bilder und mit Bildern. >>>>>>>>>>>>>>>>>>>>>>>>>>>>>>

<<<<<< Der antike Flussgott tritt in der Bildzusammenstellung an überraschender Stelle in Erscheinung: Warburg führt vor Augen, dass die Gruppe der Lagernden in Édouard Manets Gemälde „Le déjeuner sur l'herbe" (Abb. 7) auf einen Stich nach Raphael zurückgeht (Abb. 8), der seinerseits ein antikes Sarkophagrelief verarbeitet. Manets Modelle nehmen die Posen jener antiken Elementargottheiten ein, die bei Raphael ebenso wie in

6 Cherubino Alberti
Flussgott Nil, 1576
Kupferstich nach einer antiken
Skulptur in Rom
Vatikan, Museo Pio Clementino

7 Édouard Manet
Le déjeuner sur l'herbe, 1863
Öl auf Leinwand
Paris, Musée d'Orsay

8 Marcantonio Raimondi (nach Raphael)
Urteil des Paris
Kupferstich (um 1530)

9 Urteil des Paris
Antikes Sarkophagrelief, eingemauert
in die Fassade der Villa Medici, Rom
Umzeichnung aus: Carl Robert,
Die antiken Sarkophagreliefs, Bd. II,
Berlin 1890, Tafel 5, Abb. 11

dem antiken Sarkophagrelief, das in einer Umzeichnung oberhalb des Raphael-Stichs zu sehen ist (Abb. 9), Zeugen einer Szene mit fatalen Folgen werden. Diese Szene, das Urteil des Paris, ist bei Manet verschwunden, sein Interesse gilt allein den Assistenzfiguren und ihren Haltungen. Der Mann rechts in Manets Gemälde lagert genau so, wie es einst antike Flussgötter taten. >>

<<<<<< Natürlich ging es Warburg nicht bloß um den Nachweis einer kunsthistorischen Filiation, so überraschend sie im gegebenen Fall sein mag. Wie wir durch einen Manet gewidmeten Text aus dem Jahr 1929 wissen, galt sein besonderes Augenmerk der Art und Weise, wie sich die antiken Vorprägungen, hier vertreten durch ein bestimmtes römisches Sarkophagrelief, bei ihren späteren Wiedereintritten in die europäische Bildkultur bis hin zu Manet veränderten.[22] Die Rekurrenzen des Motivs weisen, wenn man sie mit der antiken Vorprägung und auch untereinander vergleicht, einen je verschiedenen Stimmungscharakter auf, in dem sich wiederum, Warburg zufolge, ein je spezifischer Naturbezug artikuliert. Über den Köpfen der lagernden und sitzenden Elementarwesen erscheint im antiken Relief wie auch in dem Stich nach Raphael die Gestalt Jupiters, und Warburg erinnert daran, dass damit Bedrohliches gemeint ist, auch wenn er nicht direkt ausspricht, dass Jupiter ein mythisches Bild des Blitzes ist.[23] Die zu Jupiter emporgerichteten Blicke im antiken Relief deutet er jedenfalls als Ausdruck einer tendenziell durch phobische Eindrücke und Reflexe bestimmten Naturerfahrung. Davon ist, wie Warburg hervorhebt, bei Raphael nur noch wenig, bei Manet keine Spur mehr sichtbar. Die Natur hat sich in Manets „dreistimmiger Symphonie der Lagerung“ in ein Freizeitrefugium moderner Stadtmenschen verwandelt, kein Blick ist ängstlich oder „ekstatisch“ in Richtung Himmel gewandt.[24] Umso stärker akzentuiert ist dafür das schon bei Raphael eingeführte Motiv des Blicks bestimmter Figuren zum Betrachter. Für Warburg verweist es auf die Immanenz gesellschaftlicher Bezüge und eine damit zusammenhängende spezifische Einstellung zur Natur, deren Erscheinungen jetzt nicht mehr auf mythische Gestalten zurückgeführt, sondern aus immanenten Gesetzen erklärt werden. Im Prozess der kulturellen Entwicklung deutet sich demnach ein – für Warburg allerdings grundsätzlich reversibles – Abklingen phobischer Reflexe an. Die antiken Elementargottheiten werden

sozusagen von ihren Phobien geheilt und ans Licht einer genuin modernen Naturerfahrung geholt. >>>>>>>>>>>>>>>>>>>>>>>>>>>>>>>>

<<<<<< Sollte bei Manet, wie Warburg ihn versteht, demnach so etwas wie eine erfolgreiche „Liegekur des Flussgottes“ zu beobachten sein?[25] Nicht direkt, denn die Pose des Liegens war für Warburg zunächst ja Teil des Problems, nicht seiner Lösung oder Therapie. Ganz anders als für gewisse Künstler der Moderne[26] war sie für ihn nicht mit einer Erfahrung schwebender Wahrnehmung verbunden, er erblickte im Liegen oder Lagern vielmehr eine Pose, in der sich die Erdenschwere des Menschseins besonders eindringlich zur Geltung bringt. (In der Kreuzlinger Klinik gehörte das Liegen, nebenbei gesagt, zu den Behandlungsmethoden, die dazu dienen sollten, den Patienten Warburg zu kalmieren. Er dürfte die entsprechenden Verordnungen nicht als Heilmittel, sondern als Sanktion erfahren haben.)[27] Auf Tafel 65 (Abb. 1) erinnert das Sarkophagrelief daran, dass gerade auch die Toten liegen. Vor allem aber soll die auf Manets Gemälde hin ausgerichtete Bildzusammenstellung zeigen, dass das Liegen oder Lagern mit dem kulturhistorischen Erbe einer gewissen, in phylogenetischer Hinsicht charakteristischen Lähmung angesichts überwältigender Eindrücke belastet ist. Wer liegt, ist für Warburg zunächst der Unterlegene, Besiegte, Ausgelieferte. Und wenn es nicht mehr eine Gottheit wie Jupiter ist, von der die Bedrohung für die erdgebundenen Wesen ausgeht, dann mag es ein Planetengott sein, einer jener Astraldämonen also, als welche die Olympier im christlichen Mittelalter, Warburgs wegweisender Auffassung zufolge, über ihren Untergang hinaus fortlebten.[28] Im Falle des Flussgottes konnte Warburg tatsächlich eine Bindung an oder durch einen ganz bestimmten Planetengott nachweisen, den in mancher Hinsicht dunkelsten von allen, Saturn.[29] Eine antike Statue am Kapitol in Rom, ursprünglich Darstellung eines Flussgottes, wurde im Mittelalter sogar mit Saturn identifiziert.[30] (Als kulturhistorischer Hintergrund dieser mittelalterlichen Deutung eines antiken Bildwerks, die aus humanistischem Blickwinkel ein Missverständnis ist, sind wahrscheinlich Veränderungen der Sitzgewohnheiten in Betracht zu ziehen: Die in der Antike geläufige Pose des Lagerns, man denke nur an die Haltung beim Essen und Trinken, kommt im Mittelalter aus der Übung. Lebensweltlich fremd geworden, wird sie dort, wo sie in Form bildlicher Darstellungen überlebt,

motivationsbedürftig. So wächst ihr in bestimmten Fällen die Konnotation der Trägheit zu. Trägheit aber wurde im Mittelalter u.a. durch den Einfluss des Planetengotts Saturn erklärt.) Dem langsam kreisenden Planeten Saturn nämlich wird in der Astrologie eine verlangsamende, tendenziell sogar lähmende Wirkung zugesprochen; zu seinen „Kindern"[31] zählen aus diesem Grund die Melancholiker und die Trägen. Gerade die Verbindung mit der Melancholie deutet im Zusammenhang der Warburg'schen Überlegungen freilich darauf hin, dass dem Flussgott die Möglichkeit offen steht, sich aus der tragischen Existenzform des immer schon Besiegten, Unterlegenen, Ausgelieferten, Gelähmten selbst zu befreien. Wie? Indem er sich in den Typus des melancholischen Philosophen oder Künstlers verwandelt, kurz: in seiner Liegepose zu denken beginnt. Auf eben diese Möglichkeit einer, wenn man so sagen kann, Emanzipation des Flussgottes spielt ein Eintrag Warburgs ins Tagebuch der Kulturwissenschaftlichen Bibliothek Warburg an: „Der körperlich Besiegte als Denksieger (Die Lagernden im Dejeuner sur l'herbe)".[32] Es ist also das Denken, durch das der „trauernde Flussgott", der unter den Einfluss des Saturn geraten war, sich in existenzieller Beziehung aufzurichten vermag. Im Vortrag über Manet deutete Warburg auch eine andere kulturhistorische Genealogie an, nämlich den Weg, der von den tendenziell der Todsünde *acedia* (Trägheit) verfallenen „Kindern" des Planetengotts Saturn zu modernen Freizeitmenschen führt, die nicht sündhaft träge, sondern auf elegante Weise „lazy" sind.[33] Die spezifische *lazyness* der Figuren im landschaftlichen Freizeitraum setzt in seiner Interpretation jedoch wiederum ein durch befreiende Denkakte entspanntes Naturverhältnis voraus. >>>>>>

<<<<<< Neben Manets „Frühstück im Grünen" ist auf Tafel 65 (Abb. 1) noch ein weiteres Hauptwerk der französischen Malerei des 19. Jahrhunderts in fotografischer Reproduktion zu sehen: Delacroix' „Massaker von Chios" aus dem Jahr 1824 (Louvre, Paris), ein Gemälde, das sich auf zeitgenössische Ereignisse aus dem griechischen Befreiungskampf bezieht. Das betreffende Foto wurde, mit etwas Abstand, links neben den Stich nach Raphael an die Tafel geheftet, und man begreift leicht, dass diese Gegenüberstellung wieder durch die Flussgott-Problematik motiviert war, ist das „Massaker von Chios" doch ein überaus eindringliches Bild zum Zusammenhang von Liegen, Unterliegen, Lähmung und Tod. Die Abbildung

10 Anonym
Tote Mutter mit Kind
Teilkopie nach Delacroix' Massaker von Chios
Prag, Nationalgalerie

11 Aby Warburg, Mnemosyne-Atlas, Detail aus den Tafeln 65 und 77: Dekadrachme aus Syrakus, um 400–390 v. Chr.; Stempelmarke der Republik Frankreich ohne Wertangabe, Stecher: Eugène André Oudiné (1810–1887)

darunter – auf gleicher Höhe mit Manets Bild – zeigt eine Kopie, die ein Stück von Delacroix' großer Komposition isoliert wiedergibt, wahrscheinlich das für Warburg entscheidende Stück: eine getötete (griechische) Mutter, deren Brust dem Säugling auf ihrem Bauch keine Nahrung mehr zu bieten vermag (Abb. 10). Über die Gründe dafür, weshalb sich Warburg gerade für dieses Motiv interessierte, können wir begründete Vermutungen anstellen. An erster Stelle muss im Kontext des Mnemosyne-Projekts natürlich der Umstand auffallen, dass es für dieses Motiv eine – Warburg zweifellos geläufige – antike Vorprägung gibt. Für ein Bild nämlich, das eine sterbende Mutter und ihren Säugling in vergleichbarer Lage zeigte, war in der Antike der griechische Maler Aristeides berühmt. Plinius der Ältere beschreibt das betreffende Gemälde und berichtet, dass Alexander der Große es nach Pella geholt haben soll.[34] >>>>>>>>>>>>>>>>>>>>>>

<<<<<< Rechts neben dem Bild der toten Mutter ist ein antikes Münzbild aus dem großgriechischen Bereich zu sehen, eine Dekadrachme aus Syrakus (Abb. 11).[35] Das besonders schöne und suggestive Bild zeigt eine mythische Darstellung der Quelle Arethusa, die auf der Insel Ortygia, im Hafenbereich von Syrakus, entspringt. Auffallend ist der Kontrast zwischen den unbewegten ebenmäßigen Gesichtszügen der Nymphe einerseits und ihren dynamisch gestalteten Haarlocken andererseits, die eine anschauliche Metapher für die Bewegungsenergie der Quelle bilden. In die Haare ist Schilf eingeflochten. Delphine, die den Kopf umkreisen – zwei davon scheinen sich auf den Mund der Quellnymphe zuzubewegen –, steigern den Bewegungsimpuls der Darstellung und erinnern daran, dass die wegen ihres Fischreichtums gerühmte Quelle am Rand des Salzwassers entspringt. >>>>>>>>>>>>>>>>>>>>>>>>>>>>>>>>>>>>>>>

<<<<<< Obwohl es sich um eine traditionsreiche und kunstvoll verfeinerte Darstellung handelt, sah Warburg in dem Münzbild aus Syrakus eine Bildprägung, in der die seiner Auffassung nach ursprüngliche psychologische Funktion von Bildern, ihre Fähigkeit, tendenziell beunruhigende Phänomene in anthropomorphe Verursachungszusammenhänge einzubinden und dadurch psychologisch beherrschbar zu machen, deutlich zutage tritt: Das Bild der Nymphe macht das Naturphänomen der Quelle – einer in diesem Fall ungewöhnlichen, erstaunlichen Quelle – fasslich. „Den sizilianischen Griechen war eben die bildhafte Verursächlichung der

Quelle ein Akt religiöser Phantasie, die die Göttin in der Quelle als Vision erblickt […].“[36] >>>

<<<<<< Dass Warburg ausgerechnet angesichts eines Münzbildes auf seine Konzeption eines mythischen Ursprungs von Bildern zu sprechen kommt, könnte u. a. damit zu tun haben, dass die von ihm im Zusammenhang seiner Überlegungen zur psychologischen Genese und Funktion der Bilder regelmäßig verwendete Metapher der „Prägung“ im Fall des Münzbildes real ist. Der Umstand, dass dies buchstäblich ein geprägtes Bild ist, mag darauf hindeuten, dass die Problematik der Reproduktion und Dissemination den Bildern schon an ihrem Ursprung innewohnt. Bereits die antike Münze ist ein reproduzierbares bewegliches Bild-Fahrzeug. Die anschauliche Energie des Quellbildes verweist, so gesehen, einerseits auf mythische Verursachungszusammenhänge, zugleich aber auch auf die Bewegungsimpulse monetärer Zirkulationsprozesse, durch die auch Bilder bewegt und verbreitet werden. Das direkt neben der antiken Drachme angebrachte Bild einer französischen Stempelmarke ist ein weiteres Beispiel für diese anthropologische Tendenz zur Reproduktion, Verbreitung, Neu- und Umprägung der Bilder.[37] Im Kontext der Tafel soll die Stempelmarke – im Zwischenraum zwischen der Münze und dem Manet-Gemälde wird sie in einer weiteren Variation präsentiert – aber wohl vor allem demonstrieren, dass am Ursprung der (französischen) Moderne, ob im Bereich der Kunst oder des Postwesens, immer wieder Antikes zu finden ist: Hinter dem Bildtypus des Stempelmarkenbildes sind ja, der Vergleich mit dem Münzbild macht es deutlich, antike Vorbilder von der Art der Arethusa (das fotografierte Exemplar befindet sich im Louvre) anzunehmen. >>>

<<<<<< Wirft man noch einmal einen Blick auf das Bild der Arethusa und berücksichtigt die Nähe zu Delacroix’ Bild der toten Mutter, so mag sich der Eindruck einer gewissen, die beiden Profilköpfe verbindenden Affinität einstellen. Tatsächlich hatte der Maler zuvor Lithografien nach antiken Münzbildern angefertigt, und unter den von ihm studierten Beispielen befand sich auch eine syrakusische Prägung mit dem Profilkopf der Arethusa.[38] Warburg dürfte dies gewusst haben. Die Rückkehr der griechischen Antike in Delacroix’ Gemälde, das ja, wie gesagt, Szenen aus dem zeitgenössischen griechischen Befreiungskrieg zeigt, vollzieht sich dem-

nach auf zwei Wegen, die im Bild der toten Mutter zusammentreffen: Der nur literarisch überlieferten Bilderfindung des griechischen Malers Aristeides kommt die materialiter nachlebende Bildprägung der Arethusa, um es in Warburgs Sprechweise zu formulieren, „zu Hilfe“. Auf indirekte Weise findet dabei eine Verkehrung ins Gegenteil statt, denn Arethusa ist mit einem Symbol des Sieges assoziiert (auf der anderen Seite der Münze ist ein Wagenlenker zu sehen, der über Spolien hinwegreitet und dabei von der Siegesgöttin Nike bekrönt wird)[39], während Delacroix' Gemälde das Leid der Besiegten zeigt. In Warburgs Terminologie: Das „Siegerpathos“ der griechischen Vorprägung verwandelt sich bei Delacroix in ein „Leidenspathos“, das sich, in Anlehnung an die Erfindung des Aristeides, in einer Figur tragischen Liegens verdichtet. Das Bild der fischreichen, nährenden Quelle lebt paradox – durch eine Verkehrung ins Gegenteil – im Bild der toten Mutter fort, deren Kind verhungern muss. >>>>>>>>>>>>>>

<<<<<< In der weiteren Entwicklung des Atlas-Projektes wurden die auf Delacroix bezogenen Bilder von den anderen getrennt. Den direkt auf Manet hin orientierten Komplex (Sarkophag, Raphael-Stich, „Le déjeuner sur l'herbe“) hat Warburg um weitere Bilddokumente erweitert und zu einer eigenen Zusammenstellung ausgestaltet (Tafel 55), den Delacroix-Komplex mit der Arethusa, der auf Tafel 65 (Abb. 1). nur eine Art Begleitstimme bildet, hat er auf eine andere Tafel verschoben, die dem Nachleben der antiken Ninfa in der europäischen Moderne gewidmet ist und auf der auch einige jener Metamorphosen einst klassischer Typen registriert sind, die durch die zeitgenössische Werbeikonografie spukten (Tafel 77, Abb. 12). Diese Neuordnung des Materials von Tafel 65 macht darauf aufmerksam, dass darin die Polarität von Flussgott und Nymphe latent, nämlich in Form eines Zusammenfalls des Gegensätzlichen, enthalten gewesen ist. Einerseits ähnelt Delacroix' Figur der toten Mutter von ihrer Pose her den Flussgott-Darstellungen im Raphael-Stich und bei Manet; in der untersten Bild-Reihe sind die liegende Frau links (Delacroix) und der lagernde Mann rechts (Manet) beinahe spiegelbildlich aufeinander bezogen. Betrachtet man sie jedoch andererseits im Gesamtzusammenhang des Mnemosyne-Projekts, ist die tote Mutter als eine tragisch zu Boden gestürzte, erstarrte Ninfa lesbar,[40] worauf im Übrigen ja auch der implizite Vergleich mit dem Bild der Quellnymphe Arethusa hinweist. Die Aufteilung

des Materials auf zwei Tafeln, bei der die Delacroix-Gruppe (mit Arethusa und Stempelmarke) von der Manet-Gruppe (mit Raphael und Sarkophag) abgelöst wurde, trennte den Flussgott von der gestürzten Nymphe und ging auch sonst nicht ohne Opfer vonstatten. Gerade dadurch nämlich, dass sie gleich zwei Inkunabeln der modernen Malerei einer Tiefeninterpretation unterzieht, bildet Tafel 65 eine eindrucksvolle Studie zur ästhetischen Moderne.[41] Von Warburgs Überlegungen ausgehend kann hier in ein- und demselben Tableau beobachtet werden, wie bei Manet aus einer uralten Geste des körperlichen Unterliegens eine Geste lässiger („lazy") Überlegenheit durch Denken wird, während (chronologisch etwas früher) bei Delacroix angesichts der zeitgenössischen Ereignisse des griechischen Aufstands eine Figur des antiken griechischen „Leidenspathos" auftaucht, deren Geste sich mit derjenigen des Manet'schen Flussgottes kontrastreich reimt. Vor allem aber macht Tafel 65 mit besonderem Nachdruck auf die scheinbare Paradoxie aufmerksam, dass auch am Ursprung moderner Malerei antike Vorprägungen zu finden sind, die in die Entstehung neuartiger Idiome „mitstilbildend eingreifen"[42]. Auch die Moderne erweist sich, so gesehen, als ein Phänomen des Nachlebens der Antike – ein Musterbeispiel für Warburgs Kritik jener linearisierten, eindimensionalen Geschichtsauffassung, die nichts wissen will von den Phänomenen einer „triebhafte[n] Verflochtenheit des menschlichen Geistes mit der achronologisch geschichteten Materie".[43] „Nachleben" heißt bei Warburg, dass ein Untotes – ein Bruchstück jener „achronologisch geschichteten Materie" – in den Kulturprozess eintritt. Das führt uns noch einmal zum Bild der Arethusa zurück. Einer antiken Überlieferung zufolge ist nämlich das Entspringen der Quelle beim Hafen von Syrakus, in unmittelbarer Nachbarschaft des Meeres, ein Wiederauftauchen. Der eigentliche Ursprung der Quelle liege, so die mythische Erzählung, in Griechenland, auf dem Peloponnes. Auf der Flucht vor einem sie bedrängenden Flussgott habe sich die Nymphe in die Unterwelt gestürzt und sei unter dem Meeresboden weitergelaufen, um im fernen Syrakus wieder an die Oberfläche zu treten.[44] Als Wiedergängerin aber, die eine Unterweltsfahrt hinter sich gebracht hat, ist Arethusa ein Symbol von Warburgs „Mnemosyne" und der mit diesem Titel verbundenen Problematik des „Nachlebens". Sie erinnert auch daran, dass in der Logik dieses Atlasses die dunklen Zwischenräume zwischen den Bildern nicht weniger wichtig sind als diese selbst.[45] Was zählt, das sind nicht zuletzt die Lücken und die latenten Bezüge, die nicht direkt zur Anschauung gebracht, geschweige denn durch begriffliche Arbeit restlos entflochten werden können. >>>>>>>>>>>>>>>>>>>>

<<<<<< Die Analyse Warburg'scher Tafeln ist demgemäß kaum abschließbar. Bildzusammenstellungen wie diejenige auf Tafel 65 (Abb. 1) evozieren eine Art von Beziehungsreichtum, der auch vergleichsweise ausführliche Erläuterungen wie die hier versuchte als hoffnungslose Verkürzungen erscheinen lässt. In struktureller Hinsicht ähneln sie jenen vielfach verzweigten, an bestimmten „Knotenpunkten" sich verdichtenden Assoziationsketten, wie sie in der Psychoanalyse mithilfe der Methode der freien Assoziation zutage treten.[46] Diese Analogie sollte jedoch nicht darüber hinwegtäuschen, dass der Prozess der Assoziation – das Zusammenstellen und In-Konstellation-Bringen von oft denkbar heterogenem Bildmaterial – im Falle Warburgs von ständiger Kritik begleitet wurde. Es kam ja darauf an, schlüssige, besonders erhellende Zusammenstellungen zu finden. Oftmals geschah dies im Dialog mit jüngeren Gelehrten wie Gertrud Bing oder Lothar Freund, die Warburg beim „Schieben der Gestelle" – so bezeichnete er mit einer für ihn typischen, dem Oxymoron nahen Wendung die Arbeit an den Tafeln – halfen.[47] Die Forderung kritischen Bewusstseins beim Hantieren mit Bildern prägte im Übrigen auch sein Verhältnis zu den allgegenwärtigen Bildmontagen illustrierter Zeitungen, deren oberflächliche Ähnlichkeit mit den Konstellationen des Mnemosyne-Atlas ihm nicht entgangen sein kann. Wenn er Beispiele solcher Montagen in seinen Atlas aufnahm und einer kulturhistorischen Analyse unterzog (vgl. Tafel 77, Abb. 12), die latente semantische Beziehungen zwischen scheinbar zufälligen Bildkoppelungen aufdeckte, so geschah dies in der Absicht, den Produzenten dieser modernen „Monstrablätter" einen fahrlässigen, unverantwortlichen Umgang mit vorgeprägtem Bildmaterial nachzuweisen, dem das Mnemosyne-Projekt therapeutisch entgegenwirken sollte.[48] >>>

<<<<<< Andererseits hatte Warburg ein klares Bewusstsein dafür, dass seine Analysen getragen wurden von einer Art „selbstbiographischem Reflex", der auf die psychotische Erfahrung der Jahre 1918 bis 1924 zurückverwies. Wie um anzudeuten, dass er selbst von der Art jener Wiedergänger war,

12 Aby Warburg,
Mnemosyne-Atlas,
„letzte Fassung“,
Tafel 77

die seinen Atlas bevölkern, nannte er sich einen Revenant.[49] Das Projekt Mnemosyne hatte Teil an einem, wie man es in Anspielung auf Freuds Begriff der unendlichen Analyse formuliert hat, „unendlichen Genesungsprozess“, einer „guarigione infinita“.[50] Zurückgekehrt von der Unterweltsfahrt der Psychose, ließ Warburg die Bilder, die ihn einst beschäftigt hatten, wieder an sich herankommen, sei es auch in der distanzierenden Grisaille fotografischer Reproduktionen.[51] Dass dabei Momente der psychotischen Erfahrung in gewisser Weise nachlebten, ließ ihn – zu Recht – am Wert seiner wissenschaftlichen Ergebnisse nicht zweifeln, er war, ganz im Gegenteil, davon überzeugt, dass die Erfahrung der Krankheit und die Art seiner Selbstbefreiung seinen Blick für die inhärenten Polaritäten und Widersprüche des Kulturprozesses geschärft hatten. Das bereits angeführte Zitat zur Polarität von Flussgott und Nymphe, das auf die beiden (einander widersprechenden) Diagnosen von Warburgs Erkrankung („Schizophrenie“ einerseits, „manisch-depressiver Mischzustand“ andererseits) anspielt, drückt es vielleicht am deutlichsten aus: „Manchmal kommt es mir vor, als ob ich als Psychohistoriker die Schizophrenie des Abendlandes aus dem Bildhaften in selbstbiographischem Reflex abzulesen versuche: die ekstatische Nymphe (manisch) einerseits und der trauernde Flussgott (depressiv) andererseits [...].“[52] >>>>>>>>>>>>>>>>>>>>

<<<<<< Dieses Zitat bietet aber auch Anlass, abschließend noch einmal auf bestimmte Körperhaltungen zu sprechen zu kommen und ihren jeweiligen Zusammenhang mit bestimmten Denkformen anzudeuten. Warburg arbeitete an seinem Atlas in aufrechter Haltung, jedoch nicht auf der Stelle tretend, sondern sich von Tafel zu Tafel fortbewegend, sein Bildmaterial unablässig erweiternd, verschiebend und umgruppierend.[53] Die Rolle dieser spezifischen Haltung oder Geste des Denkens und Arbeitens im Aufschreibesystem seiner späten Jahre präzise zu bestimmen, ist hier nicht der Ort. Es genügt, die Differenz zur klassischen Schreibtischarbeit eines Gelehrten zu betonen. Der späte Warburg dürfte sich in einer Art rhythmischen Wechsels zwischen diesen beiden Denk-Gebärden – der Arbeit am Tisch einerseits, derjenigen an den Tafeln andererseits – bewegt haben. Für das Denken und Schreiben am Tisch hatte er eine Genealogie konstruiert, der wir bereits begegnet sind, nämlich in Gestalt des lagernden Flussgottes, der sich von seiner Angstlähmung befreit, indem er,

den Kopf in die Hand gestützt, zu reflektieren beginnt. Das Denken eines solchen Flussgott-Melancholikers, der sich an den Schreibtisch gerettet hat, bleibt allerdings der Gefahr ausgesetzt, ins Stocken zu geraten und in ein Brüten zu versinken, in dem er sich nur noch seine „alten, aus Edelblech gestanzten Ausdruckswerte“ [54] vorzusagen weiß. Das von Warburg andererseits praktizierte bewegend-bewegte Denken vor und entlang den Bildtafeln ist vor solcher Lähmung gefeit, kennt aber andere Gefahren. In gewisser Weise scheint es teilzuhaben am Erbe der Ninfa. Der Reichtum der Bildkonstellationen, die Warburgs Mnemosyne uns hinterlassen hat, ist, wie wir angedeutet haben, von der Art einer überreichen Quelle, die, trotz oder vielleicht gerade wegen der unentwegten Arbeit an ihrer Fassung, auf faszinierende Weise unfassbar geblieben ist. Wenn sich die bewegten Bildideen jedoch entziehen oder zumindest nicht festlegen lassen, so ist dies der Preis dafür, dass sie – nicht anders als derjenige, der sie in rastloser Bewegung hervorgebracht hat – beinahe zu tanzen begonnen haben. [55] Im Blick auf Tafel 65 mag es einem vorkommen, als ob das Denken der Mnemosyne selbst jenen Delphinen ähnelte, die das Bild der Quellnymphe Arethusa umkreisen. Beide scheinen sich kreisend einem Ursprung anzunähern, den uns das mythische Bild zugleich zu sehen gibt und verdeckt. Wir ahnen nur, dass er von der Art eines tendenziell gefahrvollen Wirbels gewesen sein wird. Und vielleicht ist ja jedes leidenschaftliche Forschen und Fragen nach dem Ursprung und der eigentümlichen Kraft der Bilder als eine je spezifische Art und Weise zu begreifen, sich von solchen Quell-Wirbeln in den Bann ziehen zu lassen, selbst auf die Gefahr hin, die Schwelle zu einem Bereich zu überschreiten, den man mit einem Ausdruck, der schon etymologisch auf das Liegen verweist, als den „klinischen“ zu bezeichnen gewohnt ist.

Für wertvolle Anregungen und Hinweise möchten wir Dorothea McEwan, Emmanuel Danan, Thomas Hübel, Günther Dembski, Katia Mazzucco, Claudia Wedepohl und Juliane Vogel danken.

1 Brief Ludwig Binswangers an Sigmund Freud vom 8.11.1921, zit. nach Gerhard Fichtner (Hg.), Sigmund Freud – Ludwig Binswanger: Briefwechsel 1908–1938. Frankfurt am Main: Fischer 1992, S. 176.

2 Neben Ludwig Binswanger auch sein Cousin Kurt Binswanger und Hans Berger. Binswangers Diagnose lautete „Schizophrenie". Weitaus günstiger beurteilte der von der Familie Warburg eigens zugezogene Psychiater Emil Kraepelin den Fall: Er diagnostizierte einen „manisch-depressiven Mischzustand". Zur Krankengeschichte Warburgs siehe Karl Königseder, Aby Warburg im „Bellevue". In: Robert Galitz, Brita Reimers (Hg.), Aby M. Warburg: „Ekstatische Nymphe ... trauernder Flussgott". Portrait eines Gelehrten. Hamburg: Dölling und Galitz, 1995, S. 74–98; Davide Stimilli (Hg.), Ludwig Binswanger. Aby Warburg. La guarigione infinita. Storia clinica di Aby Warburg. Vicenza: Neri Pozza Editore 2005.

3 Brief an Ulrich von Wilamowitz-Moellendorff vom 23.4.1924, in: Aby Warburg, Per Monstra ad Sphaeram. The Lecture in Memory of Franz Boll and Other Writings 1923-1925, hg. von Davide Stimilli, München 2006, S. 16.

4 Am 21.4.1923 hielt Warburg in Kreuzlingen den mithilfe Fritz Saxls erarbeiteten, später berühmt gewordenen Vortrag zum „Schlangenritual" (Aby M. Warburg, Schlangenritual. Ein Reisebericht. Berlin: Verlag Klaus Wagenbach 1988). Zur Bedeutung, die Warburg dem Vortrag beimaß, vgl. seinen Brief an das Direktorium des Bellevue vom 12.4.1924 (Claudia Naber, Pompeji in New Mexico. Aby Warburgs amerikanische Reise. In: Freibeuter, 38, 1988, S. 88–97), sowie Ulrich Raulff, Zur Korrespondenz Ludwig Binswanger – Aby Warburg im Universitätsarchiv Tübingen. In: Horst Bredekamp, Michael Diers, Charlotte Schoell-Glass (Hg.), Aby Warburg. Akten des internationalen Symposions Hamburg 1990. Weinheim: VCH, Acta Humaniora 1991 (= Schriften des Warburg-Archivs im Kunstgeschichtlichen Seminar der Universität Hamburg 1), S. 60.

5 Brief Sigmund Freuds an Ludwig Binswanger vom 3.11.1921, zit. nach Fichtner (Hg.), Freud – Binswanger: Briefwechsel, a.a.O., S. 175.

6 „Von Freud wollte Warburg nichts wissen, während Jungs Ansatz ihm gewiss nicht unsympathisch war." Ernst H. Gombrich, Aby Warburg. Eine intellektuelle Biographie. Hamburg: Europäische Verlagsanstalt 1992 (= Europäische Bibliothek 12), S. 380.

7 Dazu die erhellenden Bemerkungen bei Georges Didi-Huberman, L'image survivante. Histoire de l'art et temps des fantômes selon Aby Warburg. Paris: Les Éditions de Minuit 2002, S. 224–248 u. 295f.

8 Vgl. Carlo Ginzburg, Spurensicherungen. Über verborgene Geschichte, Kunst und soziales Gedächtnis. Berlin: Wagenbach 1983. Sigrid Weigel, „Nichts weiter als ...". Das Detail in den Kulturtheorien der Moderne: Warburg, Freud, Benjamin. In: Wolfgang Schäffner, Sigrid Weigel, Thomas Macho (Hg.), „Der liebe Gott steckt im Detail". Mikrostrukturen des Wissens. Paderborn: Fink 2003, S. 91–111.

9 Vgl. Georges Didi-Huberman, Ninfa moderna. Essai sur le drapé tombé. Paris: Gallimard 2002, S. 141.

10 Sigmund Freud, Über den Gegensinn der Urworte. In: Ders., Gesammelte Werke, Bd. VIII. Frankfurt am Main: S. Fischer Verlag 1973, S. 213–221.

11 Zu Warburgs Begriff der Pathosformel vgl. u.a. Gombrich, Biographie, a.a.O.; Sigrid Schade, Charcot und das Schauspiel des hysterischen Körpers. Die 'Pathosformel' als ästhetische Inszenierung des psychiatrischen Diskurses – Ein blinder Fleck in der Warburg-Rezeption. In: Silvia Baumgart, Gotlind Birkle u.a. (Hg.), Denkräume zwischen Kunst und Wissenschaft. 5. Kunsthistorikerinnentagung in Hamburg. Berlin: Dietrich Reimer Verlag 1993, S. 461–484; Moshe Barasch, Pathos Formulae: Some Reflections on the structure of a concept. In: Ders., Imago Hominis. Studies in the Language of Art. New York: New York University Press 1994, S. 119–127; Salvatore Settis, Pathos und Ethos, Morphologie und Funktion. In: Vorträge aus dem Warburg-Haus, Bd. 1. Berlin: Akademie Verlag 1997, S. 31–73; Didi-Huberman, L'image survivante, a.a.O., S. 117–270.

12 Vgl. Sigmund Freud, Der Wahn und die Träume in W. Jensens „Gradiva". In: Ders., Gesammelte

Werke, Bd. VII. Frankfurt am Main: S. Fischer Verlag 1966, S. 29–125. Zu Freuds Jensen-Lektüre vgl. u.a. Sarah Kofman, Freud and Fiction. Cambridge: Polity Press 1991 (franz. Originalausgabe unter dem Titel: Quatre romans analytiques, Paris: Galilée 1974), S. 85–117; Michael Rohrwasser, Gisela Steinlechner, Juliane Vogel, Christiane Zintzen, Freuds pompejanische Muse. Beiträge zu Wilhelm Jensens Novelle „Gradiva". Wien: Sonderzahl Verlag, 1996.

13 Vgl. Freud, Wahn und Träume, a.a.O., S. 119.

14 An erster Stelle zu erwähnen ist seine Dissertationsschrift von 1893: Sandro Botticellis „Geburt der Venus" und „Frühling". Eine Untersuchung über die Vorstellung von der Antike in der italienischen Frührenaissance. In: Dieter Wuttke (Hg.), Aby M. Warburg. Ausgewählte Schriften und Würdigungen. Baden-Baden: Verlag Valentin Koerner 1980, S. 11–64, bes. S. 42–47. Unvollendet blieb der gemeinsam mit André Jolles verfasste fiktive Briefwechsel Ninfa Fiorentina (Ms., London, Warburg Institute Archive, III. 55.1, und Walter Thys (Hg.), André Jolles (1874–1946) – „gebildeter Vagant". Briefe und Dokumente/Brieven en Documenten. Amsterdam, Leipzig: Leipziger Universitätsverlag 2000). – Zum Vergleich von Gradiva und Ninfa vgl. u.a. Gabriele Huber, Warburgs Ninfa, Freuds Gradiva und ihre Metamorphosen bei Masson. In: Baumgart, Birkle, a.a.O., S. 443–460; Sigrid Weigel, Aby Warburgs „Göttin im Exil". In: Vorträge aus dem Warburg-Haus, Bd. 4. Berlin: Akademie Verlag 2000, S. 65–103; Giorgio Agamben, Nymphae. Berlin: Merve 2005; Didi-Huberman, L'image survivante, a.a.O., S. 343–347; Ders., Ninfa moderna, a.a.O., S. 7–11. Zum Zusammenhang von Nymphe und Wahn auch Roberto Calasso, La follia che viene dalle Ninfe. Cusano: Adelphi Edizioni 2005, S. 37–44.

15 Formulierungen dieser Art kommen bei Warburg oftmals vor, zuletzt besonders prägnant in der Einleitung zum Mnemosyneatlas: „Die 'Mnemosyne' will in ihrer bildhaften Grundlage, die der beigegebene Atlas in Reproduktionen charakterisiert, zunächst nur ein Inventar sein der antikisierenden Vorprägungen, die auf die Darstellung des bewegten Lebens im Zeitalter der Renaissance mitstilbildend einwirken." (zit. nach: Marianne Koos, Wolfram Pichler, Werner Rappl, Gudrun Swoboda (Hg.), Aby M. Warburg. Mnemosyne. Hamburg: Dölling und Galitz (2. Auflage) 2006, S. 22. Die zweite Auflage ist um eine neue Einleitung und die Edition von Warburgs Einleitungstext von 1929 ergänzt).

16 Dazu und zum Folgenden Didi-Huberman, L'image survivante, a.a.O., 273–354. Vgl. Warburgs Eintrag „Vom Einfluss der Antike / Diese Geschichte ist märchenhaft / to vertellen. Gespenstergeschichte / f. ganz Erwachsene." (London, Warburg Institute Archive Nr. III.102.3.1, Mnemosyne. Grundbegriffe, II, 2. Juli 1929, S. 3).

17 Vgl. zuletzt Didi-Huberman, Ninfa moderna, a.a.O., S. 133f. Wolfram Pichler, Gudrun Swoboda, Gli spazi di Warburg. Topografie storico-culturali, autobiografiche e mediali nell' atlante "Mnemosyne". In: Quaderni Warburg Italia, 1, 2003, S. 93–180. Katia Mazzucco (Venedig) bereitet an der Università degli Studi di Siena eine Dissertation zu Warburgs Mnemosyne-Projekt unter dem Titel „Logos e rappresentazione" mit besonderer Berücksichtigung von Tafel 77 vor.

18 Vgl. Lydia Marinelli (Hg.), „Meine ... alten und dreckigen Götter." Aus Sigmund Freuds Sammlung. Frankfurt am Main, Basel: Stroemfeld 2000.

19 Tagebucheintrag Warburgs vom 3.4.1929, zit. nach: Karen Michels, Charlotte Schoell-Glass (Hg.), Aby Warburg. Tagebuch der Kulturwissenschaftlichen Bibliothek Warburg (= Aby Warburg. Gesammelte Schriften. Studienausgabe, siebte Abteilung, Bd. VII). Berlin: Akademie Verlag 2001, S. 429. – Zur Polarität von Flussgott und Nymphe vgl. auch denselben Eintrag weiter oben: „Ausdruckswertbildung Polarität des energetischen Problems Maenade von der (Kopfjägerin) bis zum sinnigen Flußgott."

20 Vgl. Koos, Pichler, Rappl, Swoboda (Hg.), Aby M. Warburg. Mnemosyne, a.a.O.; Aby Warburg: Der Bilderatlas Mnemosyne, hg. von Martin Warnke u. Mitarbeit v. Claudia Brink (= Aby

Warburg: Gesammelte Schriften: Studienausgabe, Abt. 2, Bd. 2.1, hg. von Horst Bredekamp, Michael Diers et al.). Berlin: Akademie-Verlag (2., erg. Aufl.) 2003.

21 Die Tafel 65 ist Teil der sogenannten „vorletzten Fassung", die im Warburg Institute in London unter der Nr. WIA III.107.2. zu finden ist. Auf das Desiderat, das gesamte Mnemosyne-Material in seiner Breite und Vielgestaltigkeit zu publizieren, hat mit Nachdruck Werner Rappl hingewiesen (vgl. Werner Rappl, La clef des songes. Il materiale per „Mnemosyne" di Aby Warburg e il linguaggio della memoria. In: Quaderni Warburg Italia, 1, 2003, S. 39–92).

22 Vgl. Aby Warburg, Manets „Déjeuner sur l' herbe". Die vorprägende Funktion heidnischer Elementargottheiten für die Entwicklung modernen Naturgefühls. In: Dieter Wuttke (Hg.), Kosmopolis der Wissenschaft. E. R. Curtius und das Warburg Institute. Briefe und andere Dokumente (= Saecula Spiritalia, Bd. 20). Baden-Baden: Koerner 1989, S. 258–272. Warburg plante damals, die Beobachtungen und Materialien zu Manet an den Schluss seines Atlasses zu stellen. In einem Brief an Saxl vom 17.4.1929 heißt es: „Die Arbeit über Manet (der Schluss der Mnemosyne) geht rüstig vorwärts." (ebd., S. 245).

23 Die Blitzsymbolik ist ein wichtiges Thema in Warburgs Studie über das „Schlangenritual". Vgl. Warburg, Schlangenritual, a.a.O., S. 16–18, 42 und 59.

24 „Nicht nur dass sie [Raphaels Quellnymphe], die ja auch das Wunder der Auffahrt nicht mehr erblickt, den adorierenden Gestus momentaner Ergriffenheit zu vollziehen keine Veranlassung mehr hat, nimmt sie von einem imaginären Zuschauer Notiz, der auf Erden, nicht im Himmel zu suchen ist. Auf Manets dreistimmiger Symphonie der Lagerung hat sich das Zuschauerbewusstsein im Sinne des italienischen Stiches deutlich verstärkt: auch der Mann neben der französischen Nymphe sieht, mit den Augen fest zugreifend, zum Bilde heraus." (Aby Warburg, Manet, a.a.O., S. 269).

25 Liegekuren wurden im späten 19. Jahrhundert zur Behandlung von Nervenkrankheiten angewandt. Vgl. Silas Weir Mitchell, Die Behandlung gewisser Formen von Neurasthenie und Hysterie. Berlin: Hirschwald 1887. Amerikanische Originalausgabe unter dem Titel: Fat and Blood and How to Make Them. Philadelphia: J.B. Lippincott & Co 1877. Dazu Freuds knappe Besprechung (Sigmund Freud, Referat über Weir Mitchell, Die Behandlung gewisser Formen von Neurasthenie und Hysterie, Berlin 1887. In: Ders., Gesammelte Werke, Nachtragsband, Frankfurt am Main: S. Fischer Verlag 1997, S. 67f. Näheres dazu im Beitrag von Lydia Marinelli im vorliegenden Band).

26 Vgl. den Beitrag von Dario Gamboni im vorliegenden Band.

27 Vgl. etwa Stimilli, La guarigione infinita, a.a.O., S. 63, 67, 90, 94, 122, 143.

28 Vgl. Aby Warburg, Italienische Kunst und internationale Astrologie im Palazzo Schifanoia zu Ferrara (1912/1922). In: Wuttke, Warburg. Ausgewählte Schriften, a.a.O., S. 173–198.

29 Vgl. Tagebucheintrag Warburgs vom 28.3.1929: „Intensivste Arbeit am Manet führt dazu, dass sich endlich ‚am Stück' die Olympische oder die ‚daemonische' Antike in ihren differenzierten Funktionen nachweisen lassen. Déjeuner sur l'herbe – die Kartharsis der Acedia durch den reformierten Eridanus dem Dekan des Saturn." Zit. nach: Karen Michels, Charlotte Schoell-Glass (Hg.), Aby Warburg. Tagebuch, a.a.O., S. 428.

30 Vgl. Raymond Klibansky, Erwin Panofsky, Fritz Saxl, Saturn und Melancholie. Studien zur Geschichte der Naturphilosophie und Medizin, der Religion und der Kunst. Frankfurt am Main: Suhrkamp 1992, S. 312f.

31 Die unter dem Einfluss eines bestimmten Planeten geborenen Menschen werden in der Astrologie als dessen Kinder bezeichnet.

32 Tagebucheintrag Warburgs vom 20.10.1929, zit. nach: Karen Michels, Charlotte Schoell-Glass (Hg.), Aby Warburg. Tagebuch, a.a.O., S. 551. Warburg bewegt sich hier, wie im Manet-Aufsatz überhaupt, in den Bahnen der im berühmten Luther-Aufsatz entwickelten Interpretation von Dürers Stich „Melencolia I" (vgl. Aby Warburg, Heidnisch-antike Weissagung in Wort und Bild zu Luthers Zeiten

(1920). In: Wuttke, Warburg. Ausgewählte Schriften, a.a.O., S. 199–304, insb. S. 255–262).

33 Tagebucheintrag Warburgs vom 20.3.1929: „Energetische Inversion im außern Ruhezustand: die Flussgötter können sich verehrungsgebunden nicht aufrichten, die Manet Frühstücker wollen es nicht: lazy people, die Kartharsis der Acedia." Zit. nach: Karen Michels, Charlotte Schoell-Glass (Hg.), Aby Warburg. Tagebuch, a.a.O., S. 422.

34 „Sein Zeitgenosse war Aristeides aus Theben. [...] Seine Malkunst ‚zeigte ein Gemälde', auf dem nach Einnahme einer Stadt ein Kind zur Brust seiner an einer Wunde sterbenden Mutter kriecht, und man sieht, wie die Mutter dieses fühlt und wie sie fürchtet, das Kind würde nach dem Versiegen der Milch Blut saugen." C. Plinius Secundus d.Ä., Naturkunde, Buch XXXV. Düsseldorf, Zürich: Artemis und Winkler 1997, S. 80f. Zur Bildtradition vgl. Sebastian Schütze, „Die sterbende Mutter des Aristeides". Ein Archetypus abendländischer Affektdarstellung und seine Restitution durch Cesare Fracanzano. In: Jahrbuch des Kunsthistorischen Museums Wien, 4/5, 2002/03 (2004), S. 164–189.

35 Vgl. Günther Dembski, Die Dekadrachmen von Syrakus im Wiener Münzkabinett. In: Jahrbuch des Kunsthistorischen Museums Wien, 87, 1991, S. 51–57.

36 Aby Warburg, Vortrag gehalten in der Hamburger Handelskammer am 14.4.1928 (London, Warburg Institute Archive, III.111.1, 21A). Zur Problematik „bildhafter Ursachensetzung" bei Warburg vgl. Gombrich, Biographie, a.a.O.; Roland Kany, Mnemosyne als Programm: Geschichte, Erinnerung und die Andacht zum Unbedeutenden im Werk von Usener, Warburg und Benjamin. Tübingen: Niemeyer 1987; Didi-Huberman, L'image survivante, a.a.O., S. 141–432 (speziell im Zusammenhang mit dem Begriff der Einfühlung).

37 Vgl. Didi-Huberman, Ninfa moderna, a.a.O., S. 134. Zu Warburgs Faszination an Briefmarken vgl. zuletzt Ulrich Raulff, Der unaufhaltsame Aufstieg einer Idee. Warburg und die Vernunft in der Republik. In: Ders., Wilde Energien. Vier Versuche zu Warburg. Göttingen: Wallstein Verlag 2003, S. 72–116.

38 Dominique Gerin, Les sources des lithographies de „médailles" d'Eugène Delacroix. In: Nouvelles de l'estampe, 157, 1998, S. 12–21.

39 Vgl. Tafel 77 (Abb. 12), wo das Bild des Wagenlenkers rechts oben über zeitgenössischen Reklamebildern zu sehen ist.

40 So auch Didi-Huberman, Ninfa moderna, a.a.O., S. 133.

41 Zu Warburgs Überlegungen zur modernen Malerei vgl. zuletzt Sven Lütticken, „Keep your Distance". Aby Warburg on Myth and Modern Art. In: Oxford Art Journal, 28, 2005, S. 45–59.

42 Vgl. Koos, Pichler, Rappl, Swoboda (Hg.), Aby M. Warburg. Mnemosyne, 2. Auflage 2006, a.a.O., S. 22.

43 Warburgs Einleitungstext von 1929 (zit. nach: Koos, Pichler, Rappl, Swoboda (Hg.), Aby M. Warburg. Mnemosyne, 2. Auflage 2006, a.a.O., S. 38). Zu Warburgs Geschichtsauffassung vgl. zuletzt die wichtigen Beiträge von Ulrich Raulff, Warburg oder die Wiederholung. In: Ders., Der unsichtbare Augenblick. Zeitkonzepte der Geschichte. Göttingen: Wallstein Verlag 1999, S. 85–117, und Didi-Huberman, L'image survivante, a.a.O.

44 Georg Wissowa (Hg.), Paulys Realencyclopädie der classischen Altertumswissenschaft, Bd. 3. Stuttgart: Alfred Druckenmüller Verlag 1895, S. 679f.

45 Dazu die wichtigen Bemerkungen bei Didi-Huberman, L'image survivante, a.a.O., S. 494–505, der die eigentümliche mediale Form von Warburgs Atlas mit seinem Begriff einer „Ikonologie des Zwischenraums" in Zusammenhang bringt. Ähnlich schon Pichler, Swoboda, Gli spazi di Warburg, a.a.O., S. 139f.

46 Vgl. Jean Laplanche, Jean-Bertrand Pontalis, Das Vokabular der Psychoanalyse. Frankfurt am Main: Suhrkamp Verlag 1996, S. 75. Bei Freud heißt es schon im Aufsatz zur Ätiologie der Hysterie: „Die Assoziationskette besteht immer aus mehr als zwei Gliedern, die traumatischen Szenen bilden nicht etwa einfache, perlschnurartige Reihen, sondern verzweigte, stammbaumartige Zusammenhänge [...]." (Sigmund Freud, Zur Ätiologie der Hysterie. In: Ders., Gesammelte Werke, Bd. I. Frankfurt am Main:

S. Fischer Verlag 1972, S. 432).

47 Vgl. die häufigen Eintragungen im Tagebuch zu den Umständen des „Schiebens" der Tafeln. In: Karen Michels, Charlotte Schoell-Glass (Hg.), Aby Warburg. Tagebuch, a.a.O., S. 522f., 555. Zum „Gelehrtenkollektiv" und dialogischen Arbeitsprozess siehe Pichler, Swoboda, Gli spazi di Warburg, a.a.O., S. 137–144, insb. S. 143 und Ulrich Raulff, Wilde Energien, a.a.O., S. 55.

48 Vgl. Pichler, Swoboda, Gli spazi di Warburg, a.a.O., S. 129–145.

49 Vgl. Carl Georg Heise, Persönliche Erinnerungen an Aby Warburg. Hg. und kommentiert von Björn Biester und Hans-Michael Schäfer. Wiesbaden: Harrassowitz Verlag 2005, S. 59.

50 Vgl. Stimilli, La guarigione infinita, a.a.O. Der Titel spielt an auf Sigmund Freud, Die endliche und die unendliche Analyse. In: Ders., Gesammelte Werke, Bd. XVI. Frankfurt am Main: S. Fischer Verlag 1972, S. 57–99. Vgl. auch Didi-Huberman, L'image survivante, a.a.O., S. 463.

51 Vgl. Didi-Huberman, Ninfa moderna, a.a.O., S. 132.

52 Tagebucheintrag Warburgs vom 3.4.1929, zit. nach: Michels, Schoell-Glass (Hg.), Aby Warburg, a.a.O., S. 429.

53 Vgl. Anm. 47.

54 Warburgs Tagebucheintrag zum 5.9.1929: „Ich kann meine alten, aus Edelblech gestanzten Ausdruckswerte nicht mehr hören." Zit. nach: Karen Michels, Charlotte Schoell-Glass (Hg.), Aby Warburg. Tagebuch, a.a.O., S. 520.

55 Zur Problematik flüchtiger oder „fliehender" Gedanken beim späten Warburg, speziell im Hinblick auf den Mnemosyne-Atlas, vgl. Didi-Huberman, L'image survivante, a.a.O., S. 468–471. Didi-Huberman stellt an dieser Stelle einen Bezug her zu Binswangers wichtigem Text „Über Ideenflucht" (Ludwig Binswanger, Über Ideenflucht. Zürich: Orell Füssli 1933).

BEHANDLUNGSRÄUME

SHELLBURNE THURBER

Lexington, Massachusetts, USA, 2000

Waban, Massachusetts, USA, 2000

Cambridge, Massachusetts, USA, 2000

Auburndale, Massachusetts, USA, 2000

Cambridge, Massachusetts, USA, 2000

Newtonville, Massachusetts, USA, 2000

T. I. P. 197.

Le Sopha. 197

mens & de la probité d'un homme qui l'aime (ſi toutefois quelque choſe peut jamais l'en aſſurer) elle ſe livre enfin à lui, cela ne me ſurprend pas ; mais qu'elle ſoit capable de foibleſſe pour un Mazulhim ! voilà ce que je ne puis comprendre. L'amour, répondit Amanzéi, ne ſeroit pas ce qu'il eſt, ſi.... Si, ſi, interrompit le Sultan, allez-vous faire longtems les beaux eſprits ? & ne vous ſouvient-il plus que j'ai défendu les diſſertations ? Que vous importe, dites-moi, que cette Zéphis aime ce Mazulhim, que l'une ſoit une bégueule, & l'autre un fat ? Eh bien ! elle l'aime tel qu'il eſt. Vous voulez ſçavoir pourquoi, que ne demandiez-vous à Amanzéi, pendant qu'il étoit femme ? Croyez-vous qu'il ſe ſouvienne de cela lui à préſent ? Vous êtes cauſe, au reſte, avec tous vos diſcours, que les contes que l'on me fait, ne finiſſent point, & cela m'excéde. Voyons, Emir, où en étiez-vous ? que devint cette

R 3

Anonym
Illustration aus: Claude Crébillon,
Le sopha, conte moral.
Nouvelle édition. Paris 1766
Österreichische Nationalbibliothek

NACKTE SEELEN

DIE MORALISCHE ÖKONOMIE DER COUCH

ANDREAS MAYER

Im Lauf des 20. Jahrhunderts ist die Couch nicht nur zum zentralen Symbol für die Psychoanalyse geworden, sondern auch zum sicheren Indikator ihrer legitimen Ausübung. Wo sich Patienten vor einem ihnen nicht sichtbaren Therapeuten hinlegen und sich ihren Assoziationen überlassen, dort wird „analysiert“. Gilt die für den Analysanden bereitstehende Couch heute auch als unverwechselbares Markenzeichen von Freuds neuem Therapieverfahren, so sind die vielfachen Gebrauchsweisen und Bedeutungen dieses Möbels und der von ihm ermöglichten Körperpositionen vor 1900 bisher kaum beachtet worden.[1] Dies scheint auf den ersten Blick wenig erstaunlich, denn die psychoanalytische Situation wird als etwas Einzigartiges und im wörtlichsten Sinne „Unerhörtes“ präsentiert. In einem von allen äußeren Einflüssen abgeschirmten Raum soll es die besondere Positionierung auf der Couch dem Analysanden ermöglichen, in einem verbalen, scheinbar körperlosen Tauschverkehr mit dem Analytiker verdrängte sexuelle und aggressive Wunschregungen freizulegen und der Deutung zuzuführen.

Nicht umsonst vergleicht Freud den Psychoanalytiker mit dem Chirurgen, „der alle seine Affekte und selbst sein menschliches Mitleid beiseite drängt und seinen geistigen Kräften ein einziges Ziel setzt: die Operation so kunstgerecht als möglich zu vollziehen“.[2] Die Couch gleicht demnach einem Operationstisch, auf dem sich die Seelenzergliederung mit technischer Präzision vollziehen kann. So wie im Seziersaal das Entblößen und Aufschneiden von Körpern jeder moralischen Bedeutung enthoben wird, so werden die Enthüllungen anstößiger sexueller oder gewalttätiger Regungen in der psychoanalytischen Praxis als bloßes „Material“ wahrgenommen, mit dem man arbeiten kann. In seinen technischen Schriften macht sich Freud ganz das Ideal des klinischen Blicks zu Eigen: Wenn der Arzt ohne jede menschliche Regung (und folglich ohne Erregung) auf den nackten Körper des Patienten zu blicken imstande ist, so können Psychoanalytiker eine ähnlich neutrale Einstellung zu den vor ihnen entblößten

Seelen einnehmen. Aus dieser Sicht wäre also die Couch ein Hilfsmittel zum Vollzug einer zugleich therapeutischen und epistemischen Operation. Die erotischen Dimensionen des Liegemöbels und das daran geknüpfte Thema der Verführung bleiben dabei auffälligerweise ausgespart. In den Erinnerungen der ersten Patienten ist dieses jedoch durchaus präsent. So behauptete etwa der als „Wolfsmann" bekannt gewordene und bis ins hohe Alter auskunftsfreudige Patient, Freud habe ursprünglich neben der Couch gesessen, „so dass der Analytiker und der Analysand einander sehen konnten. Diese Situation ausnützend, unternahm eine Patientin alle möglichen – oder, besser gesagt, alle unmöglichen Verführungsversuche. Um Ähnliches ein für allemal auszuschalten, wechselte Freud von diesem Platz auf die gegenüberliegende Seite über."[3] Wie viele andere gehört diese Erinnerung natürlich in eben jene Vorstellungswelt, die der Psychoanalyse ihr Material gibt. Sie markiert aber auch ein Problemfeld: Die Maxime der Neutralität und des klinischen Blicks, den Freud mit der Metapher vom Operationssaal evoziert, trifft im psychoanalytischen Behandlungsraum auf eine Anordnung, die bereits mit erotischen Fantasien aufgeladen ist. >>

<<<<<< Diese Fantasien bilden keineswegs einen ahistorischen Grund, auf dem die Psychoanalyse ihre Praxis errichtet. Sie sind vielmehr Teil einer spezifischen Ökonomie, die sich im 18. und 19. Jahrhundert herausbildet und die der pornografischen Literatur ihren Stoff liefert. Das Sofa, das Kanapee, der Diwan und die Couch spielen in dieser Literatur nicht nur eine offensichtliche, unterstützende Rolle – als Schauplätze der dargestellten sexuellen Handlungen –, sie werden auch als Stätten vorgeführt, die ein Wissen über den Eros befördern und emblematisch verkörpern. >

<<<<<<<<<<<<<<<<<<<<<<<<<<<<<<<<<<<<<<<<<<<<

DAS SOFA ALS ORT DER WAHRHEIT ÜBER DEN SEX >>>>>>>>>>

Wenn Sofas reden könnten ... Eine solche Vorstellung liegt einem berühmt-berüchtigten Roman aus dem 18. Jahrhundert zugrunde: „Le Sopha" von Claude Prosper de Crébillon, genannt Crébillon fils (1707–1777). Das vermutlich zunächst für Friedrich II. verfasste Werk erschien erstmals in Paris in kleiner Auflage im Jahr 1739 unter dem Titel „Le Sopha couleur de Roze" und drei Jahre später leicht verändert als „Le Sopha, conte moral".[4] Wie der Untertitel deutlich macht, war es Crébillons Absicht, ein sittenkritisches Buch vorzulegen, das die Heucheleien und Intrigenspiele des französischen Adels und Klerus in orientalischer Verkleidung aufs Korn nimmt.[5] Am Hof des Sultans Schah-Baham erzählt der Sklave Amanzéi dem Sultan und der Sultanin, wie seine Seele in einem früheren Leben zur Strafe für ihre Laster von Brahma in ein Sofa gebannt wurde. Das Sofa ist, ebenso wie im französischen Rokoko, eng mit der Sphäre der Weiblichkeit assoziiert, denn die göttliche Strafe entspricht den Ausschweifungen, die die Seele Amanzéis im Körper einer eitlen und verdorbenen Frau begangen hat, deren Leidenschaft diesem Möbel gegolten hatte. Die einzige Milderung der Strafe besteht darin, dass es der Seele gestattet ist, innerhalb der Stadt Agra frei von einem Sofa zum nächsten wechseln zu dürfen. Die Aussicht, sich „an den Lächerlichkeiten anderer Leute" zu ergötzen „und das Vergnügen, imstande zu sein, in die allergeheimsten Orte einzudringen und ganz nahe dabei sein zu können, wenn Dinge passierten, die für höchst geheim angesehen wurden",[6] entschädigt Amanzéi für seine Leiden. Die Erlösung der Seele wird an die Bedingung geknüpft, dass zwei bisher unberührte Menschen zum ersten Mal den Liebesakt auf dem Sofa vollführen. Die sittliche Verderbtheit der vorgeführten Figuren garantiert so den Fortgang der Erzählung: Brahma „wusste wohl, dass ich bei der zügellosen Vergnügungssucht, die in Agra herrschte, und bei der weit verbreiteten Missachtung aller guten Grundsätze niemals zwei Menschen finden würde, die seiner Forderung entsprachen, um mich in ein anderes Leben zu versetzen".[7] >>>>>>>>>>>>>>>>>>

<<<<<< Der Roman besteht jedoch nicht in einer ausführlichen Schilderung dieser Ausschweifungen und enttäuscht somit den Leser erotischer Literatur, der durch die Figur des Sultans repräsentiert wird. Gegen den anhaltenden Protest des Souveräns, dem die Geschichte erzählt wird und der die typische männliche Rezeptionshaltung verkörpert, schmuggelt Amanzéi listig immer wieder moralische Reflexionen in den Ablauf der Erzählung ein. Die Besonderheit von Crébillons Erzähltechnik tritt erst ganz zu Tage, wenn wir zum Vergleich ein Buch betrachten, das 1741 unter dem Titel „Le canapé couleur de feu" gedruckt wurde und wahrscheinlich von Louis Charles Fougeret de Montbron stammt.[8] Hier finden wir alle Elemente aus „Le Sopha" leicht abgewandelt wieder: Ein junger Mann wird von der hässlichen Fee Crapaudine in ein Sofa verwandelt, weil es

ihm nicht gelingt, mit ihr den Liebesakt zu vollziehen. Zu seiner Erlösung kommt es erst in dem Moment, in dem sich ebendieses Ereignis auf ihm selbst wiederholt. Die wunderbare Rückverwandlung steht hier allerdings bereits am Anfang des Buches, als ein alter Staatsanwalt am Hochzeitsabend bei seinem ersten Ansturm auf die junge Braut kläglich versagt. Der Rest des Buches besteht aus der Schilderung der geheimen Vorgänge, die Chevalier Commode, wie sich der aus dem Zauber erlöste junge Mann nennt, in seiner Sofaexistenz erlebt. Zielscheibe des Buches sind überwiegend die Vertreter des Klerus, deren leibliche Exzesse und sexuelle Praktiken in einer Reihe von Episoden dem ungläubigen Ehepaar drastisch vorgeführt werden. Mit dieser Thematik reiht sich Fougerets Buch in eine Reihe anderer berüchtigter pornografischer Werke dieser Zeit ein, wie etwa der „Histoire de Dom Bougre, portier des Chartreux“ (1748), in denen das Sofa ebenfalls zum Schauplatz der Orgien geistlicher Würdenträger wird. Das Kanapee oder Sofa ist in dieser Literatur eindeutig mit der Sphäre der Weiblichkeit und meist direkt mit jener der Prostituierten, der Heldin zahlreicher pornografischer Werke dieser Zeit, assoziiert.[9] Insofern ist es nicht erstaunlich, dass „Le canapé“ auf jegliche orientalische Verkleidung verzichtet und die Hauptaktion in ein berühmtes Pariser Bordell verlegt. >>>>>>>>>>>>>>>>>>>>>>>>>>>>>>>>>>>>>

<<<<<< Fougeret übernimmt auch die dialogische Form von „Le Sopha“, allerdings zu anderen Zwecken als Crébillon. In „Le canapé“ wird nicht bloß ein männlicher Erzähler in ein weiblich konnotiertes Möbelstück verwandelt, sondern die gesamte Erzählung findet selbst wiederum in Form eines Dialogs zwischen Commode und den Eheleuten auf einem Sofa statt. Damit öffnet sich eine gemütliche Perspektive, in der verschiedene Ansichten über die jeweils enthüllten Sexualpraktiken verhandelbar werden. Dabei wird das betreffende Ehepaar auch mehrmals in ironischer Weise miteinbezogen. So wird etwa die Geschichte eines Abbés, der sich von einer Frau auspeitschen lässt, um anschließend die Rolle des Züchtigers zu übernehmen, folgendermaßen kommentiert: „Man muss schon sagen, fügte die Anwaltsgattin hinzu, das ist in der Tat ein abseitiges und bizarres Geheimmittel, um die Manneskraft wieder zu erwecken. – Sie irren sich, entgegnete der Chevalier, nichts ist heutzutage natürlicher und mehr in Mode: Das nennt sich ‚Zeremonie‘ und man findet es selbst in den

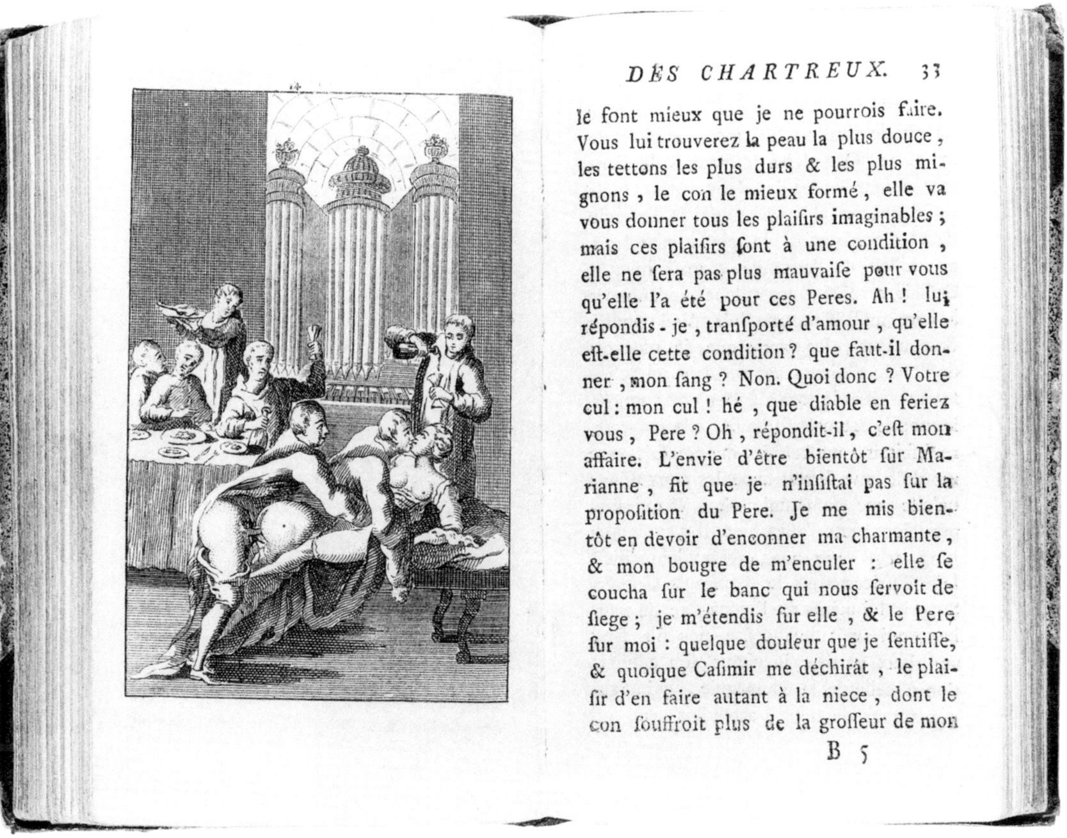
DES CHARTREUX. 33

le font mieux que je ne pourrois faire. Vous lui trouverez la peau la plus douce, les tettons les plus durs & les plus mignons, le con le mieux formé, elle va vous donner tous les plaiſirs imaginables; mais ces plaiſirs ſont à une condition, elle ne ſera pas plus mauvaiſe pour vous qu'elle l'a été pour ces Peres. Ah! lui répondis-je, tranſporté d'amour, qu'elle eſt-elle cette condition? que faut-il donner, mon ſang? Non. Quoi donc? Votre cul: mon cul! hé, que diable en feriez vous, Pere? Oh, répondit-il, c'eſt mon affaire. L'envie d'être bientôt ſur Marianne, fit que je n'inſiſtai pas ſur la propoſition du Pere. Je me mis bientôt en devoir d'enconner ma charmante, & mon bougre de m'enculer: elle ſe coucha ſur le banc qui nous ſervoit de ſiege; je m'étendis ſur elle, & le Pere ſur moi: quelque douleur que je ſentiſſe, & quoique Caſimir me déchirât, le plaiſir d'en faire autant à la niece, dont le con ſouffroit plus de la groſſeur de mon

B 5

Anonym
Illustration aus: Jean-Charles Gervaise de Latouche, Histoire de Dom Bougre, portier des Chartreux, écrite par lui-même. Rom 1776
Österreichische Nationalbibliothek

Anonym
Illustration aus: Histoire de Marguerite, fille de Suzon, nièce de D– B–. Paris 1784

kleinsten der Venus geweihten Gemeinschaften, wo man immer einen Vorrat an Rohrstöcken für diejenigen bereithält, die dieser Art frönen. Es besteht kein Zweifel, dass die Zeremonie – denn um eine solche handelt es sich – das Blut in Bewegung bringt, und die Sache wurde ja eben für jene erdacht, die nur schwer zu erregen sind. Ihre Wirkungen sind so unmittelbar und so wunderbar, dass ich vielleicht noch Kanapee wäre, wenn Ihr Gatte sich darauf eingelassen hätte. – Zum Teufel, rief der Staatsanwalt, ich bin nicht so närrisch. Ich bin in meiner Jugend im Kloster Saint-Lazare gestriegelt worden, aber soweit ich mich erinnern kann, hat mir diese Zeremonie alles andere als Vergnügen bereitet. – Das will ich wohl glauben, antwortete Commode. Was für ein Vergleich! Die Hand eines Schlingels von Laienbruder hat kaum die wohltuende Kraft derjenigen einer hübschen Frau. Wenn Sie ebenso oft im Kloster der Feuillantines wie in Saint-Lazare gewesen wären, ich wette, Sie hätten nicht genug davon bekommen und sich mit Leichtigkeit an die Strafmaßnahmen gewöhnt, die Ihnen die jungen schneidigen Schwestern erteilt hätten. – Nun aber genug vom Thema der Zeremonie und ihren Vorzügen, sagte die Gattin. – So viel und so wenig, wie es Ihnen beliebt, entgegnete der Chevalier. Sollte ich Sie langweilen, so haben Sie bitte die Güte, es mir mitzuteilen."[10] >>>>>>>

<<<<<< Aus der bequemen Erzählperspektive des Kanapees werden somit auf Wunsch der Zuhörer die verborgenen Sexualrituale offen gelegt, als deren Unterlage eben dieses Möbel dient. Wie viele andere pornografische Werke dieser Zeit schwankt „Le canapé" bei der Enthüllung der besonderen „Zeremonien" dieser erotischen Unterwelt zwischen Sittenkritik und Voyeurismus, zwischen der Anprangerung der Scheinheiligkeit des Klerus sowie der religiösen Erziehung und eben der Anpreisung seiner heimlichen Schlagerituale als Geheimrezept für in die Jahre gekommene Ehemänner. Die Literatur dieses Typs, die an die Stelle von spirituellen Doktrinen sinnliche Eindrücke und ihre physiologischen Wirkungen in ihr volles Recht setzt, steht damit ganz im Zeichen der Aufklärung.[11] >>>>>

<<<<<< Im Gegensatz zu Fougerets Buch schwört „Le Sopha" auf spielerische Weise diesen Vorzügen der „galanten Literatur" ab, schon allein indem es die Beschreibung der geschlechtlichen Vorgänge zugunsten der endlosen Reden und Gegenreden der Charaktere zurückstellt. Durch diese Strategie endlosen Aufschiebens zielt die Erzählung auf die Analyse einer

moralischen Ökonomie des Sofas. Das Sofa der von Crébillon porträtierten Gesellschaft ist kein Ort des unmittelbaren Vollzugs, sondern der Schauplatz einer überaus komplizierten Verhandlung von Intimität. Crébillon deckt als „Theoretiker des ‚amour goût'"[12] unzählige Maskeraden und Täuschungsmanöver, falsche Liebesschwüre und Geständnisse seiner Figuren auf. In diesem Kosmos besteht die Liebe aus einem kalkulierten Tauschhandel, in dem Sex, Wissen und Macht untrennbar miteinander verflochten sind: „Was die beiden Geschlechter damals Liebe nannten, war eine Art Tauschverkehr, auf den man sich oft lustlos einließ und in dem man die Bequemlichkeit stets der Sympathie, das Interesse dem Genuss und das Laster dem Gefühl vorzog."[13] Die nackte materielle Wahrheit dieser moralischen Ökonomie wird in „Le Sopha" durch einen Kunstgriff enthüllt, der Crébillons Roman von „Le canapé" deutlich abhebt. Fougerets Text profitiert vom Kontrast der scheinbaren Gemütlichkeit seiner Erzählperspektive (dem Sofa, das gewissermaßen durch Chevalier Commode personifiziert wird und dem Ehepaar am Hochzeitsabend eine Lektion in Sachen Aufklärung erteilt) und dem skandalösen, schockierenden und aufreizenden Inhalt dieser Erzählung (der Sexualrituale des Klerus). In „Le Sopha" wird aber eben diese Technik, die zugleich Entrüstung und voyeuristische Lust erlaubt, durch eine raffinierte Verschiebung selbst zum Gegenstand einer moralischen Analyse gemacht. So führt eine der zentralen Szenen des Romans vor, wie sich der religiöse Würdenträger Mocles und die als sittenstreng bekannte alte Jungfer Almaïde im Namen der Tugend gegenseitig zu immer offeneren und hemmungsloseren Geständnissen aufstacheln: „‚[...] Der Mann kam auf mich zu, riss mich roh in seine Arme und stieß mich auf ein Sofa. Erlassen Sie mir, um Gottes willen, die Einzelheiten eines Berichts, der meine Scham nur verletzen und am Ende noch meine Sinne verwirren könnte. Es genüge Ihnen zu erfahren, dass ich ...' ‚Nein', unterbrach sie Mocles lebhaft, ‚Sie müssen mir alles sagen. Wenn Sie mir etwas verschweigen, so tun Sie das nicht – ich sehe dies klar und muss um ihr Seelenheil zittern – aus Furcht, Ihre Sinne zu erregen oder Ihr Schamgefühl zu verletzen, sondern nur aus Verlegenheit darüber, dass Sie sich dem Mann gegenüber zu empfänglich gezeigt haben. Und dieser Beweggrund verdient keinesfalls Lob, sondern vollsten Tadel. Ich darf, ja ich muss sogar noch etwas hinzufügen: Wenn es wahr ist, dass Sie fürchten, durch den von mir geforderten Bericht in eine gefährliche Erregung zu geraten, dann können Sie ihn nicht unterdrücken oder beschönigen, ohne schuldig zu werden. Muss es denn nicht von folgenschwerer Bedeutung für Sie sein, dass Sie nicht wissen, welche Macht gewisse Gedanken über Sie haben? Können Sie denn ein festes Vertrauen in sich selbst haben, ohne sich selbst jemals auf die Probe zu stellen? Wenn Sie Ihre Seele derart schonen, werden Sie niemals erfahren, über welche Kräfte sie verfügt. Almaïde, glauben Sie mir, eine Gefahr, die wir nicht kennen, fürchten wir nicht so, wie wir sollten, und unsere Tugend fällt gewöhnlich nur deshalb, weil wir zu viel Vertrauen in uns selbst gehabt haben. Darum können Sie den genauen Umständen Ihrer Geschichte gar nicht genug Gewicht geben, denn an der Wirkung, die sie heute auf Sie ausüben, können Sie erkennen, welche Fortschritte auf dem Weg zur Tugend Sie schon gemacht haben, und, was noch viel wichtiger ist, welche Regungen Sie noch in sich zerstören müssen, um zu einer vollständigen Abneigung gegen alle Vergnügungen zu gelangen, die allein den tugendhaften Menschen in uns erstehen lässt.‘“[14] >>>>>>>>>>>>>>>>>>>>>>>>

<<<<<< Aus der Perspektive des Sofas entpuppt sich die vom Moralisten geforderte schrankenlose Beichte, in der alle Verfehlungen bis ins kleinste Detail berichtet werden müssen, als eine nur schlecht verhüllte Verführungstechnik. Von der unerbittlichen Geständnispflicht ist es nur ein kleiner Schritt zum erotischen Versuch, auf den sich Mocles und Almaïde zum Zweck moralischer Stärkung einlassen[15] – ein Experiment, das jedoch in großer Ernüchterung endet und ihrer Freundschaft ein jähes Ende setzt. In dieser Episode, die im Zentrum des Buches steht, tritt der Anspruch Crébillons auf eine umfassende moralische Analyse des auf dem Sofa stattfindenden Tauschverkehrs am deutlichsten zutage: Die Satire trifft immer dort am schärfsten, wo sie die materiellen und leiblichen Begierden der Moralisten selbst enthüllt und so der herkömmlichen Moral den Boden entzieht. Hier werden in einer ironischen Umkehrung die Moralapostel selbst als Pornografen vorgeführt. >>>>>>>>>>>>>>>>>>>>>>>>>>>>>>

<<<<<< Trotz solch ausgeklügelter Textstrategien entging Crébillons Buch nicht der Zensur. Unmittelbar nach seiner ersten offiziellen Publikation 1742 wurde „Le Sopha“ als ein sittenwidriges Werk eingestuft und der Autor auf königliche Weisung aus Paris verbannt. Über die Gründe dieser

harten Strafe lassen sich nur Vermutungen anstellen. Es erscheint unwahrscheinlich, dass sie vorwiegend der Behandlung eines freizügigen Sujets geschuldet waren. Im Gegensatz zur pornografischen Literatur der Zeit, die in eben diesem Jahrzehnt eine wahre Hochblüte erlebte, zeichnet sich „Le Sopha" durch die Abwesenheit obszöner Schilderungen aus. Dass dieses Unterdrücken von Direktheiten von Crébillon bewusst eingesetzt wurde, um seine moralische Analyse zu akzentuieren, belegt ein langer Rechtfertigungsbrief, den er im Exil an den Polizeileutnant schrieb: „[...] Ich denke, dass es schwierig war, ein solches Sujet noch zahmer zu behandeln, und falls ich an einigen Stellen meiner Feder zu viele Freiheiten erlaubt habe, kann man wohl leicht aus vielen anderen Passagen ersehen, dass ich die Details vermieden habe, die mit dem innersten Wesen dieser Naturangelegenheit untrennbar verknüpft scheinen. Ich gestehe, dass es mir nicht geringen Trost verschafft hat zu erfahren, dass die Damen nicht genug Obszönitäten darin gefunden hätten. Eines der größten Laster des Buches, und vielleicht dasjenige, das man mir am bittersten vorgeworfen hat, ist diese Moral, die ich versucht habe auf alles und jedes auszudehnen: mit weniger Besonnenheit hätte ich wahrscheinlich mehr Leser und weniger Kritiker gefunden. Aber es war eben nicht die Gewinnsucht, die mich umgarnt hat. Statt das Laster schonungsvoll zu behandeln oder es nur in seinen verführerischen Formen zu zeigen, habe ich es vorgezogen, weniger zu gefallen."[16] >>>>>>>>>>>>>>>>>>>>>>>>>>>>>>>>>>>

<<<<<< Crébillon fühlte sich ungerecht behandelt, war er doch als Moralist und nicht als Pornograf aufgetreten und dennoch als ein solcher behandelt worden. Aber war seine Position tatsächlich so eindeutig, wie er in seiner Rechtfertigung behauptet? Ein interessanter Hinweis findet sich in der Bemerkung über die weibliche Leserschaft, die von der Abwesenheit obszöner Schilderungen enttäuscht worden sei. Diese Bemerkung mag zunächst merkwürdig erscheinen, zumindest wenn man der noch immer weit verbreiteten Auffassung anhängt, das Genre der Pornografie sei seit seiner Entstehung in der Mitte des sechzehnten Jahrhunderts ausschließlich auf ein männliches Lesepublikum hin ausgerichtet. Frauen waren jedoch – wie sich für das achtzehnte Jahrhundert gut belegen lässt – ebenso wie Männer an der Herstellung, Diffusion und Rezeption dieser Literatur aktiv beteiligt.[17] Bereits die erste Szene von Crébillons „Sopha" macht

deutlich, dass das Buch die Leser*in* galanter Literatur zur Zielscheibe macht. Sie führt uns eine als Frömmlerin auftretende Dame vor, die sich in ihrem *cabinet* heimlich an Romanen „mit allerlei Liebesszenen und hitzigen Bildern" ergötzt.[18] Bereits die Anwesenheit eines bunten und bequemen Sofas erscheint dem Erzähler unpassend, wenn nicht anstößig für eine sittenstrenge Dame: Zeichen eines „heuchlerisch verhüllten Luxus".[19] Dass damit bereits im Eröffnungskapitel eine bestimmte weibliche Rezeptionshaltung nicht nur enttäuscht, sondern auch offen angeprangert wird, hat wohl Missfallen erregt (antizipiert wird dies durch die Überschrift des Kapitels: „welches nicht allen gefallen wird"). Es erscheint wohl wahrscheinlich, dass Crébillon mit dieser Darstellung mächtige Herren und Damen bei Hof verstimmt hat und dies nicht unwesentlich zu seiner Verbannung beigetragen hat. >>>>>>>>>>>>>>>>>>>>>>>>>>>>>>>>>>>

<<<<<< Mit dieser Deutung wäre zwar der Ruf von „Le Sopha" als einer unbequemen Satire bestätigt. Es bleibt aber zu fragen, ob der Anspruch einer Analyse der Sexualmoral, die selbst jedem Sinneskitzel und Vergnügen abschwört, hier wirklich so überzeugend eingelöst wird, wie der Autor der Zensurbehörde gegenüber vorgab. Es gibt nämlich in Crébillons Roman Passagen, die Zweifel an dieser vorgeblichen Eindeutigkeit aufkommen lassen. So schlägt etwa die letzte Episode des Buches, in der von den „Vergnügungen" der ins Sofa gebannten Seele berichtet wird, nicht mehr den ansonsten vorherrschenden Ton der kalt-spöttischen Beobachtung an. In einem Boudoir, das als „Tempel der Sinnlichkeit, der wahre Wohnsitz der Lüste"[20] charakterisiert wird, verliebt sich die Seele des Erzählers in ein junges Mädchen, das sich in ihrem Schlaf auf dem Sofa vor ihm entblößt, ihm durch ihre aufreizende Position einen Kuss ermöglicht und dessen Erregung sich in einer mystischen Vereinigung mit ihrem Traumbild entlädt. Somit kommt „Le Sopha" am Ende doch bei einer Szene an, die alle Grundelemente pornografischer Literatur enthält. Der männliche Erzähler, der als Voyeur die Erregung der Frau schildert, die er auf mystische Weise selbst zu verursachen meint, mystifiziert dabei auch seinen eigenen sexuellen Genuss: „Die Seele kennt Wonnen, die der Begriff ‚Lust' nicht auszudrücken vermag und für die selbst derjenige der ‚Wollust' nicht stark genug ist. Diese sanfte und zugleich stürmische Trunkenheit, in der meine Seele schwamm und die auf so genussreiche

Weise all ihre Vermögen beschäftigte, kann nichts hinreichend beschreiben."[21] Wo der Sinnestaumel sich so der Beschreibung durch Worte entzieht, zielt die pornografische Literatur in der Regel auf eine Handlung, die der Leser bei der Lektüre ausführt. „Le Sopha" bietet somit den interessanten Fall eines Buches, das die mit diesem Möbel assoziierten sexuellen Vorgänge zugleich als Gegenstand eines Wissens und des Vergnügens vorführt: ein Beispiel für intelligente Pornografie, die spielerisch ihre eigenen Funktionsweisen an ihren Leserinnen und Lesern ausprobiert. >>>>
<<<<<<<<<<<<<<<<<<<<<<<<<<<<<<<<<<<<<<<<<<<<<<<<<

DIE MECHANIK DER KÖRPER UND MÖBEL: >>>>>>>>>>>>>>>> DAS PORNOGRAFISCHE SETTING <<<<<<<<<<<<<<<<<<<<<<<<<

Auch im 19. Jahrhundert behalten der Diwan, das Sofa und die Couch ihren Platz in der pornografischen Literatur. Zu der Sexualisierung der Liegemöbel, die im Rokoko ihre stärkste Ausprägung gefunden hatte, tritt nun aber eine Reihe von Elementen, die einer neuen Auffassung von Komfort entsprechen. Die mechanisierten Formen der Couch, des Sofas und der Chaiselongue zeichnen sich durch ihre Verstellbarkeit und Flexibilität aus, die eine „aktive Anpassung" an den individuellen Körper in verschiedenen Positionen ermöglicht – im Gegensatz zu einer Vorstellung von Bequemlichkeit, die im passiven Einsinken in Kissen besteht.[22] Ebenso wie der menschliche Organismus in der Physiologie als eine Maschine erscheint, deren Bewegungsfunktionen unter einem rein mechanischen Gesichtspunkt untersucht werden, sind diese Möbel zerlegbare, bewegliche und von einem Mechanismus regulierte Gegenstände. Ihr Prinzip der Polyfunktionalität führt jedoch auch zu einer Auflösung der klaren Unterscheidung von Sitz- und Liegemöbeln: Sie sind nicht nur beweglich und anpassungsfähig, sondern auch selbst verwandelbar. >>>>>>>>>>>>>>>>

<<<<<< Von den vielfachen Möglichkeiten dieser Metamorphosen profitiert besonders die Medizin, für deren Zwecke eine Reihe von neuen Möbeln erfunden wird. Die verstellbare und verwandelbare Couch erweist sich als ein für die Arztpraxis unentbehrliches Möbel, und dies aus technischen, ökonomischen und moralischen Überlegungen heraus: Sie ermöglicht eine Vielzahl von verschiedenen Operationen, die schrittweise auf den jeweiligen Patienten abgestimmt werden können. Die Couch entpuppt sich aber erst dann als ein bloß durch einen Teppich getarntes nacktes

Gestell, wenn sie dem individuellen Fall entsprechend in einen Operationstisch oder in einen gynäkologischen oder zahnärztlichen Stuhl verwandelt wird. In ihrer verhüllten Form dient sie jedoch dazu, jenen „beängstigenden Eindruck“ zu vermeiden, den die Patienten meist von den medizinischen Apparaten empfangen. Der Übergang von der gemütlichen zur klinischen Sphäre durch die Verwandlung des Möbels in einen Operationstisch, vom Gespräch zur physischen Inspektion und Manipulation, vollzieht sich mechanisch und in kürzester Zeit, sobald die „das Ruhebett vortäuschende Decke weggezogen“ ist.[23] >>>>>>>>>>>>>>>>>>>>>>>>

<<<<<< Angesichts der Erfindung derartiger Apparate, die der praktische Arzt Karl Ullmann 1893 den Lesern der „Wiener Medizinischen Wochenschrift“ empfahl, erscheint Freuds Charakterisierung der Couch als eines Operationstisches der Seelenzergliederung weniger überraschend. Ist eine solche Präsentation des psychoanalytischen Settings nicht einfach die naheliegende Fortsetzung der auf mechanischen Effekten basierenden physischen Untersuchung, die ein möglichst neutrales und affektloses Verhältnis zwischen Arzt und Patient garantieren soll? Dennoch sollte der rein neutrale Charakter dieser für die Arztpraxis entwickelten Apparaturen nicht fraglos hingenommen werden. Die Pornografie des 19. Jahrhunderts macht ausgiebigen Gebrauch von diesem neuen Instrumentarium und übersetzt seine technischen Vorzüge in ein Mittel der Erzähltechnik: Der ruckartige Sprung, der die Patienten in die horizontale Lage befördert, kurbelt die sexuelle Mechanik der Körper an.[24] Das Grundmotiv vom erotisch besetzten Sofa ändert sich gegenüber den bereits betrachteten älteren Romanen dementsprechend: Es ist nicht mehr die Seele, die in den mit einer erotischen Bedeutung behafteten Körper des Sofas gesteckt wird und zum Zweck der unterhaltsamen Abwandlung von einem Möbelstück zum nächsten wandert, die Möbel selbst verwandeln sich nun fortwährend und ermöglichen so immer neue Variationen der sexuellen Mechanik. An die Stelle der Metempsychose tritt die technisch vermittelte Metamorphose und an die Stelle des perspektivisch sich ständig verschiebenden Blicks die Totalperspektive des männlichen Erzählers, der nicht selten als Arzt oder Naturwissenschaftler auftritt. >>>>>>>>>>>>>>>>>>>>>>>>>>>>>>

<<<<<< Als ein typisches Beispiel für diese Literatur kann der Roman „The Amatory Experiences of a Surgeon“ gelten, der in den frühen 1880er-Jahren

publiziert wurde und vermutlich von James Campbell Reddie stammt. Das Buch schildert den Werdegang eines englischen Arztes, der sich ganz der sexuellen „Aufklärung" seiner Patienten und Patientinnen verschreibt. Wie zu erwarten, steht die Enthüllung von delikaten Geheimnissen im Vordergrund, deren exklusiver Ort die Arztpraxis ist: „Wir Männer der Ärzteschaft kennen die geheimen Qualen und unbändigen Begierden, die die schamhafte Jungfrau verzehren, und denen es die Gesellschaft allein durch ihre Verordnungen versagt, ein sicheres Ventil zu finden. Wir verfügen oft über die Mittel, all die leidenschaftlichen Gedankengänge und manchmal auch die liederlichen, im Geheimen vollzogenen Taten derer aufzuspüren, die die Gesellschaft zur Krankheit verdammt hat anstatt der Natur ihren freien Lauf zu gewähren, und auch über Mittel, um die für diese jungen Mädchen so schädlichen Symptome zu lindern. Wer kann sagen, wie viele Opfer auf dem Altar der falschen Scham hingeschlachtet wurden, allein aus Angst vor der Schande, mit der die einzig natürliche Kur für ihre Beschwerden ihren Charakter verderben würde?"[25] >>>>>>>>>>

<<<<<< Der Arzt tritt hier als derjenige auf, der gegen die gesellschaftlichen Regeln der Natur wieder zu ihrem Recht verhilft: ein vertrauter Topos aus der medizinischen Literatur der Zeit, der hier jedoch ironisch variiert wird. Denn der Held des Buches weiß von den Geheimnissen der jungen Frauen, die sich ihm anvertrauen, auf seine Weise zu profitieren: „Alle meine Patientinnen, die sich nur ein wenig geneigt zeigten, wurden von meinem starken Argument überwältigt und kräftig gefickt. Ich variierte meine Lust auf jede erdenkliche Weise. Ich hatte keinerlei Skrupel irgendetwas, das meine Lust noch weiter steigern konnte, einzusetzen."[26] Da das empfohlene Heilmittel stets dasselbe bleibt, verlangt der Fortgang der Handlung nach Variation und Steigerung: ein Prinzip, das der Erzähler, der sich auch als Sammler von Erotika ausweist, aus den Werken des von ihm verehrten und imitierten Marquis de Sade ableitet. In diesem Zusammenhang tritt kaum zufällig die Couch in den Vordergrund der Aktion: „ein wahres Schlachtfeld der Venus, das der Polsterer nach meinen Vorstellungen zu meinem speziellen Gebrauch angefertigt hatte. Und könnten meine Leser statt der ihnen hier gebotenen Schmiererei dieses Sofa selbst ausprobieren, sie würden in der Tat mit lasziven Abenteuern *ad nauseam* gesättigt werden."[27] Auf diesem Möbelstück wird das Rückenleiden eines

645 **1893. Wiener Medizinische Wochenschrift Nr. 15.** 646

stückes oder die Stabilität desselben verändert wird, den Auftrieb der Sitzfläche bis beinahe zur doppelten Höhe, d. i. bis 95 Ctm. vom Erdboden, ohne dass zuvor der Patient herabsteigen müsste.

Wird nun die das Ruhebett vortäuschende Decke weggezogen und durch irgend einen impermeablen Stoff und noch durch ein Leintuch ersetzt, so dient das Ganze, genau wie jeder andere klinische Operationstisch, zu den verschiedensten chirurgischen Eingriffen. (Fig. B.)

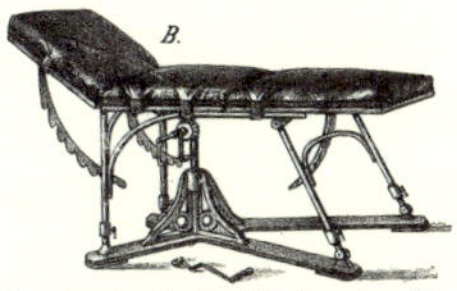

Werden aber die einzelnen Theile entsprechend verstellt und — was im Augenblicke geschehen ist — fixirt, dann hat man, nach Belieben, je nach der Höhe der Sitzfläche einen gynäkologischen, urologischen oder zahnärztlichen Stuhl. (Fig. C, D und E.) Letzterer ist für den Landarzt von besonderer Be-

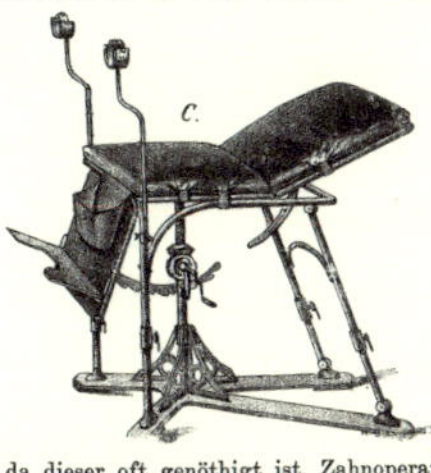

deutung, da dieser oft genöthigt ist, Zahnoperationen vorzunehmen, ohne dass es sich ihm lohnt, dazu eigens einen der meist sehr kostspieligen zahnärztlichen Stühle zu erwerben. Ganz aufgedreht, demnach in der Höhe von 95 Ctm. vom Erdboden, lässt sich der Apparat so gut wie kaum ein anderer zu mikroskopischen Zwecken, Endoskopie der Blase und Harnröhre verwenden, indem das Gesäss der Patienten ganz nach vorne gerückt, die Beine gestreckt nach abwärts fixirt gehalten werden können (Fig. D).

Ganz ausgezeichnet eignet sich der Apparat zu gynäkologischen Zwecken. Als Fussstütze dient hier sowie auch bei der Blasenendoskopie statt der sonst an Spekulirtischen üblichen Vorrichtung ein rasch in verschiedene Höhen einsetzbares Fussbrett aus Eisenblech, das auch den Vortheil hat, für jede Knieweite zu genügen und es dem Arzte oft erspart, mitten in irgend einer Untersuchung durch Anfassen der Füsse einer ängstlichen Patientin seine Hände zu beschmutzen.

Auch Schenkelhalter zu gynäkologischen Zwecken und zur Beckenfixirung, sowie ein Irrigateurgestell sind an dem Metallgerüste leicht anzubringen.

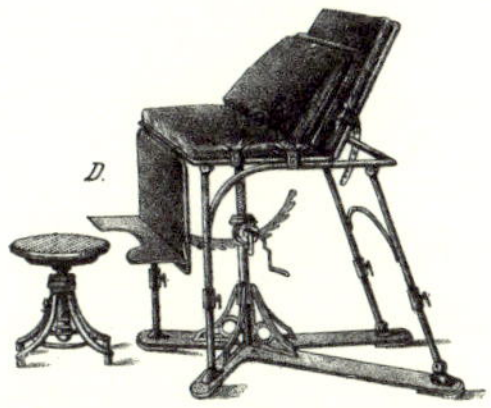

Als Spülgefäss dient eine momentan einhakbare Blechwanne, die nach Belieben auch mit einem sperrbaren Abflussrohre versehen werden kann.

Unter Benützung wohlfeiler trapezförmiger Kautschukunterlagen mit leicht aufgestülpten Rändern, die ich zu diesem Zwecke eigens anfertigen liess, oder irgend eines anderen impermeablen Stoffes, welcher mit dem oberen Ende unter das Gesäss der Patientin, mit dem unteren in die Tasse hineinreicht, lassen sich beherzt alle Arten von Spülungen und Operationen ausführen, ohne dass die Polsterung oder gar der Erdboden beschmutzt würde.

E

Der Mechanismus, die Fixation der Theile durch handliche Stellschrauben und Zahnstangen ist eine so einfache, dass es überflüssig erscheint, den Zeichnungen noch einen Kommentar hinzuzufügen.

Bei dieser mannigfachen Verwendungsart, der Haltbarkeit der Eisenkonstruktion, sowie einem gewissen Grade von Eleganz, welcher dem Verdienste des Verfertigers des Apparates, Herrn Esterlus, zuzuschreiben ist, glaube ich, den Apparat dem ärztlichen Publikum mit vollster Ueberzeugung empfehlen zu können.

Aus der Privat-Praxis.

Die Toleranz der Gebärmutter gegen traumatische und septische Einwirkungen.

Von Dr. ADOLF IVANUŠ, kön. Komitatsarzt in Belovar.

Es war vor etlichen Jahren, als ich zu einer Kreissenden, Namens Bara Žabek aus Vojnovec in Kroatisch-Zagorien, gerufen worden war. Nach der Angabe ihres Mannes hätte die Betreffende bereits fünf volle Tage gekreisst, auch wäre eine der beiden oberen Extremitäten ein paar Tage vorher bereits vorgefallen.

Schon beim Betreten der Wohnung der Patientin wehte mir ein aashafter, pestilenzialer Geruch entgegen. Beim mündlichen Examen erfuhr ich über ihren Zustand Folgendes:

1*

Untersuchungsdiwan
Aus: Karl Ullmann, Ein neuer Untersuchungs- und Operationstisch für den praktischen Arzt. In: Wiener Medizinische Wochenschrift, 8. April 1893, S. 645f.

dreizehnjährigen Mädchens mithilfe einer Reihe von Fessel- und Schlageritualen behandelt – eine dramatische Steigerung, die der Langeweile der endlosen Wiederholungen von stereotypen Floskeln entgegenarbeiten soll, von denen der Text durchzogen ist. Die ausführliche Beschreibung der zu diesem Zweck konstruierten Couch spielt eine zentrale Rolle bei dieser Strategie: „[...] diese Couch war sehr breit, ohne Rückenlehne und einem verstellbaren Kopfteil an einem Ende, während das Fußende die Form eines Halbmondes hatte, damit ich, wenn ein Hintern oder eine schöne Fotze meinem Angriff ausgesetzt war, gut zwischen den offenen Beinen meiner Patientin stehen konnte und ihr mein natürliches Klistier mit der größten Leichtigkeit einführen konnte, entweder im Stehen oder auf einem Fußkissen kniend. Diese Couch, die mit einem besonderen Gefühl für luxuriöse Wirkungen konstruiert war, vollführte unter einem hitzigen Liebespaar die schönsten federnden Bewegungen und sie hatte an jedem Ende und im Zentrum Schrauben, so dass ich Kopf, Hintern oder Körper meiner Patientinnen heben konnte, um sie den Dingen anzupassen, die ich mit ihnen anstellen wollte.“[28] >>>>>>>>>>>>>>>>>>>>>>>

<<<<<< Dieser Vorstoß in die Sphäre des Technischen ist nicht Ausschmückung (dies ist in einem Genre, das so rasch wie möglich zur Sache kommen muss, nicht zweckdienlich), sondern ermöglicht es, den hier geschilderten sexuellen Vorgängen ihren Platz in einer Realität anzuweisen, vor der die Sprache notwendigerweise versagt. Der Rekurs auf die mechanischen Apparaturen, die den Lesern besser *gezeigt* als beschrieben werden, verbindet den pornografischen Text eng mit der zeitgenössischen Experimentalphysiologie.[29] Der Pornograf und der Physiologe stimmen zumindest in jenem Punkt überein, dass die Sprache keine korrekte Darstellung der Realität erlaubt. In beiden Fällen zielt der Einsatz von Mechanik auf die Überwindung von sozialen Konventionen und auf die Wiedergewinnung einer – allerdings nur scheinbar – reinen Natur, wird diese doch als durch und durch artifiziell, technisch vermittelt und damit auch als beherrschbar vorgestellt. Nicht umsonst erinnern die von der namenlosen Hauptfigur von „The Amatory Experiences of a Surgeon“ mit seinen willfährigen Patientinnen auf der Couch veranstalteten Sexualrituale an die physiologische Vivisektion, in der der an den Tisch festgeschnallte Körper des Tieres den Eingriffen des Experimentators unterworfen ist.[30] Die hier

ausgeübte Macht über den Körper des anderen bleibt dabei nicht auf die Frage der technisch perfekten Ausführung beschränkt, sondern tritt über in den Bereich der Magie.[31] >>>>>>>>>>>>>>>>>>>>>>>>>>>>>>>>>>

<<<<<< Dass es in der experimentalphysiologisch inspirierten Pornografie um magische Beherrschung in einem ökonomischen Kräftespiel geht, wird nicht zuletzt durch die übermenschlichen Leistungen demonstriert, derer die männlichen Protagonisten dieser Romane fähig sind: Das Sperma fließt in unversiegbaren Strömen. Die ältere Wortform „to spend“, die für die Ejakulation gebraucht wird, verdeutlicht bereits, dass die Sexualität hier nur in einem ökonomischen Register begreifbar wird. Wie Steven Marcus betont hat,[32] ist diese Ökonomie eine Umkehrung der viktorianischen Sexualhygiene, die Enthaltsamkeit predigt und der Masturbation den Kampf ansagt. Anstelle des Imperativs, mit den kostbaren, allein zur Fortpflanzung bestimmten Körpersäften hauszuhalten, führt sie ihren Lesern eine magische, fantastische Welt vor, in der die Verschwendung des Spermas und die Lustmaximierung ins Extrem getrieben werden. In eben diesem Sinne ist diese Literatur nicht subversiv: Indem sie einfach die Verpflichtung zur Norm umkehrt und die „perverse“ Sexualität als einzige Erfüllung preist, profitiert sie selbst von dieser Grenzziehung. >>>>>>>>>>

<<<<<< Marcus zufolge erschließt sich die Logik dieser fantastischen verkehrten Welt, für die er den suggestiven Ausdruck „Pornotopia“ vorschlägt, erst vollständig im Vokabular der Psychoanalyse: in Form von Deutungen unbewusster Fantasien (der etwa im Fall heterosexueller Pornografie die Abwehr von Homosexualität zugrunde liegt). Hierin liegen die Grenzen seiner ansonsten treffenden Analyse. Denn der Zusammenhang von viktorianischer Pornografie und Psychoanalyse wird nur auf einseitige Weise erfasst, wenn so von der jeweiligen Produktion und Artikulation von Fantasien in konkreten, eigens dazu geschaffenen Räumen abstrahiert wird. Zweifellos sind diese Räume Gegenstand von fiktiven Entwürfen, doch ist ihr imaginäres Dekor weder austauschbar, noch lässt sich die hier vorgestellte Natur einfach in das archaische Bild „einer riesigen, auf dem Rücken liegenden weiblichen Gestalt“[33] übersetzen. >>>>>>>>>>>

<<<<<< Im Sinne einer konkreten Analyse müsste man, an den psychoanalytischen Wortgebrauch anknüpfend, vielmehr vom Entwurf eines „pornografischen Settings“ in dieser Literatur sprechen. Dieses Setting scheint

ebenso wie das psychoanalytische Behandlungszimmer der äußeren Realität gegenüber völlig abgeschirmt, seine handelnden Personen zerfallen in eine Reihe von Organen, die sich in einer Kette von mechanischen Interaktionen paaren und trennen. Und die Couch hat in diesem Setting der Liebesmaschinen ihren unverrückbaren Platz. >>>>>>>>>>>>>>>>>

<<<<<<<<<<<<<<<<<<<<<<<<<<<<<<<<<<<<<<<<<<<<<<<<

CODA: DIE LIEBESLEISTUNG DES PSYCHOANALYTIKERS >>>>>>>

Nachdem die Struktur des pornografischen Settings und seine besondere Ökonomie anhand einiger Beispiele umrissen worden ist, stellt sich nun die Frage, in welcher Beziehung die psychoanalytische Couch dazu steht. Vordergründig mag es scheinen, die einzige Gemeinsamkeit bestünde in der Geständnispflicht, dem zensurfreien Aussprechen sexueller Geheimnisse. Die Psychoanalyse hat nicht umsonst rasch den Ruf erlangt, das radikalste Projekt sexueller Aufklärung zu sein, werden die Analysanden doch jenseits aller herkömmlichen Moralvorstellungen auf das schrankenlose Enthüllen ihrer Intimsphäre verpflichtet. Diese Ethik der Aufrichtigkeit versprach einigen von Freuds Anhängern den Entwurf einer neuen, restlos aufgeklärten und von viktorianischer Doppelmoral befreiten Gesellschaft. Solche Utopien standen jedoch in krassem Missverhältnis zur Realität der vielfachen ‚technischen Experimente', wie sie von der ersten Generation von Psychoanalytikern angestellt wurden. Im Gegensatz zu Freud, der den Analytikern die „Gefühlskälte" des Chirurgen anempfahl,[34] ging der psychoanalytische Imperativ der absoluten Offenheit bei seinem ungarischen Schüler Sándor Ferenczi auch mit dem Ausleben von starken Gefühlen einher. Ferenczis affektbetonter Ansatz verstrickte ihn in eine jahrelang währende erotische Dreiecksbeziehung mit einer seiner Analysandinnen und ihrer Tochter. Diese im Namen der unbedingten Aufrichtigkeit aufrechterhaltenen Verhältnisse, von denen Freud brieflich im Detail unterrichtet wurde, gemahnen vielfach an die moralische Ökonomie der Libertinage des achtzehnten Jahrhunderts. Der in diesem Briefwechsel zutage tretende Tauschhandel, der vom schonungslosen Selbstbekenntnis zum erotischen Akt führt, erscheint geradezu wie eine weitere Episode aus Crébillons „Sopha" oder den „Liaisons dangereuses" von Choderlos de Laclos.[35] Die Couch ist hier der Ort des Bekenntnisses, aber auch des Vollzugs. Dieser doppelte Gebrauch rief bei Ferenczi jedoch spätestens in dem Moment Irritationen hervor, als sich ein homosexueller Patient während einer Sitzung über „Würmchen am Diwan" beschwerte. Die beunruhigenden Schlüsse aus dieser Episode wurden Freud brieflich mitgeteilt: „Ich habe am selben Tage geschlechtlich verkehrt. Es kam mir der Gedanke, dass es nicht recht ist, dieselbe Lagerstätte für den Erwerb und für die Liebesleistung zu verwenden. Diejenige, mit der ich verkehrte, nennt die Spermatozoen ‚Würmchen' [...]. Ich dachte am selben Tage an die Möglichkeit, dass ein Mensch mit feinem Geruchsorgan spüren könnte, dass da etwas vorgegangen ist." Und Ferenczi fügte in Klammern hinzu: „Es ist nicht wahrscheinlich, dass am Diwan materielle Spuren zurückgeblieben wären. Dafür war vorgesorgt. Aber ausschließen lässt sich so etwas nicht."[36] >>>>>>>>>>>>>>>>>>>>>>>>>>>>>>>>>>

<<<<<< Diese Schilderung verweist auf eine Hardcoreszene, wie sie auch in einem Buch wie „The Amatory Experiences of a Surgeon" stehen könnte. Pornografisches und psychoanalytisches Setting scheinen hier untrennbar verknüpft, wie bereits das ökonomische Vokabular (die „Liebesleistung") und die obsessive Beschäftigung mit dem Sperma anzeigen. Und kaum zufällig regiert auch in Ferenczis Budapester Mikrokosmos letztendlich die Magie. Die Verbindung zwischen der psychoanalytischen und der sexuellen Situation kann ihm zufolge nur durch die Annahme von „Gedankenübertragung" erklärt werden. Der homosexuelle Patient hätte demnach die Gedanken seines Analytikers gelesen und so dessen kurz zuvor auf der Couch stattgefundenes Schäferstündchen aufgedeckt. Diese Szene mag einer gewissen unfreiwilligen Komik nicht entbehren: aber sie führt uns eindringlich vor, wie sehr die psychoanalytische Couch von ihrer pornografischen Vergangenheit heimgesucht wird.

1 Eine ausführlichere Behandlung dieses Themas erfolgt in Lydia Marinelli und Andreas Mayer, Geschichte der Couch. Über psychotherapeutische Räume und Möbel. Frankfurt am Main: Fischer 2006.

2 Sigmund Freud, Ratschläge für den Arzt bei der psychoanalytischen Behandlung. In: Ders., Gesammelte Werke, Bd. VIII. Frankfurt am Main: S. Fischer Verlag 1973, S. 380f.

3 Die Erinnerungen des Wolfsmannes. In: Der Wolfsmann vom Wolfsmann, hg. von Muriel Gardiner. Frankfurt am Main: S. Fischer Verlag 1972, S. 177.

4 Vgl. dazu die Einleitung zur kritischen Ausgabe des Textes von Jean Sgard. In: Claude Crébillon, Œuvres complètes, Tome II. Paris: Garnier 2000, S. 251–280.

5 Die Mode des Orientalismus führte am Hof von Ludwig XV. auch dazu, dass sich der König und seine Mätressen orientalische Kosenamen zulegten. Vgl. die Bemerkungen von Pierre Lièvre im Vorwort zu der von ihm besorgten Ausgabe: Œuvres de Crébillon fils, Tome III, Le Sopha. Etablissement du texte et préface par Pierre Lièvre. Paris: Le Divan 1930.

6 Claude Crébillon, Le Sopha. In: Œuvres complètes, Tome II, a.a.O., S. 293. Übersetzung vom Verfasser.

7 Ebd., S. 331.

8 Es steht nicht fest, wann das Buch erstmals erschienen ist, jedoch sicherlich nicht vor Crébillons Buch. Im Bericht eines Polizeispitzels von 1748 wird Fougeret de Montbron als ein „schamloser Charakter" und Verfasser von „Le canapé" bezeichnet. (Robert Darnton, Das große Katzenmassaker. Streifzüge durch die französische Kultur vor der Revolution. München: Hanser 1989, S. 216f.)

9 Vgl. Kathryn Norberg, The Libertine Whore: Prostitution in French Pornography from Margot to Juliette. In: Lynn Hunt (Hg.), The Invention of Pornography. Obscenity and the Origins of Modernity. New York: Zone Books 1993, S. 225–252.

10 Le canapé couleur de feu. Histoire galante par Fougeret de Montbron. Suivie de La Belle sans chemise ou Eve ressuscité. Paris: Bibliothèque des Curieux 1928, S. 29f.

11 Zur politischen Dimension der Pornografie in der französischen Aufklärung, vgl. Robert Darnton, The forbidden best-sellers of prerevolutionary France. New York und London: Norton 1995; Lynn Hunt, Pornography and the French Revolution. In: Dies. (Hg.), The Invention of Pornography, a.a.O., S. 301–339.

12 Pierre Lièvre, Vorwort zu: Œuvres de Crébillon fils, Tome IV. Paris: Le Divan 1930, S. II.

13 Claude Crébillon, Les égarements du cœur et de l'esprit. In: Œuvres complètes, Tome II, a.a.O., S. 75.

14 Crébillon, Le Sopha, a.a.O., S. 339.

15 Ebd., S. 350. Der Text macht hier von der Zweideutigkeit des Wortes „épreuve" Gebrauch, das „Versuch", „Probe" oder „Prüfung" bedeuten kann.

16 Brief von Crébillon an Feydeau de Marville, lieutenant de police, ohne Ort und Datum (zitiert im Vorwort von Pierre Lièvre zu: Crébillon fils, Le Sopha, a.a.O., S. X).

17 Vgl. dazu Margaret Jacob, The Materialist World of Pornography. In: Hunt (Hg.), The Invention of Pornography, a.a.O., S. 157–202.

18 Crébillon, Le Sopha, a.a.O., S. 295.

19 Ebd., S. 294.

20 Ebd., S. 446.

21 Ebd., S. 448.

22 Sigfried Giedion, Die Herrschaft der Mechanisierung, Ein Beitrag zur anonymen Geschichte. Frankfurt am Main: Europäische Verlagsanstalt 1982, S. 430.

23 Vgl. Karl Ullmann, Ein neuer Untersuchungs- und Operationstisch für den praktischen Arzt. In: Wiener Medizinische Wochenschrift, 8. April 1893, S. 644f.

24 Giedion, der die moralische Konnotation des Wortes ‚Komfort' betont hat, hat die sexuelle Komponente dieser neuen Möbel (anders als beim Rokokostil) ignoriert. Das lässt sich sicher auch darauf zurückführen, dass er selbst jenen Reformbewegungen anhing, die in den Patentmöbeln die Träger einer neuen, bewussten und gesunden Auseinandersetzung mit den Körperhaltungen des Menschen sahen.

25 Anon. [James Campbell Reddie], The Amatory Experiences of a Surgeon. Moscow: Printed for the Nihilists 1881, S. 33.

26 Ebd., S. 54f.
27 Ebd., S. 69.
28 Ebd., S. 69f.
29 Der Leser wird mehrfach nicht nur als Komplize, sondern auch als Zeuge aufgerufen: „[...] Sollte der letzte Vorfall in irgendeiner Weise unglaublich klingen oder sollte der Leser selbst danach verlangen, von dieser Quelle der Erregung zu kosten, genügt eine Zeile an den Autor, die an den Händler zu senden ist, von dem dieses Werk erworben wurde. Er wird sich dann durch handgreifliche Beweise überzeugen lassen, die jenseits der Macht der hartnäckigsten Zweifler liegen." (ebd., S. 73).
30 Vgl. Coral Lansbury, The Old Brown Dog. Women, Workers, and Vivisection in Edwardian England. Madison: The University of Wisconsin Press 1985.
31 Eine „magische Auffassung der Führung" findet Georges Canguilhem in der Experimentalphysiologie Claude Bernards vor (Machine et organisme. In: Ders., La connaissance de la vie. Deuxième édition revue et augmentée. Paris: Vrin 1965, S. 115).
32 Steven Marcus, Umkehrung der Moral. Sexualität und Pornografie im viktorianischen England. Frankfurt am Main: Suhrkamp 1979.
33 Ebd., S. 233. „Pornografie steht für die permanente und ständig erneuerte Anstrengung, zur Brust der Mutter zurückzukehren, die Wonnen wiederzuerlangen, aber auch für die Rache an einer Welt – und insbesondere an den Frauen in ihr –, die die Trennung institutionalisiert hat." (ebd., S. 234).
34 Freud, Ratschläge für den Arzt, a.a.O., S. 381.
35 Vgl. Jean Allouch, Sincerités libertines. In: Etudes Freudiennes, 34, 1993, S. 205–224; John Forrester, Casualties of Truth. In: Ders., Dispatches from the Freud Wars. Psychoanalysis and its Passions. Cambridge (MA), London: Harvard University Press 1997, S. 44–106.
36 Sándor Ferenczi an Sigmund Freud, Brief vom 17. 8. 1910. Sigmund Freud, Sándor Ferenczi, Briefwechsel, Band I/1, 1908–1911, hg. von Eva Brabant, Ernst Falzeder, Patrizia Giampieri-Deutsch. Wien, Köln, Weimar: Böhlau Verlag 1993, S. 294.

Spencer Finch
Ceiling (above Freud's couch) noon, 1995
A fresco bemalter Putz auf Holz

VERSÄUMTES LIEBEN, FORSCHENDES LIEGEN
NOTIZEN ZU KAWABATAS „DIE SCHLAFENDEN SCHÖNEN"

BIRGIT GRIESECKE

Es kann nicht verwundern, dass Romane, in denen sich sehr alte Männer begehrlich neben sehr junge Frauen legen, Abwehr hervorrufen. Pädophilie, Abhängigkeit, Geschmacklosigkeit, Ekel, Ausbeutung – aus einem umfänglichen, moralisch gesicherten und gebotenen Arsenal kann die Literaturkritik schöpfen, um gegen die „Altmännerfantasien" zu protestieren, die den Büchermarkt immer wieder heimsuchen. So richtig und notwendig nimmt sich dieser Protest angesichts nicht abreißender Zeitungsmeldungen von beklemmendsten Fällen sexuellen Missbrauchs aus, dass leicht aus dem Blick geraten kann, dass wir es im Falle jener Romane mit literarischen Fiktionen zu tun haben, die eben auch andere als moralisch-juridische Bewertungskriterien verlangen. Wenn ein Stück Literatur gelungen ist, erweitert es unser Wissen, unsere Vorstellungskraft über Begehren, Triebe, Wünsche, Heimlichkeiten, und wir tragen diese Denkmöglichkeiten in unsere Lebens- und Erfahrungswelt ein, ohne sie gutheißen zu müssen; bedient es dagegen auf berechenbare Weise Klischees, gibt es darin weder etwas zu denken noch zu erfahren, und wenn der Bequemlichkeit einer solchen Bekräftigungsliteratur nicht gewisse Genussqualitäten abgewonnen werden können, hat man seine Zeit wahrscheinlich verschwendet.

Das wäre gerade auch für die Einschätzung von „Erinnerung an meine traurigen Huren" zu bedenken, den Beitrag, mit dem Gabriel García Márquez jüngst das berühmt-berüchtigte Regal mutmaßlicher Entgleisungen großer Autoren – Vladimir Nabokovs „Lolita", John Updikes „Brasilien", Charles Simmons' „Das Venus-Spiel" etc. – erweitert hat. Spektakulär an dem insgesamt doch recht uninspirierten Plot und der ziemlich unerotischen Stimmung ist vielleicht einzig das Altersgefälle, neben dem sich der Abstand zwischen dem siebenunddreißigjährigen Humbert H. und der zwölfjährigen Lolita vergleichsweise gering ausnimmt: Zu seinem neunzigsten Geburtstag macht sich ein Mann, der in seinem Leben nur die käufliche Lust kennen gelernt hat, mit der Unterstützung einer befreundeten Bordellbesitzerin eine Nacht mit einer Jungfrau selbst zum Geschenk und entdeckt hier, neben einem vierzehnjährigen Mädchen liegend, das sich ängstlich schlafend stellt, wie Begierde einer großen Zärtlichkeit, vielleicht sogar der Liebe weicht, die wiederum dem nahenden Tod seinen Schrecken nimmt. Und das einzig Bemerkenswerte an dieser ganzen Geschichte ist wohl das Motto, mit dem Márquez einem großen japanischen Kollegen seine Reverenz erweist, dessen Roman „Die schlafenden Schönen“ hier offenbar unerreichtes Vorbild geblieben ist; es sind die ersten Zeilen dieses schon 1961 erschienenen Werks von Kawabata Yasunari: „Er möge sich, beschwor den alten Eguchi die Frau in dem kleinen Hotel, nur ja keine üblen Scherze erlauben; dem schlafenden Mädchen etwa mit dem Finger in den Mund zu langen gehe nicht an.“[1] >>>>>>>>

<<<<<< Was für ein Szenario verbirgt sich hinter dieser rätselhaften Ermahnung, die eine strenge Empfangsdame dem siebenundsechzigjährigen Eguchi mit auf den Weg gibt, bevor sie ihn sich neben eine tief schlafende junge Frau legen lässt? Vorwegnehmend können wir sagen: Es ist nicht allein der lüsterne Auftakt zu einem morbid anmutenden Abenteuer, obwohl Lust und Sterben durchaus ins Spiel kommen werden; es ist nicht bloß die Abschiedsfeier körperlicher Exzessivität an der Schwelle zum Alter, die hier angedeutet wird, obwohl Erinnerung, Wehmut und Überschreitung von höchster Bedeutung sein werden; vielmehr klingt hier, in dieser bizarren Maßregel, die die augenscheinliche Promiskuität und Permissivität mehr betont als durchkreuzt, an, dass wir es mit einem – auch für japanische Verhältnisse – höchst ungewöhnlichen Setting zu tun haben; ungewöhnlicher sicherlich noch als vieles, was wir vom nicht wenig verbreiteten Liebeshandel zwischen (alters-)ungleichen Menschen bereits wissen und uns vorstellen können. Jenes „Hotel“ nämlich bietet, mit der Maßgabe eben, dass es zu keinerlei Zudringlichkeiten und Gewaltsamkeiten kommen dürfe, hochbetagten Männern die nächtliche Gesellschaft narkotisierter junger Frauen an, die schon tief schlafen, bevor die Greise sich neben sie legen dürfen, und die nicht erwachen werden, bevor nicht der Gast, der Kunde sie bereits wieder verlassen hat. >>>>>>>>>>>>>>>>>>

<<<<<< Was bei Eguchi, wie es zunächst aussieht, aus schlichter Neugier auf einen lasziven Genuss für einige Stunden beginnt, lässt ihn nun unauf-

haltsam in ein experimentelles Begehren geraten, in dem Wollust und Wissenwollen, Erotik und Episteme permanent die Plätze tauschen.[2] Gleichermaßen angezogen von der sanktionierten Attraktion gänzlich verfügbarer Frauenkörper wie abgestoßen von diesem für die alten Männer doch recht beschämenden Arrangement, diesem „senilen Spiel", wie er es selbst einschätzt, will er zunächst die Regeln des Spiels genauer verstehen und stößt dabei auf einige Ungereimtheiten; Ungereimtheiten, die vor allem den Anteil betreffen, den die narkotisierten Frauen in diesem Spiel haben. Einerseits wird ihm von der selbst keineswegs jovialen Empfangsdame glaubhaft versichert, dass sie keinesfalls aufwachen werden: „‚Das Mädchen schläft tief und weiß von nichts', sagte die Frau zum wiederholten Male. ‚Die Kleine wird durchschlafen und von Anfang bis Ende nichts mitbekommen. Auch nicht, neben wem sie eigentlich geschlafen hat ... Insofern brauchen Sie sich also keine Sorgen zu machen.'"[3] Doch als Eguchi sich neben die tief Schlafende legt, sie in Augenschein nimmt und über ihren eigens für ihn, den Alternden herbeigeführten Zustand zwischen Mensch und Ding ins Grübeln gerät, wird es fraglich, ob es nicht gerade dieser Umstand der kompletten Tilgung des Bewusstseins ist, der ihm Sorgen bereitet, in ihm ein Gefühl der Unheimlichkeit erzeugt. „Auch in der Hand der Kleinen, die der alte Mann zuvor ergriffen und geschüttelt hatte, saß bis in die Fingerspitzen der Schlaf; sie lag da, wie er sie hatte fallen lassen. Und als er jetzt das für ihn bestimmte Kopfkissen beiseite zog, rutschte sie gleichzeitig von ihrem Kissen herab. Den einen Ellbogen auf das seine gestützt, betrachtete der alte Eguchi die Hand und murmelte: ‚Als ob sie lebendig wäre ...' Natürlich bezweifelte er nicht, dass sie lebendig war; er hatte nur ausdrücken wollen, wie hübsch sie ihm erschien. Andererseits ließen diese Worte, einmal ausgesprochen, einen unheimlichen Nachhall zurück. Schließlich hatte man die bis zur Fühllosigkeit eingeschläferte Schöne in eine so unendliche Tiefe hinabgesenkt, dass ihre Lebenszeit wenn auch nicht stillstand, so doch verloren ging. Dabei war sie keine lebende Puppe geworden, lebende Puppen konnte es nicht geben; vielmehr hatte man sie in ein lebendiges Spielzeug verwandelt, um Greise, die längst aufgehört hatten, Männer zu sein, damit vor beschämenden Gedanken zu bewahren. Nein, nicht in ein Spielzeug; wahrscheinlich war sie für diese Greise das Lebendige selbst. Ein Lebendiges, das von ihnen betastet werden konnte."[4] Als Eguchi in seinen Erkundungen fortfährt und meint, an der Schlafenden einen Geruch von Milch wahrzunehmen – konnte denn dieser mädchenhafte Körper einer noch nicht Zwanzigjährigen schon ein Kind geboren haben?[5] –, suchen ihn Gedanken an den Milchgeruch seiner Enkelkinder heim; Erinnerungen an deren Mütter, seine drei Töchter, an seine damalige Geliebte, die zu der Zeit, als seine Kinder noch sehr klein waren, auf einen ebensolchen Milchgeruch, der seiner Kleidung anhaftete, mit Abscheu und Eifersucht reagierte, an eine Geliebte aus der Zeit vor seiner Ehe, deren Brust er in rasender Leidenschaft blutig biss und die dabei scheinbar keinen Schmerz empfand, an weitere Geliebte seines Lebens, bis er – allerdings im Zerrspiegel eines Albtraumes – wieder bei seinen Kindern und Enkelkindern anlangt. >>>

<<<<<< Und doch – ist es trotz oder wegen dieses schmerzlichen Abtauchens in seine Erinnerungen und Ängste? – sucht er ungefähr einen halben Monat nach dieser ersten Nacht das verschwiegene Haus ein zweites Mal auf. Überrascht hört er, dass es im Metier der *schlafenden Schönen* offenbar so etwas wie Erfahrung gibt, denn ein „erfahreneres" Mädchen wird ihm angeboten; Eguchi meldet Zweifel an: „‚So? Sie sei die Erfahrenere, sagen Sie – was heißt da erfahren? Sie schläft ja doch.' ‚Ach, wissen Sie …'"[6] Das Rätsel, wie Erfahrung und Tiefschlaf zusammengehen können, wird nicht wirklich gelöst – was könnte es anderes bedeuten, überlegt Eguchi, als die „regelrechte Abrichtung" von Frauen, deren körperliche Weiblichkeit ausgestellt, deren Seele aber in tiefen Schlaf versetzt wird?[7] Kaum vorstellbar scheint es doch, dass die ‚Erfahrung' einer tief Schlafenden ihn in irgendeiner Weise berühren könnte. Aber was veranlasst ihn, den „natürlicheren" Liebesdingen noch nicht Entwöhnten, in das Haus der *schlafenden Schönen* zurückzukehren? Denn zweifellos ist er schon jetzt, bei seinem zweiten Besuch, in eine Serie geraten. Was genau ist sein Begehren? >>>>>>>

<<<<<< Ist es wirklich nur der Wunsch, im Alter sich noch einmal an jungen Körpern zu erfreuen, ohne dabei Gefahr zu laufen, sich einer Demütigung auszusetzen? Dagegen spricht, dass sich Eguchi von Anfang an das arrangierte Zusammensein von Greisen mit narkotisierten Mädchen nicht schöngefärbt hat, er darin „kein menschliches Miteinander"[8] erkennen kann und sich den Greisen auch durchaus noch nicht zugehörig fühlt. In der Tat wandelt Eguchi in der zweiten Nacht der von körperlicher Lust

angetriebene Wunsch an, durch einen Bruch der Regeln stellvertretend Rache zu nehmen für die unwürdigen Veranstaltungen dieses Bordells. Doch als er merkt, dass die junge Frau neben ihm noch unberührt ist (was er nicht wirklich erwartet zu haben scheint, wurde sie ihm doch als eine „Erfahrene“ angekündigt) und dass sie auch durch sein rücksichtsloses Vorgehen nicht erwachen würde, gerät er abermals in bittere Gedanken über die Arrangements dieses merkwürdigen Bordells, bricht ab und lässt sich durch die Satzfetzen der im Schlaf Sprechenden neben ihm in eine irrwitzige Kommunikation ziehen: „Die Kleine schien geträumt zu haben; war dieser Traum jetzt zu Ende? Aber vielleicht hatte sie auch gar nicht geträumt, vielleicht hatte sie sich unter den wilden Berührungen durch die alten Männer nur allmählich daran gewöhnt, wie zur Abwehr im Schlaf Reden zu führen. Ja, dachte Eguchi, das muss es gewesen sein. Zwar war die Kleine von einer solchen Koketterie erfüllt, dass sich ihr Körper, während sie schlief, auch ohne Worte mit einem alten Mann unterhalten konnte; Eguchi jedoch wollte sie wirklich sprechen hören, und wenn es nur in unzusammenhängenden Wortfetzen wäre [...]. Zaudernd überlegte er, was er sagen, wo er sie anstoßen müsste, um von ihr eine im Schlaf gemurmelte Antwort zu erhalten; dabei streichelte er die Grübchen an ihrem Rückgrat entlang und fragte schließlich: ‚Träumst du noch? Oder ist er vorbei, der Traum von deiner Mutter, wie sie verschwand?‘“[9] >>>>

<<<<<< Und wieder entspinnen sich weite Assoziations- und Erinnerungsketten, in denen er sich mit sich selbst als Vater, als Ehemann, als Geliebter und Liebender in verschiedenen Lebensphasen konfrontiert sieht und die er erst nach vielen Stunden, als ihm diese Denk- und Erinnerungsstrudel zu sehr zusetzten, mit der Einnahme des bereitliegenden Schlafmittels unterbindet. >>>

<<<<<< Unversehens also ist er in eine strapaziöse Selbstversuchsreihe geraten, Versuche, die ihm zu versprechen scheinen, sich selbst zu erkennen. Hat er, der vor und während seiner Ehe mit so vielen verschiedenen Frauen Nächte in Hotels verbracht hat, Frauen je erkannt? Was weiß er denn über seine Lust, über sein Lieben? – Es deutet sich bereits an, dass die Frauen, neben denen er liegt, kaum mehr in der Rolle von Objekten seiner erotischen Absichten und taktilen Erkundungen aufgehen, sondern ihm auf für ihn unvorhersehbare Weise Anstoß geben, über etwas nachzu-

denken, was ihm lange aus dem Sinn war oder ihm ohne ihre durch den Tiefschlaf befremdlich gebrochene Nähe nie in den Sinn gekommen wäre. Und interessanterweise sind es gerade seine reichen Erfahrungen in Liebesdingen, seine gründlichen Kenntnisse in den Spielarten des Begehrens, die aus ihm an diesem seltsam entrückten Ort die Qualitäten eines virtuosen Experimentators hervortreiben. >>>>>>>>>>>>>>>>>>>>>>>>>>>

<<<<<< Als ‚virtuos' gilt in der neuesten Wissenschaftsforschung gerade der Experimentator, der es aus bester Kenntnis seiner Forschungsumgebung heraus versteht, eine sorgfältigst eingerichtete Experimentalanordnung nicht perfekt unter Kontrolle zu halten, sondern ihr die Zügel schießen zu lassen; ganz involviert zu sein und es auszuhalten, dennoch einen Schritt abseits zu bleiben. Zur Beschreibung dieses Phänomens leiht sich Hans-Jörg Rheinberger, einer der profiliertesten Experimentaltheoretiker, den Begriff der ‚Extimität' bzw. ‚intimen Exteriorität' von Jacques Lacan: „Je mehr [ein Wissenschaftler] lernt, mit seiner Experimentalanordnung umzugehen, desto stärker spielt sie ihre eigenen inhärenten Möglichkeiten aus. In einem gewissen Sinn macht sie sich von den Wünschen des Forschers unabhängig, gerade weil dieser sie mit all der ihm zur Verfügung stehenden Kunstfertigkeit entworfen und eingerichtet hat. Was Lacan für die Humanwissenschaften formuliert hat, gilt somit auch hier: ‚Das Subjekt ist, wenn man so sagen kann, in innerem Ausschluss seinem Objekt eingeschlossen.' Diese ‚intime Exteriorität' oder ‚Extimität' [...] können wir auch als ‚Virtuosität' bezeichnen."[10] >>>>>>>>>>>>>>>>>>>>>>>>>

<<<<<< Vor dem Hintergrund dieser begrifflichen Bestimmung experimentellen Handelns würde Eguchi, dem an der Schwelle zum Alter und zum Sterben noch einmal die ganze Spanne der Intimität zum Thema und zum prekären Forschungsgebiet wird, die experimentelle Extimität einholen, gerade weil er nicht anders kann, als sich zu involvieren, und gerade weil ihn seine Erfahrung die Grenzen des Erzwingens bereits gelehrt hat. Er, der Wachende, das Subjekt des Handelns, ist, wie man in Lacans und Rheinbergers Begriffen weiter beschreiben könnte, mit den durch die Narkotisierung quasi als Objekte ausgelieferten Frauen, auf eine für ihn sehr spür-, aber noch nicht durchschaubare Weise ‚versäumt': ‚suturé' – „verzahnt und knapp daran vorbei, in den beiden Bedeutungen des Wortes ‚versäumen'".[11] >>>>>>>>>>>>>>>>>>>>>>>>>>>>>>>>>>>>

Wenn wir hier also Eguchi nicht allein auf einen alternden Lüstling, der ein frivoles Spiel mit Wehrlosen treibt, reduziert wissen wollen, dann kann eine Dimension zum Vorschein kommen, in der sich der Experimentator selbst mit aufs Spiel setzt. Eine solche Sichtweise ergibt sich aber nur, sofern man eine nichtherkömmliche Auffassung experimenteller Settings in Anschlag bringt, wie sie eben mit einer Theorie der prekären „Verzahnung“ von Experimentator, ‚epistemischen‘ und ‚technischen‘ Dingen in ‚Experimentalsystemen‘ vorliegt. >>>>>>>>>>>>>>>>>>>>>>

<<<<<< Wenn wir den Futon im Haus der *schlafenden Schönen* als zentralen Ort des Experimentalsystems, Eguchi als Experimentator ansehen wollen und seine fünf Nächte mit verschiedenen Frauen als eine Versuchsserie, dann bleibt zu klären, wie ‚epistemische‘ und ‚technische‘ Dinge in diesem System verteilt sind: Insofern ‚epistemische Dinge‘ die Dinge sind, denen die Anstrengung des Wissens gilt – „nicht unbedingt Objekte im engeren Sinn, es können auch Strukturen, Reaktionen, Funktionen sein“[12] –, wäre zu klären, ob es schlichtweg Frauenkörper sind, die Eguchi unter den besonderen Bedingungen vollkommener Verfügbarkeit erforschen will, oder aber die Qualitäten seines eigenen Begehrens, einstmals und jetzt, unter den Regeln seines bislang bizarrsten Bordells. Und insofern mit ‚technischen Dingen‘ eben jene Stabilitäten gemeint sind, die jeder experimentelle Prozess braucht, um „ablaufen“ zu können, bleibt zu überlegen, ob damit das gesamte Setting – das Haus der *schlafenden Schönen* mit den Schönen selbst, der gestrengen Empfangsdame, der Verbindlichkeit bestimmter Verhaltensregeln etc. – zu erfassen wäre. Schon in dieser kurzen Bestandsaufnahme wird deutlich, dass die *schlafenden Schönen* hier, experimentaltheoretisch gesprochen, sowohl auf der Seite der epistemischen wie auf der Seite der technischen „Dinge“ stehen können. Diese Ambivalenz ist konstitutiv, weil im Zuge der Ab- und Durchläufe (Eguchis fünf Nächte) in einem Experimentalsystem ein „nicht-triviales Wechselspiel“[13] zwischen den epistemischen und den technischen Dingen in Gang gesetzt werden kann, d. h. ein eigentlich in den technischen Aufbau gehörender Bestandteil kann unversehens zum epistemischen Ding werden oder umgekehrt – weshalb ein Experimentalsystem als Forschungsaggregat am erfolgreichsten im fortwährenden Umbau oder sogar, wie Rheinberger schreibt, „am Rande seines Zusammenbruchs“[14] operiert. >>>>>>>>>>>>>

Verfolgen wir nun also vor dem Hintergrund dieses experimentaltheoretischen Interludiums Eguchis Versuchsreihe als ein solches gefährliches und gefährdetes, als ein „nicht-triviales Wechselspiel" weiter: Schon eine Woche nach seinem zweiten Besuch sucht Eguchi das *Haus der schlafenden Schönen* wieder auf. Diesmal, so hört er von der Empfangsdame, ist das in Schlaf versetzte Mädchen „noch in der Ausbildung".[15] „‚Sie ist neu, ein junges Ding noch.' Der alte Eguchi war verwirrt. ‚Und weil sie noch nicht eingewöhnt ist, hat sie Angst. Ob nicht, meinte sie, eine andere mit ihr kommen könne? Aber ich habe gesagt: Das geht nicht. Der Gast mag das nicht.' ‚Was denn, zwei auf einmal? Mir wäre auch das durchaus nicht unangenehm. Zudem, wenn sie schläft wie tot, kann sie doch gar nicht wissen, ob es da etwas zu fürchten gibt.' ‚Natürlich nicht. Gehen Sie bitte trotzdem sanft mit ihr um – eben weil sie noch nicht daran gewöhnt ist.' ‚Ich werde ihr nichts tun.' ‚Das weiß ich.' ‚Noch in der Ausbildung?' murmelte der alte Eguchi. Es gab schon seltsame Dinge."[16] >>>>>>>>>>>>>>>>

<<<<<< Immer deutlicher wird in seiner dritten Nacht, dass er, einerlei, ob die Frauen „erfahren" oder „noch in der Ausbildung" sind, dieser wechselnden Partnerinnen im Liegen bedarf, um seine Gedanken, Gefühle und Erinnerungen auf für ihn unkalkulierbare Weise zum Ablauf zu bringen. Allmählich wird Eguchi dabei gewahr, dass eine jede durch ihr individuelles Gebaren im Schlaf nicht weniger als durch ihr Aussehen ihn auf die unterschiedlichsten Gefühls- und Gedankenspuren zu setzen vermag: Zärtlichkeit, Lust, väterliche Fürsorge, Gewaltfantasien. Nicht herrscht hier allein, wie es anfangs aussieht, die narkotisierte Verfügbarkeit, sondern die narkotisierten Frauen scheinen mehr und mehr über ihn zu verfügen. Selbst im tiefsten Schlaf spielen sie ihre eigenen Möglichkeiten aus und gehen mit ihm, dem Selbstversucher, ein Verhältnis ‚intimer Exteriorität' bzw. ‚Extimität' ein, d. h. hier passieren Dinge auf selbstläufige, schlafwandlerische Weise, die auch er, der Wache, nicht länger in der Hand hat – genau dies scheint Eguchi aber endlich erfahren zu wollen: Aufschlüsse über Verschüttetes, nicht Geklärtes, nicht Eingestandenes – ein selbstexperimenteller, durchaus psychoanalytisch anmutender Prozess. Gleichzeitig beunruhigt ihn dieser „Ausschluss". So sehr ihm diese besondere, künstlich-käufliche Situation seiner Seelenerkundung ein offenbar nicht länger aufzuschiebendes Anliegen ist, so sehr quält sie ihn als eine

unkontrollierbare Seelenarbeit. Als Eguchi in dieser seiner dritten Nacht neben dem bestenfalls sechzehnjährigen Mädchen liegt, überlegt er, ob er nicht versuchen sollte, von der Frau dieses Hauses dasselbe Mittel zu bekommen wie die Mädchen: „Vermutlich wird sie es mir nicht geben; wie aber, wenn ich es doch bekäme, und auch ich fiele in einen Schlaf wie ein Toter?“ [17] Dann bringen ihn die im Selbstgespräch gefallenen Worte „Schlafen wie ein Toter“ auf die Spur der Erinnerung an eine seiner letzten Geliebten, eine verheiratete Frau, die nach einer gemeinsam verbrachten Nacht im Aufwachen meinte: „Ah, ich habe geschlafen wie eine Tote! Wirklich, wie tot habe ich geschlafen.“ Lange spürt Eguchi diesem Verhältnis nach, in das er meint, plötzliche – späte – Einsichten zu haben, von dort fließt der Strom der Gedanken weiter zu Erlebnissen mit einer Prostituierten, die noch um einiges jünger gewesen sein mochte als das Mädchen, das jetzt neben ihm liegt; Unbehagen überfällt ihn: „Was war denn das Übelste, das ein Mann einer Frau antun konnte? Affären wie die mit der verheirateten Frau in Kôbe oder mit der vierzehnjährigen Prostituierten füllten in einem langen Menschenleben einen flüchtigen Augenblick, um schon im nächsten Augenblick vergangen zu sein. Dass er eine Frau geehelicht, dass er Töchter aufgezogen hatte, galt zwar vor der Welt als Guttat; aber lang ist die Zeit, und wie er diese lange Zeit beherrscht, wie er das Leben dieser Frauen gelenkt oder gar ihren Charakter verbogen hatte – war das nicht ein einziger Frevel gewesen? Wahrscheinlich war ihm, bedrängt von Gewohnheit und Ordnung dieser Welt, die Empfindung für das Böse abhanden gekommen. Auch neben einem eingeschläferten jungen Mädchen zu liegen bedeutete zweifellos eine Übeltat. Was erst dann so recht deutlich würde, wenn er die Kleine umbrächte. Und vermutlich wäre es ein Leichtes, ihr die Kehle zuzudrücken oder ihr die Hand auf Mund und Nase zu pressen, so dass sie erstickte. Allein, sie schlief, den Mund geöffnet, und ließ ihn ihre kindliche Zunge sehen. Eine Zunge, auf die der alte Eguchi nur den Finger legen brauchte, und sie würde sich einwölben wie die Brust, an der ein Baby saugt.“ [18] >>

<<<<<< Eguchi versucht, die in ihm aufgestiegene gewaltsame Lust mit einer Art vor sich selbst abgelegter Beichte zu ersticken; Traum- und Trugbilder tauchen hinter seinen Lidern auf; er schreckt auf, ist wieder von

dem Gedanken besessen, das gleiche Schlafmittel wie die Mädchen zu schlucken, und immer stärker spürte er die Verführung, neben einer todähnlich Schlafenden in Todesschlaf zu fallen. Am nächsten Morgen wendet er sich an die Empfangsdame: „‚Haben Sie mich heute Nacht nicht klingeln gehört? Ich hätte so gern das gleiche Mittel gehabt, wie es die Mädchen bekommen. Ich möchte einmal schlafen wie sie.' ‚Das ist nicht erlaubt. Vor allem ist es gefährlich für alte Leute.' ‚Ich habe ein kräftiges Herz; da machen Sie sich nur keine Sorgen. Und selbst wenn ich nie wieder erwachte, ich würde es nicht bedauern.' ‚Nun sind Sie erst das dritte Mal hier gewesen, und schon fangen Sie an, solche launenhafte Reden zu führen.' ‚Wo sähen Sie denn die Grenzen dessen, was Sie in diesem Haus an Launenhaftigkeit durchgehen ließen?' Die Frau betrachtete den alten Eguchi mit einem abschätzigen Blick, ein schwaches Lächeln glitt über ihre Lippen."[19] Nein, die Grenzen sind noch nicht ausgelotet, und Eguchi kann von der Auslotung von Grenzen nicht lassen; denn das *Haus der schlafenden Schönen,* dieses raffinierte Experimentalsystem, verspricht Antworten auf Fragen, die er noch gar nicht zu stellen in der Lage ist. >>>>>>>>>>>

<<<<<< Also kehrt er dorthin zurück, und in dieser vierten Nacht, in der er neben einem, wie ihm angekündigt wird, „heißblütigen Mädchen"[20] zu liegen kommt, überfallen Eguchi, wie in der Nacht zuvor, Gewaltfantasien: Welchen Duft würde ihr Körper verströmen, wenn er sie erdrosselte? Der schwere süße Duft dieses Mädchens wandelt sich – wie schon in der ersten Nacht – in den Milchgeruch eines Babys; und wie in der zweiten Nacht überfällt ihn das wilde Verlangen, die junge Frau zu schwängern. Dann vermeint er in seinem Inneren eine spöttische Stimme zu vernehmen, die ihn in ein Gespräch über seine Sehnsüchte verwickelt und ihn zu warnen scheint: „Komm nie wieder hierher! Gesetzt den Fall – und die Möglichkeit besteht, zehntausend zu eins –, eines der Mädchen erwachte mitten in der Nacht: kannst du dir denn gar nicht vorstellen, wie sehr das einen Greis beschämen muss?"[21] >>>>>>>>>>>>>>>>>>>>>>>>>>>>>

<<<<<< Allerdings hat für Eguchi die Vorstellung, eines der Mädchen würde plötzlich erwachen, „etwas außerordentlich Verführerisches"[22]. Sie lässt in ihm die sadistische Lust an der Überlegung wieder entflammen, von einem wie gearteten Schock es, wie benommen auch immer, die Augen aufschlagen würde. „Müsste man zum Beispiel so auf sie einhauen, dass

sie einen Arm verlöre, müsste man ihr einen tiefen Stich in Brust oder Bauch beibringen, um sie am Weiterschlafen zu hindern?“[23] In einem Taumel von entfesselter Fantasie, Reue und Verzagtheit fällt er in einen Schlaf, aus dem er sich am nächsten Morgen von der Empfangsdame nur schwer wecken lässt. „‚Ich habe eine ernstliche Bitte an Sie‘, sagte der alte Eguchi in geradezu förmlichem Tonfall. ‚Könnten Sie mir nach dem Frühstück nicht noch einmal diese Schlaftabletten geben? Ich bitte sehr darum. Ich bezahle Sie Ihnen extra. Ich weiß zwar nicht, wann die Kleine aufwachen wird …‘ ‚Ausgeschlossen.‘ Das fahle Frauengesicht wurde leichenblass, selbst ihre Schultern waren jetzt steif. ‚Was reden Sie nur? Alles hat einmal seine Grenzen.‘ ‚Grenzen?‘ Der alte Mann versuchte zu lachen, aber er brachte kein Lachen heraus.“[24] >>>>>>>>>>>>>>>>>>>>>>>>>>>>

<<<<<< Ein fünftes und (vermutlich) letztes Mal zieht es ihn zurück an den Ort, an dem Grenzen offenbar quer zu allen Üblichkeiten gezogen werden. Ein düsterer Schatten begleitet diesen Besuch, denn Eguchi ist zu Ohren gekommen, dass kürzlich ein alter Mann im *Haus der schlafenden Schönen* gestorben sei. Selbstredend ist alles hinreichend diskret geregelt worden, und doch hält sich Eguchi lange bei der Nähe alter Männer zum Tod und dem Unheimlichen der Nähe junger Frauen zu alten Männern auf, bis ihm die Empfangsdame das Wort abschneidet und ihn „nach nebenan“ bittet, wo dieses Mal zwei Mädchen schlafen: ein dunkles, erhitztes, unruhig sich hin und her werfendes, und ein ruhig und sanft schlafendes. Das dunkle Mädchen erscheint ihm, den der Gedanke an den Tod nicht loslässt, wie „das Leben selber“[25] – könnte sie nicht „die letzte Frau“[26] in seinem Leben sein? „‚Die letzte Frau in meinem Leben … Aber wie komme ich eigentlich darauf? Die letzte Frau? … Nein‘, dachte er, ‚doch nicht so! Und welche wäre dann die erste gewesen?‘ […] ‚Die erste Frau?‘ … ‚Das war meine Mutter‘, durchfuhr es den alten Eguchi. ‚Außer ihr kann es keine gewesen sein‘, beantwortete er, selber überrascht, die eigene Frage. ‚Die Mutter als die Frau?‘ Jetzt war er siebenundsechzig Jahre alt, und da zum ersten Mal, während er zwischen zwei nackten Mädchen lag, stieg plötzlich aus irgendeiner Tiefe seines Inneren diese Wahrheit herauf. War es Blasphemie? War es Sehnsucht?“[27] >>>>>>>>>>>>

<<<<<< Die Erinnerung an seine sterbende, aus Nase und Mund blutende Mutter sucht ihn heim, wird abgelöst von den Bildern seiner jungen Ehe-

frau inmitten von Blüten, aus denen plötzlich rote Tropfen fallen. Er schreckt auf und wird gewahr, dass der Körper des unruhigen Mädchens neben ihm kalt ist, sie atmet nicht, ihr Herz steht still. Er alarmiert die Empfangsdame, die ihm versichert, das Mädchen sei nicht tot, es aber rasch aus dem Zimmer tragen lässt. Eguchi wird mit einer Extradosis an Schlafmitteln versorgt: „‚Wirklich, machen Sie sich keine überflüssigen Sorgen. Legen Sie sich bitte ruhig wieder hin. Noch ist ja das andere Mädchen da.'“ [28] >>>

<<<<<< Ist das Experimentalsystem, in dem sich Eguchi selbst, als Erkunder seines gelebten Lebens und möglichen Sterbens, aufs Spiel hat setzen wollen, wirklich nur halb zusammengebrochen? Wir erfahren es nicht mehr. Der „Dornröschenschlaf“ – der Originaltitel des Buches „Nemureru bijo“ erinnert an „Nemureru mori no bijo“, das „japanische“ Dornröschen – nimmt kein gutes, sondern ein jähes Ende. Das unterscheidet eine riskante Versuchsreihe von einem Grimm'schen Märchen und Kawabatas Roman über einen, den im Lieben und Liegen das Denken, das Wissenwollen einholt, von all jenen Altmännerfantasien, in denen es einer bloß noch einmal wissen will.

1 Kawabata Yasunari, Die schlafenden Schönen. Frankfurt am Main: Suhrkamp 2004, S. 7. Vgl. dagegen Márquez' doch deutlich weniger subtile Eröffnung seines Romangeschehens: „In meinem neunzigsten Jahr wollte ich mir zum Geburtstag eine liebestolle Nacht mit einem unschuldigen Mädchen schenken.“ (Gabriel García Márquez, Erinnerung an meine traurigen Huren. Köln: Kiepenheuer & Witsch 2004, S. 9).
2 Vgl. für diesen und den folgenden Zusammenhang Birgit Griesecke, Intime Experimente. Unterwegs in japanischen Schlaflaboren mit Ariyoshi, Tanizaki und Kawabata. In: Nachrichten der Gesellschaft für Natur- und Völkerkunde Ostasiens (NOAG), 75, 2005, Heft 1/2, S. 7–36.
3 Kawabata, Die schlafenden Schönen, a.a.O., S. 8.
4 Ebd., S. 16f.
5 Vgl. ebd., S. 18.
6 Ebd., S. 41f.
7 Vgl. ebd., S. 53.
8 Ebd., S. 41.
9 Ebd., S. 54f.
10 Hans Jörg Rheinberger, Experimentalsysteme und epistemische Dinge. Eine Geschichte der Proteinsynthese im Reagenzglas. Göttingen: Wallstein 2001, S. 18. (Lacans Konzeption der ‚Extimität‘ bzw. ‚intimen Exteriorität‘ findet sich in: Jacques Lacan, Die Wissenschaft und die Wahrheit (Schriften II), Freiburg im Breisgau: Walter 1975, S. 239; ders., Die Ethik der Psychoanalyse. Das Seminar, Buch VII. Berlin: Quadriga 1996, S. 171).
11 Hans-Jörg Rheinberger, Augenmerk. In: Ders.: Iterationen. Berlin: Merve 2005, S. 53.
12 Ebd., S. 24.
13 Ebd., S. 26.
14 Rheinberger, Augenmerk, a.a.O., S. 69.
15 Kawabata, Die schlafenden Schönen, a.a.O., S. 67.
16 Ebd., S. 67f.
17 Ebd., S. 69.
18 Ebd., S. 79.
19 Ebd., S. 85.
20 Ebd., S. 89.
21 Ebd., S. 95f.
22 Ebd., S. 96.
23 Ebd., S. 96.
24 Ebd., S. 99f.
25 Ebd., S. 109.
26 Ebd., S. 120.
27 Ebd., S. 120.
28 Ebd., S. 125.

Robert Indiana auf der roten Couch
in Andy Warhols Factory, 1964
Foto: Billy Name

ANDY WARHOL, COUCH, 1964, 16 MM, >>>>>>>>> 59 MIN., SILENT <<<<<<<<<<<<<<<<<<<<<<<<<<<<<

>>

<<<<<<<<<<<<<<<<<<<<<<<<<<<<<<<<<<<<<< RALPH UBL

>>

Die Couch diente im 19. und 20. Jahrhundert als Möbel, auf dem verschiedene Übergänge zwischen Sprechen und Sex erprobt wurden. Die gut gepolsterte Bühne der Innerlichkeit bot Schutz vor dem Blick der Anderen und dürfte die eine oder andere Situation enthemmt haben. Dieser Logik folgt auch der Psychoanalytiker, wenn er seinen Stuhl an das Kopfende rückt, gleichsam ins Off der Szene, damit der Patient *frei* assoziieren kann, ohne sich durch Augenkontakt kontrolliert zu fühlen. Ein Anderer, den man nicht mehr sieht, dessen Anwesenheit nur noch spür- und hörbar ist, dem man zudem in gewisser Weise ausgeliefert ist, gewinnt jedoch auch an Autorität und damit eben jene Macht, von der die *talking cure* ausgeht und zugleich lösen soll. >>>>>>>>>>>>>>>>>>>>>>>>>>>>>>>>>>>>>>

<<<<<< Im Film muss der Off-Raum nicht unbedingt seitlich der Szene lokalisiert sein, er kann auch vor ihr liegen: im Gehäuse der Kamera. Dass sich vor dem Filmbild ein Raum erstreckt, der nicht sichtbar ist, der aber in das Sichtbare hineinwirkt, fällt immer dann auf, wenn jemand merkt, dass er gefilmt wird. Diese abwesende Anwesenheit, die der Kamera eine insistente, eingreifende, vielleicht sogar grausame, aber auch aktivierende, verführende und erregende Macht verleiht, hat sich Andy Warhol in vielen seiner frühen Filme zunutze gemacht. Er hat oftmals mit einer statischen Kamera und einem räumlich entsprechend beschränkten Set gearbeitet, in dem besonders deutlich spürbar wird, dass alles, was zu sehen ist, bereits von einem anderen Blick gesehen wurde, der sich unserer Wahrnehmung entzieht. >>>>>>>>>>>>>>>>>>>>>>>>>>>>>>>>>>>>>>

<<<<<< Die Couch, nach der Warhols Film betitelt ist, wurde von Billy Linich, der später unter „Billy Name“ als der wichtigste Dokumentarist von Warhols Welt bekannt werden sollte, herbeigeschafft. Linich/Name, dem die Aufgabe übertragen worden war, Warhols neues Atelier, die berühmte Factory in der 47. Straße, auszustatten, tapezierte dieses mit Aluminiumfolie und übersprayte alle verbliebenen Oberflächen, inklusive des Bodens, mit Silberfarbe. In einem rundum funkelnden und reflektie-

renden Raum, der keine Geheimnisse kennt außer diesen Glanz, erscheint ein Möbel, das wie kein anderes mit der Herausbildung bürgerlicher Intimität verbunden ist, fehl am Platz. Billy Name, der das rotbraune, seitlich abgerundete Sofa auf der Straße gefunden und in die Factory geschleppt hatte, besaß offenbar ein gutes Gespür für den Reiz des Anachronistischen. Denn die Factory war ja weniger ein Ort des Glamours, in ihr herrschte vielmehr „camp“, der trübe Abglanz des Glamours, der auf einer alten Couch sein kongeniales Betätigungsfeld finden konnte. Tatsächlich wurde das schmuddelige Möbel zum Zentrum verschiedener, mehr oder weniger verruchter Aktivitäten, die Warhols Kamera aufzeichnete. >>>>>>>>>>>>>

<<<<<< Aufzeichnete – oder doch eher provozierte? 1964 hatte Warhol mit einer anderen filmischen Arbeit begonnen, den „Screen Tests“, die allein darin bestanden, die Akteure und Gäste der Factory einem möglichst einfachen Dispositiv auszusetzen: Der oder die Auserwählte, die einen Screen Test absolvieren durften, mussten nichts anderes tun, als für die Dauer einer einzigen Filmspule vor der laufenden Kamera auszuharren und dem Scheinwerferlicht standzuhalten. Die mehr als 500 aufgenommenen Screen Tests zeigen immer wieder, dass die Kamera das Begehren, gesehen zu werden, jenen induziert, die in sie schauen. Der Filmemacher konnte sich auf den Standpunkt zurückziehen, es ginge ihm nur darum, „to do the easiest thing“. Das Einfachste eröffnet hier jedoch eine elementare Einsicht in das Verhältnis zwischen Akteur und Publikum, deren Sichtbarkeit und Sehen von einer vorgängigen visuellen Aufmerksamkeit – der kühlen, maschinellen Aufmerksamkeit von Warhols Kamera – durchkreuzt werden. >>>>>>>>>>>>>>>>>>>>>>>>>>>>>>>>>>>>>

<<<<<< Einer vergleichbaren Methodik folgt „Couch“: Auch vor dem Sofa der Factory war hin und wieder Warhols Kamera aufgestellt und registrierte, was immer diejenigen, die gesehen werden wollten, vor ihrem Objektiv trieben. Das Filmpublikum wird dabei auf eine nicht ganz so harte Probe gestellt wie in den Screen Tests, da die Couch, anders als der Stuhl, auf den sich die Probanden der Screen Tests setzen mussten, seine Benutzer weder zur Unbeweglichkeit noch zur Einsamkeit verurteilte. Auch Warhols „Couch“ ist ein Schauplatz für Sprechen und Sex. Das Publikum mag sich, zumal es der Vorführung eines Stummfilms beiwohnt, ausschließlich für das eine interessieren. Ob es sich davon fesseln lässt, darf

bezweifelt werden. Denn eine statische Kamera, die kein noch so heftiger Wunsch nach größerer Nähe und besserer Sichtbarkeit in Bewegung versetzen kann, löst und lockert auch wieder die Verknüpfung zwischen Auge und Sexualorgan. Nur wer vor die Kamera tritt, gelangt auf die Couch. >>

<<<<<< Die Überführung der Couch vom bürgerlichen Interieur, in der das Möbel zunächst seinen ikonografischen Ort hatte, in das Arsenal der Avantgarde endete in Warhols Factory. In diesem Raum, in dem unter den Bedingungen der Kulturindustrie noch einmal erprobt wurde, was die Surrealisten gesucht hatten – ein Leben, das den Regeln der Kunst folgt, und zwar einer möglichst artifiziellen Kunst –, gelangt die Deutbarkeit dessen, was auf der Couch geschieht, an einen Nullpunkt. Es wäre aber zu einfach, diesen Nullpunkt mit dem Pornografischen zu identifizieren. Die Kamera verschließt nämlich nicht nur einen interpretierenden Zugang, sie blockiert auch jene imaginäre Annäherung und Teilhabe, die sie dem Auge des Zuschauers verspricht. Warhols „Couch“ neutralisiert sowohl die Innerlichkeit, die sich in den Falten des Polstermöbels eingenistet hatte, als auch die pornografische Fantasie, die aus denselben Tiefen herrührt.

Dario Gamboni, Professor für Kunstgeschichte an der Universität Genf, Kurator zahlreicher Ausstellungen. Publikationen: La plume et le pinceau. Odilon Redon et la littérature, Paris 1989; The Destruction of Art: Iconoclasm and Vandalism since the French Revolution, New Haven, London 1997; Zeichen der Freiheit. Das Bild der Republik in der Kunst des 16. bis 20. Jahrhunderts, Katalog des Council of Europe, Bern 1991.

Birgit Griesecke, Studium der Japanologie und Philosophie in Hamburg und Tokio, Mitarbeiterin der Emmy-Noether-Nachwuchsgruppe „Kulturgeschichte des Menschenversuchs" in Bonn mit einem Projekt zur experimentellen Schmerzforschung in interkultureller Perspektive. Publikationen: Japan dicht beschreiben. Produktive Fiktionalität in der ethnographischen Forschung, München 2001; (Hg.) Werkstätten des Möglichen 1930–1936. Fleck, Husserl, Musil, Wittgenstein (im Druck).

Lydia Marinelli, Leitung Wissenschaft der Sigmund Freud Privatstiftung, Arbeiten zur Geschichte und Theorie der Psychoanalyse und des Traums, Kuratorin mehrerer Ausstellungen, unterrichtet an verschiedenen Universitäten; Publikationen u. a.: (gemeinsam mit Andreas Mayer) Träume nach Freud. Die „Traumdeutung" und die Geschichte der psychoanalytischen Bewegung, Wien 2002; (Hg. gemeinsam mit Andreas Mayer) Forgetting Freud? For a New Historiography of Psychoanalysis (= Science in Context, 1, 2006).

Andreas Mayer, Studium der Soziologie und Wissenschaftsgeschichte in Wien, Paris, Cambridge und Bielefeld, seit 2005 Wellcome Research Fellow am Department of History and Philosophy of Science, University of Cambridge, UK. Publikationen u. a.: Mikroskopie der Seele. Die Anfänge der Psychoanalyse im Hypnose-Labor, Göttingen 2002; (gemeinsam mit Lydia Marinelli) Träume nach Freud. Die „Traumdeutung" und die Geschichte der psychoanalytischen Bewegung, Wien 2002.

Abbott Miller, Designer, Kurator, Autor, Lehrbeauftragter. Von 1997 bis 2000 hatte er, gemeinsam mit Ellen Lupton, einen Lehrstuhl für Grafikdesign am Maryland Institute College of Art (MICA) in Baltimore inne. Seit 1999 leitet er bei „Pentagram" ein Team, das Bücher, Magazine, Kataloge, Ausstellungen und CIs gestaltet sowie editorische Projekte organisiert. Publikation: Dimensional Typography: Words in Space, Princeton 1996.

Wolfram Pichler, Assistent am Institut für Kunstgeschichte der Universität Wien. Studium der Kunstgeschichte, Archäologie und Philosophie an den Universitäten Wien und München, 1999 Promotion zu Formen der Repräsentationskritik in der Malerei um 1600 und um 1800, 2003–2004 Postdoc-Stipendiat am Kunsthistorischen Institut in Florenz (Max-Planck-Institut). Publikation u.a.: (Hg. gemeinsam mit Friedrich Teja Bach) Zeichnung. Grenz- und Fließfigur anschaulichen Denkens, München 2006.

Werner Rappl, Theaterwissenschaftler, Ausstellungskurator und Übersetzer, Ausstellungen im Zusammenhang mit der Rekonstruktion von Aby Warburgs Mnemosyne-Atlas in Wien, Siena, Florenz, Rom, Tokio und Tel Aviv. Mitherausgeber zahlreicher Ausstellungskataloge des Vereins „daedalus" (Alberto Giacometti, Wien 1986; Artaud und Van Gogh, Wien 1987; Die Erfindung der Gegenwart, Frankfurt am Main, Basel 1990). Publikationen u. a. zu Aby Warburg und Fritz Saxl.

Inge Scholz-Strasser leitet das Sigmund Freud Museum als Direktorin seit mehr als zehn Jahren. Sie hat zahlreiche Ausstellungen und wissenschaftliche Kongresse organisiert, Beiträge zur Biografie Freuds und zur Sozialgeschichte Wiens publiziert und mehrere Bücher und Ausstellungskataloge herausgegeben. In den letzten zehn Jahren baute sie die Sammlung zeitgenössischer Kunst, „The Sigmund Freud Contemporary Art Collection", im Sigmund Freud Museum auf. Seit 2003 ist sie Vorstandsvorsitzende der Sigmund Freud Privatstiftung.

Gudrun Swoboda arbeitet in der Gemäldegalerie des Kunsthistorischen Museums Wien. Studium der Kunstgeschichte in Wien, Promotion zu Johann Kaspar Lavater. Ausstellungen im Zusammenhang mit der Rekonstruktion von Aby Warburgs Mnemosyne-Atlas in Wien, Siena, Florenz, Rom, Tokio, Tel Aviv. Publikation: (gemeinsam mit Marianne Koos, Werner Rappl und Wolfram Pichler) Aby Warburg, Mnemosyne. Zur Rekonstruktion des Mnemosyne-Atlas (im Druck).

Shellburne Thurber hat in den letzten drei Jahrzehnten die synergetische Beziehung zwischen Mensch und Raum fotografisch erforscht. Die amerikanische Künstlerin hat sowohl in den USA als auch in Europa ausgestellt, jüngst im Bloomberg Space in London und im Participant, Inc. in New York City. 1999 begann sie in Buenos Aires psychoanalytische Behandlungsräume zu fotografieren. Von der Universität Harvard bekam sie ein Stipendium, um dieses Projekt im Raum Boston fortzusetzen.

Michel Tort, Professor an der Universität Paris-VII und seit 1975 praktizierender Psychoanalytiker. Er studierte Philosophie an der École Normale Supérieure und forschte am Centre National de la Recherche Scientifique (CNRS). Zahlreiche Publikationen, u. a.: Le quotient intellectuel, Paris 1974; Le désir froid: Procréation artificielle et crise des repères symboliques, Paris 1992; Fin du dogme paternel, Paris 2005.

Ralph Ubl, Assistenzprofessor für zeitgenössische Kunst (Laurenz-Professur) an der Universität Basel. Studium der Kunstgeschichte an der Universität Wien, 1995–1999 Vertragsassistent am Institut für Kunstgeschichte der Universität Wien, 1999–2003 wissenschaftlicher Mitarbeiter an der Universität der Künste Berlin. Publikation: Prähistorische Zukunft. Max Ernst und die Ungleichzeitigkeit des Bildes, München 2003.

Juliane Vogel, Professorin für Germanistik an der Universität Wien. Publikationen u.a.: Elisabeth von Österreich. Momente aus dem Leben einer Kunstfigur, Wien 1992 (Neuauflage: Frankfurt am Main 1998); (gemeinsam mit Michael Rohrwasser, Christiane Zintzen, Gisela Steinlechner) Freuds pompejanische Muse. Beiträge zu Wilhelm Jensens Novelle „Gradiva", Wien 1996; Die Furie und das Gesetz. Zur Dramaturgie der „großen Szene" in der Tragödie des 19. Jahrhunderts, Freiburg im Breisgau 2002.

Christian Witt-Dörring, derzeit selbstständiger Kunsthistoriker in Wien und Kurator an der Neuen Galerie New York, Lehrbeauftragter an der Akademie der bildenden Künste Wien. Forschungsschwerpunkte: Kulturgeschichte des Innenraums und des Möbels. Zahlreiche Publikationen, u. a. in den Katalogen: Dagobert Peche and the Wiener Werkstätte, New Haven, London 2002; Der Preis der Schönheit. 100 Jahre Wiener Werkstätte, Ostfildern-Ruit 2004.

Barbara Wittmann, derzeit Visiting Scholar am Max-Planck-Institut für Kunstgeschichte in Florenz. 1999 Promotion an der Freien Universität Berlin mit einer Arbeit über das Porträtwerk Édouard Manets, 2003 bis 2005 Forschungsstipendiatin des Max-Planck-Instituts für Wissenschaftsgeschichte in Berlin. Publikationen: Gesichter geben. Edouard Manet und die Poetik des Portraits, München 2004; (Hg. gemeinsam mit Johannes Endres und Gerhard Wolf) Ikonologie des Zwischenraums. Der Schleier als Medium und Metapher, München 2005 (im Druck).

Abbildungsnachweise

Lydia Marinelli

1, 2 Foto: John Ross, 2006; © Sigmund Freud Privatstiftung

5, 13 © Sigmund Freud Privatstiftung

6, 7 Foto: © Franz Xaver Jaggy, Museum für Gestaltung Zürich, Designsammlung

10 Foto: © Sozialmedizinisches Zentrum Otto Wagner-Spital mit Pflegezentrum; Fotoarchiv P.J. Keiblinger

14 © Thonet

15 Foto: Marino Ramazzotti 2002; © Zanotta

Abbott Miller

1 Courtesy Abbott Miller / Pentagram

Michel Tort

1 Foto: Alex Hartley – courtesy of the artist and Gagosian Gallery

2 © Ashmolean Museum / The Bridgeman Art Library

Bettina Reiter

1 Foto: Fotostudio Otto; © Sigmund Freud Privatstiftung

Shellburne Thurber

alle Fotos: © Shellburne Thurber

Christian Witt-Dörring

1, 4 © The Bridgeman Art Library

2 © Bildarchiv preußischer Kulturbesitz

3 © The Stapleton Collection / The Bridgeman Art Library

5 Foto: Joachim Blauel / Artothek

6 Prag, Denkmalamt für Mittelböhmen

7 © MAK – Österreichisches Museum für angewandte Kunst / Gegenwartskunst, Wien

Barbara Wittmann

1 © Bayer, Mitko / Artothek

2 Musée d'art et d'histoire (Cabinet des dessins), Ville de Genève, Inv.-Nr. 1934-33; Foto: Bettina Jacot-Descombes

3 © bpk / rmn / Michèle Bellot

4 Musée d'art et d'histoire (Cabinet des dessins), Ville de Genève, Inv.-Nr. 1930-2, Depositum der Gottfried Keller-Stiftung; Foto: Bettina Jacot-Descombes; © Gottfried Keller-Stiftung, Winterthur, alle Rechte vorbehalten.

5 © bpk / rmn / René-Gabriel Ojéda

6 München, Alte Pinakothek; © bpk / Lutz Braun

8 Aus: Gentilshommes bourgeois, Blatt 3, Le Charivari, 3.10.1846

9 Aus: Les Lorettes, Blatt 41, Le Charivari, 29.1.1841

10 Aus: Les Lorettes, Blatt 37, Le Charivari, 11.1.1841

11 Aus: Les Lorettes, Blatt 8, Le Charivari, 6.10.1841

12 Aus: Les Lorettes, Blatt 7, Le Charivari, 7.10.1841

13 Aus: Les Lorettes, Blatt 6, Le Charivari, 30.9.1841

14 Aus: Impressions de ménage, Blatt 11, Le Charivari, 16.8.1843

15 Aus: Les Enfants terribles, Blatt 34, Le Charivari 21.4.1841

8-15 Kunstmuseum Basel, Kupferstichkabinett. Fotos: Kunstmuseum Basel, Martin Bühler

16 © bpk / HKH / Elke Walford

17 © bpk / rmn / Jean Schormans

18 © bpk / rmn / Hervé Lewandowski

19, 20 © 2006 Kunsthaus Zürich. Alle Rechte vorbehalten

21, 22 Grafische Sammlung der ETH Zürich

Ralph Ubl

1 Sprengel Museum Hannover, Leihgabe der Niedersächsischen Sparkassenstiftung Foto: Michael Herling, Uwe Vogt; © VBK, Wien, 2006

2 © Man Ray Trust, Paris / ADAGP / Telimage / VBK, Wien, 2006

3 Foto © Archives Charmet / The Bridgeman Art Library; © Man Ray Trust, Paris / VBK, Wien, 2006

4, 5 Sprengel Museum Hannover, Foto: Michael Herling, Aline Gwose; © VBK, Wien, 2006

6 Foto: © bpk / CNAC-MNAM / Georges Meguerditchian; © VBK, Wien, 2006

7 © 2006 Kunsthaus Zürich. Alle Rechte vorbehalten; © VBK, Wien, 2006

8 Foto: © Photo Scala, Florenz, 1990; © VBK, Wien, 2006

Dario Gamboni
1 Foto: R. Klein Gotink
2 © Musée des Arts Décoratifs. Alle Rechte vorbehalten.
3, 12 Bibliothèque nationale de France, Paris
4 Foto: Herbert Boswank
7 Kunstmuseum Winterthur. Schenkung Maria Stiefel-Bühler, 1975
9 Foto: Österreichische Nationalbibliothek
13 Courtesy, Museum of Fine Arts, Boston, Schenkung Georgia O'Keefe; © VBK, Wien, 2006

Juliane Vogel
1, 6, 7 Österreichische Nationalbibliothek, Bildarchiv
2 Foto: © 1982 The Metropolitan Museum of Art, Rogers Fund 1951 (51.33.2)
3 Sigmund Freud Privatstiftung; © Thomas Engelman
4, 5 © Freud Museum London

Wolfram Pichler, Werner Rappl, Gudrun Swoboda
1, 11, 12 Publication Permission by the Warburg Institute
2, 5 Sigmund Freud Privatstiftung; © Thomas Engelman

Andreas Mayer
1, 2 Foto: Österreichische Nationalbibliothek

Birgit Griesecke
1 Courtesy of Postmasters Gallery, New York

Ralph Ubl
1 Foto: © Billy Name / OvoWorks, Inc.; © VBK, Wien, 2006

Leihgeber

Albertina Museum, Wien
Andy Warhol Museum, Pittsburgh
Archiv der Firma Backhausen interior design, Wien
Bibliothèque nationale de France, Paris
Bezirksmuseum Währing, Wien
Bezirksmuseum Döbling, Wien
Carré d'Art – Musée d'Art Contemporain, Nîmes
Dokumentationsbibliothek Davos
Freud Museum, London
Galerie Nordenhake, Berlin
Institut für Geschichte und Theorie der Architektur (gta), ETH Zürich
Institut für Geschichte der Medizin, Medizinische Universität Wien
Nina Katchadourian
Kunsthaus Zürich
Kunstmuseum Winterthur
Kröller-Müller Museum, Otterlo
Landesklinikum Donauregion Gugging
Medizinische Universität Wien, Universitätsbibliothek
Musée cantonal des Beaux-Arts de Lausanne
Musée Carnavalet, Paris
Museum THONET, Frankenberg/Eder
Sina Najafi
Österreichisches Patentamt, Wien
Privatsammlung „Blauer Heinrich", Benjamin D. Miller, Zürich
Stadtgemeinde Purkersdorf
Bundesmobilienverwaltung, Wien
Österreichisches Museum für angewandte Kunst, Wien
Österreichische Nationalbibliothek, Wien
Postmasters Gallery, New York
Sammlung Familie Nechansky, Wien
Sigmund Freud Privatstiftung, Wien
Sozialmedizinisches Zentrum Otto Wagner – Spital mit Pflegezentrum, Wien
Spencer Finch
Shellburne Thurber
Staatliche Kunstsammlungen Dresden
Universitätsbibliothek Wien
Wagner:Werk, Museum Postsparkasse, Wien
Wien Museum

Die Couch. Vom Denken im Liegen

5. Mai – 5. November 2006
Sigmund Freud Museum
1090 Wien, Berggasse 19

Eine Ausstellung der Sigmund Freud Privatstiftung anlässlich des 150. Geburtstages von Sigmund Freud

Ausstellung
Konzept, Leitung: Lydia Marinelli
unter Mitarbeit von Thomas Hübel, Birgit Johler
Kuratorische Betreuung Kunstsektion: Ralph Ubl, Barbara Wittmann
Architektur und Grafik: Abbott Miller, Kristen Spilman, Michelle Reeb, Pentagram
Beratung: Dario Gamboni (Genf), Irene Chambers (Washington), Michel Tort (Paris), Ralph Ubl (Basel), Barbara Wittmann (Berlin)
Partner: Filmarchiv Austria, Freud Museum London
Filmrecherche und -schnitt: Thomas Ballhausen, Günter Krenn, Filmarchiv Austria
Interviewschnitt: Wolfgang Slapansky
Bildrecherche: Georg Traska
Bibliothekarische Unterstützung: Christian Huber
Grafik Ausführung: Richard Ferkl
Aufbau: Ausstellungswerkstatt
Organisation: Birgit Johler
Presse: Peter Nömaier
Übersetzung: Christopher Barber
Vorstandsvorsitzende der Sigmund Freud Privatstiftung: Inge Scholz-Strasser

Katalog
Herausgeberin: Lydia Marinelli
Grafik: Abbott Miller, Kristen Spilman, Pentagram
Ausführung: Richard Ferkl
Redaktion: Thomas Hübel
Lektorat: Helmut Gutbrunner, Mirela Proske
Druck: Passavia, Passau

Die Deutsche Bibliothek verzeichnet diese Publikation in der Deutschen Nationalbibliografie; detaillierte bibliografische Daten sind im Internet über http://dnb.ddb.de abrufbar.

Umschlagfotos: John Ross

Prestel Verlag
D-80539 München, Königinstraße 9
Tel.: +49 (89) 381709-0
Fax: +49 (89) 3817 09-35
www.prestel.de

ISBN 3-7913-3688-6/978-3-7913-3688-6

Gedruckt mit Unterstützung
des Bundesministeriums für Bildung, Wissenschaft und Kultur
der Gesellschaft der Freunde der bildenden Künste

Die Ausstellung wurde gefördert von
Österreichische Lotterien
Bundesministerium für Bildung, Wissenschaft und Kultur
Multi Art PR-Agentur
Oesterreichische Nationalbank
Kulturabteilung der Stadt Wien, Wissenschafts- und Forschungsförderung
Bundeskanzleramt Österreich, Staatssekretariat für Kunst und Medien
Infoscreen Austria
Wittmann Möbelwerkstätten
Bank Austria Creditanstalt
Gesellschaft der Freunde der bildenden Künste
HOUF Vienna CityTax
Wiener Städtische Allgemeine Versicherung AG
Verein der Freunde des Sigmund Freud Museums Wien
Zanotta Italy

Mit freundlicher Unterstützung
des Kunsthistorischen Museums Wien
der MuseumsQuartier Errichtungs- und BetriebsgmbH

Für Hinweise, Kritik, Anregungen und Hilfestellung danken wir

Peter Backhausen
Bruno Bauer
Christoph Becker
Sándor Békési
Herbert Bichl
Dieter Bogner
Todd Bracher
Peter Braun
Gunter Breckner
Heidi Brunnbauer
Irene Chambers
Françoise Cohen
Walter Chramosta
Elizabeth Ann Danto
Johanna Datler
Michael Davidis
Keith Davies
Daniela De Ponti
Ludger Derenthal
Christine Eckelhart
Céline Eidenbenz
Sylvia Eisenburger-Kunz
Hannes Etzlstorfer
Monika Faber
Johann Feilacher
Klaus von Fleischbein-Brinkschulte
John Forrester
Gabriele Fritz-Kohlbauer
Eberhard Gabriel
Gagosian Gallery
Christa Gattringer
Karin Gillitzer
Marion Grill
Georg Gröller
Otto Hartmann
Marion Kalousek
Paul Katt
Paul. J. Keiblinger
Ernst Kieninger
Sybille Hentze
Thomas Hines
Peter-Michael Hruschka
Stephan Koren
Wolfgang Kos
Brigitte Kranz
Judith Kürmayr
Astrid Lehner
Jean-Marc Léri
Karin Marti
Thomas Matyk
Emil Mezgolits
Benjamin D. Miller
Michael Molnar
Eva Nechansky
Timothy Nelson
Eva Ottillinger
Peter Pakesch
Walter Pamminger
Maria-Anna Pleischl
Alfred Pritz
Christiane Rainer
Bettina Reiter
Friedrich Ribar
Christine Schmutz
SCP Furniture
Wilfried Seipel
Manfred Skopec
Wolfgang Slapansky
Werner Spies
Susanne Stangl
Peter Steiner
Karl Stockreiter
Susanne Strätling
Sabina Tandari
Leslie Topp
Anke-Maria Thonet
Soko Traska
Monika Wenzl-Bachmayer
Ingrid Weidinger
Heinz Widauer
Sabine Wieber
Alex Winiger
Hans Wohlmuth

Freud Jahr 2006